Begünstigung, Strafvereitelung und Hehlerei

Criminalia

Herausgegeben von Klaus Volk

Band 33

Peter Lang
Frankfurt am Main · Berlin · Bern · Bruxelles · New York · Oxford · Wien

Britta Wolff

Begünstigung, Strafvereitelung und Hehlerei

Geschichtliche Entwicklung und Abgrenzung zur Beihilfe

Peter Lang
Europäischer Verlag der Wissenschaften

Die Deutsche Bibliothek - CIP-Einheitsaufnahme

Wolff, Britta :

Begünstigung, Strafvereitelung und Hehlerei : geschichtliche Entwicklung und Abgrenzung zur Beihilfe / Britta Wolff. - Frankfurt am Main ; Berlin ; Bern ; Bruxelles ; New York ; Oxford ; Wien : Lang, 2002
(Criminalia ; Bd. 33)
Zugl.: München, Univ., Diss., 2001
ISBN 3-631-38019-4

Umschlaggestaltung:
Pierre Mendell

D 19
ISSN 0945-1811
ISBN 3-631-38019-4

www.peterlang.de

Criminalia

Abhandlungen aus den gesamten Strafrechtswissenschaften

Der Herausgeber der Reihe ist Sprecher des "Instituts für die gesamten Strafrechtswissenschaften, Rechtsphilosophie und Rechtsinformatik" der Universität München. Das Programm der Reihe ist im Untertitel genannt. In ihr werden veröffentlicht Schriften zum Strafrecht und Strafverfahrensrecht, zu Kriminologie und Kriminalpolitik, zu den rechtstheoretischen und rechtssoziologischen Grundlagen des Strafrechts und zu seiner Geschichte. Die Reihe läßt deutsche und ausländische Wissenschaftler zu Wort kommen und will dazu einladen, an der Fortentwicklung aller Bereiche des Strafrechts über die Grenzen hinaus mitzuwirken.

Meinen Eltern

Vorwort

Die vorliegende Arbeit wurde im Wintersemester 2000/2001 von der Juristischen Fakultät der Ludwig-Maximilians-Universität München als Dissertation angenommen. Sie wurde im November 2000 abgeschlossen; die bis Juli 2001 erschienenen Neuauflagen der verwendeten Kommentare und Lehrbücher sind in der Druckfassung jedoch noch berücksichtigt worden.

Meinem Doktorvater Herrn Professor Dr. Klaus Volk möchte ich auch an dieser Stelle herzlich für seine intensive Förderung und für die Betreuung dieser Arbeit danken. Als Mitarbeiterin seines Lehrstuhls gab er mir jegliche Unterstützung und ließ mir viel Freiraum für die Erstellung der Dissertation. Es ist mir eine Freude und große Ehre, dass er meine Arbeit in die Reihe „Criminalia“ aufgenommen hat.
Herrn Professor Dr. Ulrich Schroth danke ich für die zügige Erstattung des Zweitgutachtens.
Besonderen Dank schulde ich Dr. Andreas Thier für seine unermüdliche Hilfsbereitschaft und seine umfänglichen Ratschläge.
Mein Dank gilt auch meinem Schwiegervater Dr. Udo Wolff, der die Last des Korrekturlesens auf sich genommen hat.
Zahlreiche Freunde und Kollegen haben mich in den letzten Jahre auf die eine oder andere Weise unterstützt und damit ihren Teil zur Arbeit beigetragen. Ihnen allen möchte ich an dieser Stelle ebenfalls danken.
Schließlich gilt mein herzlicher Dank meinem Mann, der mir stets zur Seite stand und immer wieder den nötigen Rückhalt bot.
Gewidmet ist dieses Buch meinen Eltern. Ihnen möchte ich für alles danken, was sie für mich tun und getan haben.

München, im September 2001 Britta Wolff

Inhaltsverzeichnis

Einleitung

Die Straftatbestände „Begünstigung", „Strafvereitelung" und „Hehlerei" sind im 21. Abschnitt des Besonderen Teils des Strafgesetzbuches zusammengefasst. Die Behandlung dieser Tatbestände als selbständige Delikte im Besonderen Teil ist alles andere als selbstverständlich. Über Jahrhunderte hinweg sah man sie nicht als eigenständige Deliktstypen, sondern als eine Unterart der Teilnahme an. Es herrschte die Vorstellung von einer Unterstützung des Verbrechers nach seiner Tat, von einer nachfolgenden Beihilfe. Zwar gab es immer wieder Ansätze, die Begünstigung, Strafvereitelung und Hehlerei als selbständige Straftatbestände aufzufassen, sehr lange jedoch konnte sich diese Auffassung nicht durchsetzen, und immer wieder trat die Anschauung von einer nachfolgenden Teilnahme in den Vordergrund. Erst im Reichsstrafgesetzbuch von 1871 ist die Ausgliederung dieser Delikte aus der Teilnahme gelungen.[1] Heute steht der Charakter dieser Tatbestände als selbständige Delikte zwar außer Frage.[2] Die Ausgliederung aus der Teilnahme hat indes Abgrenzungsprobleme mit sich gebracht, die bis heute nicht ganz geklärt sind.

Die historische Entwicklung der Anschlusstaten Begünstigung, Strafvereitelung und Hehlerei stellt möglicherweise eine Erkenntnisquelle für die bis heute stark umstrittene Abgrenzungsfrage dar.[3] Ziel der vorliegenden Arbeit ist es, die geschichtliche Entwicklung zu analysieren und unter besonderer Berücksichtigung der hierbei gewonnenen Erkenntnisse eine Trennlinie zwischen der Beihilfe zur Vortat einerseits und den Anschlussdelikten andererseits zu ziehen. Dahinter steht das Anliegen, strafrechtsgeschichtliche Entwicklungstendenzen für die Dogmatik geltender Rechtssätze fruchtbar zu machen.

Im ersten Teil der Arbeit wird daher die geschichtliche Entwicklung der Straftatbestände Begünstigung, Strafvereitelung und Hehlerei betrachtet. Der Fragestellung der Arbeit entsprechend liegt dabei der Schwerpunkt in der Darstellung der Entwicklung von der allgemeinen Rechtsfigur der nachfolgenden Teilnahme hin zu eigenständigen Tatbeständen.

Im zweiten Teil wird dann zunächst der aktuelle Meinungsstand zur Abgrenzung zwischen Beihilfe zur Vortat und den Anschlussdelikten Begünstigung,

---

[1] Vgl. §§ 257 - 262 Reichsstrafgesetzbuch.

[2] Allgemeine Meinung, so z.B. Maurach/*Gössel*, AT 2, § 50 II B Rn. 30.

[3] Allgemein zur Bedeutung der Entstehungsgeschichte für die Auslegung von Gesetzesvorschriften vgl. *Bydlinski*, Methodenlehre, S. 449 ff; *Dilcher*, AcP 184 (1984), S. 247 ff; *Larenz*, Methodenlehre, S. 328 ff; *Mayer-Maly*, JZ 1971, S. 1 ff; *Neuner*, Rechtsfindung, S. 103 ff.

Strafvereitelung und Hehlerei dargestellt. Im Anschluss daran wird versucht, aus der im ersten Teil herausgearbeiteten geschichtlichen Entwicklung Erkenntnisse für die Abgrenzungsproblematik zu gewinnen und auf dieser Grundlage die Abgrenzungsfrage einer Lösung zuzuführen. Dabei werden zwei Konstellationen in den Blick genommen: In einem ersten Schritt wird die vieldiskutierte Tatsituation analysiert, die von einer Hilfeleistung in der Phase zwischen Vollendung und Beendigung der Vortat gekennzeichnet ist. In einem zweiten Schritt richtet sich die Betrachtung auf die Fälle, in denen bereits vor Vollendung der Haupttat Tathandlungen begangen werden, die dem Tatbestand von Begünstigung, Strafvereitelung oder Hehlerei entsprechen.

Erster Teil
Die geschichtliche Entwicklung der Straftatbestände Begünstigung, Strafvereitelung und Hehlerei

Die heutigen Tatbestände der §§ 257, 258, 259[4] haben ihre jetzige Form erst durch das EGStGB vom 2.3.1974[5] erhalten.
Die nachfolgende historische Darstellung soll einen Überblick über die Entwicklung der Tatbestände der Begünstigung[6] und Hehlerei geben. Besonderes Augenmerk wird auf die Entwicklung von einer Unterart der Teilnahme hin zu eigenständigen Deliktstypen gelegt. Der Schwerpunkt der Ausführungen liegt bei der Entwicklung seit Mitte des 18. Jahrhunderts, da um diese Zeit eine systematischere Auseinandersetzung mit der Begünstigung und Hehlerei begann und sich erste deutlichere Ansätze in Richtung Selbständigkeit von Begünstigung und Hehlerei zeigten.

Erster Abschnitt
Die Entwicklung bis zur Mitte des 18. Jahrhunderts im Überblick

In diesem kurzen Abriss werden die wichtigsten Stationen der Entwicklung der Begünstigung und Hehlerei bis zur Mitte des 18. Jahrhunderts dargestellt. Besondere Bedeutung kommt der Behandlung der Begünstigung und Hehlerei durch die Italienischen Praktiker zu, die großen Einfluss auf die deutsche Gesetzgebung und Literatur ausgeübt haben.

A. Das Römische Recht

Die ältesten Spuren der heutigen Tatbestände Begünstigung und Hehlerei finden sich im Römischen Recht. Einen allgemeinen Begriff der Begünstigung und

---

[4] §§ ohne Gesetzesangabe sind solche des StGB.
[5] BGBl. I, S. 469.
[6] Im ersten (historischen) Teil der Arbeit wird der Begriff „Begünstigung" – entsprechend dem bis 1974 gültig gewesenen Sprachgebrauch – als Oberbegriff für die sachliche Begünstigung und die persönliche Begünstigung, heute Strafvereitelung, verwendet. Da lange Zeit keine scharfe Trennung von sachlicher und persönlicher Begünstigung vorgenommen wurde und auch keine eindeutige Begrifflichkeit existierte, wäre es sonst teilweise sehr schwierig, die früher benutzten Begriffe präzise in die moderne Terminologie umzusetzen. Zudem wird der Begriff „Begünstigung" auch im modernen Sprachgebrauch noch als Oberbegriff für die Begünstigung im engeren Sinne und die Strafvereitelung gebraucht, wie insbesondere aus der Überschrift zum 21. Abschnitt hervorgeht.
Darüber hinaus werden die Begriffe „Begünstigung" und „Hehlerei" der Einfachheit halber auch schon für jene Zeit verwendet, in welcher sie von der Gesetzgebung und Doktrin noch nicht gebraucht wurden.

Hehlerei und eine Unterscheidung von Begünstigung und Hehlerei kannte das Römische Recht aber nicht.

Aus der republikanischen Zeit sind durch die 12 Tafeln zwei Bestimmungen überliefert, die sich auf die Begünstigung und Hehlerei beziehen. Mit der "actio furti concepti", die auf Zahlung des dreifachen Wertes der gestohlenen Sache ging, konnte der Bestohlene gegen denjenigen vorgehen, bei dem die gestohlene Sache gefunden wurde.[7] Nach einer Strafnorm im Senatus Consultum de Bacchanalibus aus dem Jahre 186 v. Chr.[8] wurden ferner diejenigen bestraft, welche die nach diesem Senatsbeschluss Verfolgten aufnahmen, verborgen hielten oder ihnen zur Flucht behilflich waren.[9]

In der Kaiserzeit bildete sich das „crimen receptorum“ oder „receptatorum"[10] aus, das die Hauptanwendungsfälle der Begünstigung und Hehlerei, das Aufnehmen des Verbrechers und der durch Diebstahl oder verwandte Verbrechen erlangten Sachen umfasste. Sowohl in den Digesten als auch im Codex war dem "crimen receptorum" je ein besonderer Titel gewidmet, Dig. 47. Tit. 16 „De receptatoribus“, Cod. 9. Tit. 39 „De his qui latrones vel in aliis criminibus reos occultaverint“.[11] Zweck der „receptatio“ war die Verhinderung einer Unterstützung nach der Tat, um so der Vortat selbst die Grundlage zu entziehen (vgl. D. 47, 16, 1). Bestraft wurde der receptator in der Regel in gleichem Umfang wie

---

[7] *Gaius*, Inst. III, § 186 : Conceptum furtum dicitur, cum aput aliquem, testibus praesentibus, furtiva res quaesita et inventa est.; siehe auch III, § 191; Inst. IV, 1, 4 u. 11 (14); *Rein*, Criminalrecht der Römer, S. 300. Vgl. im übrigen auch die *pseudopaulinischen Sentenzen* (zit.: *Paulus*, Sent.) II, 31, §§ 3 u. 5; zu dieser Quelle im Überblick: *Giaro*, Art. „Iulis [IV 16] I. Paulus”, in: Canzik, Schneider (Hrsg.), Der neue Pauly VI, Sp. 50 f m.w.N.

[8] Im Überblick zu den Hintergründen dieser Norm: *Frateantonio*, Art. „Bacchanal(ia)“, in: Canzik, Schneider (Hrsg.), Der neue Pauly II, Sp. 389.

[9] *Livius*, Hist. Rom. 39, 17: Edixerunt deinde, ne quis quid fugae causa vendidisse neve emisse vellet; ne quis reciperet, alaret, ope ulla iuvaret fugientes; hier zitiert nach der Ausgabe Livius, Römische Geschichte, Buch XXXIX-XLI, ed. Hillen, S. 40, Z. 3-5.

[10] *Platner*, AdC 1843, S. 170, 178 f weist zu Recht darauf hin, dass ein begrifflicher Unterschied zwischen „crimen receptorum“ und „receptatorum“ nicht bestand.

[11] Von besonderer Bedeutung waren die folgenden zwei Stellen:
D. 47, 16, 1. Marcian. Pessimum genus est receptatorum, sine quibus nemo latere diu potest: et praecipitur, ut perinde puniantur atque latrones. In pari causa habendi sunt, qui, cum adprehendere latrones possent, pecunia accepta vel subreptorum parte dimiserunt.
Imppp. Valentinian., Valens et Gratian. C. 9, 39, 1. Eos, qui se cum alieni criminis reo occultando eum sociarunt, par ipsos et reos poena expectet. Et latrones quisquis sciens susceperit vel offerre iudiciis supersederit, supplicio corporali aut dispendio facultatum pro qualitate personae et iudicis aestimatione plectatur.

der durch ihn begünstigte Vortäter.[12] Eine von der Strafe des Begünstigten abweichende, geringere Strafe war für die receptatores abigeorum (D. 47, 14, 3, 3) und raptorum (C. 9, 13, 3) sowie bei Vorliegen mildernder Umstände, z.B. Verwandtschaft mit dem Vortäter (D. 47, 16, 2), vorgesehen.[13] Aufschluss über den gemeinsamen normativen Kern der Handlungen, die unter den Begriff der receptatio fielen, gibt das Römische Recht jedoch nicht. Insbesondere lässt sich nicht mit Sicherheit sagen, ob die gesondert behandelte receptatio als selbständiges Delikt oder als Teilnahme am Vordelikt angesehen wurde.[14]

B. Das Germanisch-Mittelalterliche Recht

Wie im Römischen Recht fehlte es auch im germanisch-mittelalterlichen Recht an einem allgemeinen Begriff oder einer technischen Bezeichnung der Begünstigung bzw. Hehlerei. Obwohl sich viele Bestimmungen auf diese Vergehen bezogen, erfolgte keine systematische Behandlung; Tathandlungen und mögliche Vortaten wurden vielmehr kasuistisch aufgezählt.[15] Die Großzahl der Strafbestimmungen befasste sich mit Erscheinungsformen der heutigen persönlichen Begünstigung[16], insbesondere dem Aufnehmen und Verbergen der Verbrecher, dem "Hausen" und "Hofen". Daneben war aber auch das Aufnehmen und Erwerben gestohlener Sachen mit Strafe bedroht.[17]

Das Hauptinteresse konzentrierte sich auf die Frage nach dem Umfang der Strafbarkeit und die Höhe der Strafe. Es fand fast ausnahmslos eine Gleichstellung des Begünstigers bzw. Hehlers mit dem Haupttäter statt.[18] Dies kommt auch in dem Rechtssprichwort dieser Zeit "Der Hehler ist wie der Stehler“[19]

---

[12] D. 47, 16, 1; C. 9, 39, 1 pr; ebenso auch *Paulus*, Sent. V, 3, § 4: Receptores aggressorum, itemque latronum, eadem poena afficiuntur, qua ipsi latrones: sublatis enim susceptoribus grassantium cupido conquescit.

[13] Dazu näher *Rein*, aaO, S. 202, 323 ff, 351 ff.

[14] So auch *Schröder*, Strafvereitelung, S. 14 m.w.N. *Gretener*, Begünstigung und Hehlerei, S. 12, hält die selbständige Behandlung der receptatio für eine historische Zufälligkeit, während beispielsweise *Binding*, BT/2,2, S. 632 Anm.3 und *Ghan*, Begünstigung, S. 3, das crimen receptorum als selbständiges Delikt ansehen.

[15] Vgl. *Ebert*, ZRG Germ. Abt. 110, 1993, S. 1, 10.

[16] *His*, Mittelalter, S. 153.

[17] Überblick bei *Gretener*, aaO, S. 14 - 21; *Wilda*, Strafrecht der Germanen, S. 635 - 637.

[18] Vgl. beispielsweise Sachsenspiegel, Landrecht II 13, 6. „Wer dube adir roub verburget, adir imande mit hulfe dar zu sterkit, werden se des ubirwunden, man sal ubir se richten, alse ubir ienen.“; Schwabenspiegel, Landrecht 174b (Laßberg). „Swer diebe oder morder huset oder hovet. oder si mit helfe sterket. wird er dez uber wunden alse reht ist. wen sol uber in rihten alse uber ienen.“.

[19] Vgl. Sachsenspiegel II, 13, 16.

zum Ausdruck. Diese Gleichstellung und die kasuistische Behandlung lassen es als wahrscheinlich erscheinen, dass das germanische Recht die Begünstigungs- und Hehlereihandlungen im allgemeinen als eine Art der Beteiligung am vorhergehenden Verbrechen aufgefasst hat.[20]

C. Die Lehre der Italienischen Praktiker

Die Italienischen Praktiker des 14. bis 16. Jahrhunderts waren die ersten, welche die Begünstigung, die die Erscheinungsformen der heutigen Hehlerei einschloss, einer eingehenden wissenschaftlichen Erforschung und Behandlung unterzogen. Sie prägten die Vorstellung von der Begünstigung als einer nachfolgenden Beihilfe, welche Jahrhunderte lang die deutsche Doktrin und Gesetzgebung beherrschte und die Grundlage der gemeinrechtlichen Lehre bildete.

Die Italiener unterschieden je nach dem zeitlichen Verhältnis von Tat und Beihilfe drei Arten der Beihilfe: die vorhergehende (auxilium ante delictum), die gleichzeitige (auxilium in ipso delicto) und die nachfolgende (auxilium post delictum) Beihilfe. Das, was im heutigen Strafrecht unter die Begünstigung und Hehlerei fällt, wurde unter den Begriff der nachfolgenden Teilnahme eingeordnet. Lediglich das dem Täter vor der Tat geleistete Versprechen, ihn nach der Tat zu unterstützen, wurde aus dem Begriff der nachfolgenden Teilnahme ausgeschieden und als "auxilium ad maleficium", als echte Teilnahme behandelt.[21]

Ursprünglich wurden unsere heutigen Begünstigungs- und Hehlereiformen sogar als ein auxilium ad delictum angesehen. So betrachtete *Albertus de Gandino* die Fluchtbeförderung eines Mörders als eine Teilnahme am Mord, als ein auxilium ad ipsum homicidium und bestrafte sie "de favore et ope praestito *ad ipsum homicidium*, licet iam foret commissum, nam omnes illi actus sunt de ope et favore et ad opem pertinent", wenn auch die Strafe für den Begünstiger eine mildere (poena arbitraria) als für den Haupttäter (poena ordinaria homicidii) sein sollte.[22] Bereits *Bartolus*[23] stellte jedoch fest, dass eine solche Fluchtbeför-

---

[20] So *Gretener*, aaO, S. 22 und ihm folgend *Rose*, Sachliche Begünstigung, S. 3; *Ghan*, aaO, S. 4. A.A. *Hälschner*, System 3, S. 554, der die Begünstigung des deutschen Rechts als ein delictum sui generis auffasst; vgl. auch *Przybyla*, Beihilfe und Begünstigung, S. 7 ff m.w.N.

[21] Vgl. nur *Bartolus*, Glosse zu D. 47, 2, 50, 1 (Ope consilium), Nr. 1, Ausgabe Lyon 1547, fol. 135rb; *Angelus Aretinus*, De Maleficiis, Ausgabe von 1530, Rubr. „Dicto maleficio semper astitit“, fol. 159, n. 13, *Clarus*, Receptarum Sententiarum, Liber V., §.Fin.Pract.Crim., Qu. 90.

[22] *Albertus de Gandino* abgedruckt bei *Angelus Aretinus*, aaO, Rubr. „De homicidiariis et eorum poenis“, fol. 55, n. 8.

[23] Allgemein zu *Bartolus de Saxoferrato* vgl. *Kleinheyer/Schröder*, Juristen, S. 43 ff m.w.N.

derung nicht als auxilium ad delictum zu bezeichnen sei: "Quandoque praestatur auxilium post maleficium: ut puta, quidam praestitit auxilium homicidae ad evadendum; vidi iam aliquos assessores illos punire tamquam praestantes opem homicidio. *Sed mihi non placet ... in quaestione nostra non fuit praestitum auxilium ad committendum, sed ad evadendum".*[24]

Ebenso äußerte sich auch *Angelus Aretinus*, dem sich *Hippolytus de Marsiliis* wörtlich anschloss. Sie bezeichneten die Beihilfe nach der Tat als eine uneigentliche: "non proprie dicitur opem praestare ad maleficium".[25]

Damit war zum ersten Mal der Unterschied zwischen Beihilfe und Begünstigung angesprochen, ohne dass daraus jedoch eine dogmatische Konsequenz gezogen wurde.

Die eingangs erwähnte Dreiteilung des auxilium findet sich zuerst bei *Clarus* und wurde dann mit wenigen Abweichungen allgemein angenommen: "... praesuppono, quod tripliciter potest praestari auxilium delinquenti. Primo, ante delictum. Secundo, in ipso delicto. Tertio, post delictum consummatum.".[26] Die Italiener, insbesondere *Clarus*, unterschieden zwischen der vorhergehenden bzw. gleichzeitigen und der nachfolgenden Beihilfe: „Aut vero non praecessit aliquis tractatus vel deliberatio ... puniatur mitiori poena, quam ipse principalis delinquens, praesertim si praestitit auxilium post commissum delictum. Nam revera proprie loquendo praestando auxilium post commissum delictum, ... non dicitur vere auxiliator ... Et ideo regulariter non est puniendus ea poena, qua principalis, sed mitiori".[27] Sie zogen daraus jedoch nicht die Schlussfolgerung, dass das *auxilium post delictum* eine selbständige Stellung gegenüber den beiden anderen Formen des auxilium einnehmen muss, sondern ordneten die Begünstigung als nachfolgende Teilnahme, als eine Form der Teilnahme am Verbrechen ein. Hieraus entwickelte sich dann der unklare Begriff von der Begünstigung als „Teilnahme im weiteren Sinne", der die Gesetzgebung und Rechtslehre bis ins 19. Jahrhundert beeinflusste und lange Zeit der Anerkennung der Selbständigkeit der Begünstigung im Wege stand.
Neben dem allgemeinen „auxilium post delictum" gab es als besonders hervorgehobenen Fall der nachfolgenden Teilnahme noch die „receptatio criminosorum", worunter die Italiener die Aufnahme von Dieben und Räubern und das

[24] *Bartolus*, Glosse zu D. 47, 2, 50, 1 (Ope consilium), Nr. 4, Ausgabe Lyon 1547, fol. 135va.
[25] *Angelus Aretinus*, aaO, Rubr. „Et Andream Marci lanificem" n. 5, fol. 52 und Rubr. „Dicto maleficio semper astitit", fol. 159, n. 13.
[26] *Clarus*, Receptarum Sententiarum, Liber V., §.Fin.Pract.Crim., Qu. 90.
[27] *Clarus*, aaO, Qu. 90.

Verhehlen gestohlener Sachen verstanden.[28] Ein Verwandtschaftsverhältnis zwischen dem receptans und dem receptatus wirkte nach Ansicht der italienischen Kriminalisten strafmildernd oder sogar strafausschließend.[29]

D. Die Peinliche Gerichtsordnung Kaiser Karls V. (Constitutio Criminalis Carolina) von 1532[30]

Die Behandlung von Begünstigung und Hehlerei durch die Carolina ist in der Wissenschaft stark umstritten.

Bei der Aufzählung der einzelnen Verbrechen befand sich - abgesehen von der singulären Bestimmung des Art. 216, der von Begünstigung bei Beleidigungen handelte - kein Artikel, welcher sich mit Begünstigung oder Hehlerei beschäftigt hat. Daraus kann man schließen, dass Begünstigung und Hehlerei in der Carolina zumindest nicht als selbständige Verbrechen behandelt worden sind. Die Beantwortung der Frage, ob Begünstigung und Hehlerei in der Carolina überhaupt unter Strafe gestellt waren, hängt von der Auslegung der Art. 40 und Art. 177 C.C.C. ab. Die Bestimmungen lauteten[31]:

Art. 40 Von gnugsamen verdacht der jhenen so raubern oder dieben helffen

Jtem so eyner wissentlich vnd geuerlicher weiß von geraubtem oder gestolnem gut, beut oder theyl nimbt, oder so eyner die thetter wissentlich und geuerlicher weiß etzt oder drenckt, auch die thetter oder obgemelt vnrecht gut gar oder zum theyl wissentlich annimpt, heymlich verbirgt, beherbergt, verkaufft oder vertreibt, oder so jemant den thettern, sunst in andere dergleichen weg, geuerlich fürderung, radt oder beistandt thut, oder inn jren thatten vnzimlich gemeynschafft mit jn hätte, Ist auch eyn anzeygung peinlich zufragen.

Art. 177 Von straff der fürderung, hilff vnd beistand der mißthätter

Jtem so jemand eynem mißthätter zu übung eyner mißthatt, wissentlicher vnd geuerlicher weiß einicherley hilff, beistandt oder fürderung, wie das alles namen hat, thut, ist peinlich zu straffen, als aber vorsteht, inn eynem fall anderst dann inn dem andern, ...

---

[28] Vgl. statt vieler *Clarus*, aaO, Qu. 90 a.E.

[29] Vgl. *Bonifacius de Vitalinis*, Tractatus super maleficiis, Rubr. de receptat fur. et al. malef.: „Sunt qui dicunt, personas hujusmodi non teneri in aliquo nec puniri per sanguinis conjunctionem. Sed puto, non in totum excusari.“; hier zitiert nach *Gretener*, aaO, S. 29.

[30] Allgemein zur Carolina vgl. *Laufs*, Rechtsentwicklungen, S. 102 ff und *Rüping*, Strafrechtsgeschichte, S. 36 ff mit zahlreichen weiteren Literaturnachweisen.

[31] Abgedruckt bei *Buschmann*, Textbuch, S. 119, 163.

Bei der Auslegung dieser beiden Gesetzesstellen herrscht jedoch keine Übereinstimmung. Den Hauptanlass zu dem Streit gab die Interpretation der Worte *„zu übung eyner mißthatt"* in Art. 177. *Böhmer*[32], *Henke*[33], *Martin*[34] und im Anschluss an diese *Marezoll*[35], *Sander*[36], *Mittermaier*[37] und *Luden*[38] gingen davon aus, dass die Begünstigung und Hehlerei in der Carolina gar nicht oder nur in sehr engen Grenzen für strafbar erklärt worden war. Sie stützten sich dabei in erster Linie auf den Wortlaut des Art. 177[39] und behaupteten, die Worte „zu übung eyner mißthatt" würden die Begünstigung ausschließen, da diese im Sinne von „Unterstützen nach dem Verbrechen" nicht als Hilfe „zu übung eyner mißthatt" erachtet werden könnte. Auch aus der strafprozessualen Vorschrift des Art. 40 könne man nicht auf eine Strafbarkeit der Begünstigung schließen.[40] Denn Art. 40 unterstelle nur gewisse Hehlereihandlungen der peinlichen Frage, sage aber nichts darüber, dass diese Handlungen als Begünstigung des Verbrechens gestraft werden sollen, sondern erachte sie vielmehr „für sich genommen" nicht geeignet, eine Strafe herbeizuführen. Infolgedessen sei der Tatbestand der Begünstigung in der C.C.C. überhaupt nicht erwähnt und somit kenne diese keine Strafbarkeit der Begünstigung.

Andere Autoren[41] sahen die Begünstigung und Hehlerei in der C.C.C. mit Recht im weitesten Umfang als nachfolgende Teilnahme unter Strafe gestellt. Gegen die Ansicht, dass die Carolina Begünstigung und Hehlerei nicht oder nur in sehr engen Grenzen bestrafe, wurde zunächst vorgebracht, dass eine Interpretation der C.C.C. nach dem Buchstaben nicht zum Ziel führen könne.[42] Insbesondere spricht aber die Entstehungsgeschichte und der große Einfluss, den die Italieni-

---

[32] *Böhmer*, Meditationes in Carolinam, zu Art. 177 § 1.

[33] *Henke*, Handbuch, § 43 N. 8.

[34] *Martin*, Lehrbuch, § 73.

[35] *Marezoll*, Criminalrecht, S. 138.

[36] *Sander*, AdC 1838, S. 431, 434 ff.

[37] *Mittermaier*, Feuerbach-Lehrbuch, Note III. zu § 53, S. 97.

[38] *Luden*, Abhandlungen, S. 363.

[39] Vgl. auch *Geib*, Lehrbuch, S. 340: „Begünstigung. Ist dieselbe in der Carolina für strafbar erklärt? Nach den Worten des betreffenden Artikels (Art. 177. so jemand eynem missthätter z u ü b u n g eyner missthatt hilff, beistand oder fürderung thut) keineswegs.

[40] Anderer Ansicht insbesondere *Bauer*, Abhandlungen 1, S. 481 ff, der gerade Art. 40 als Hauptargument für seine Auffassung, dass die C.C.C. die Begünstigung als nachfolgende Teilnahme bestraft hat, benutzt: Art. 40 bezeichnet in seiner Überschrift das Hehlen und Begünstigen der Räuber und Diebe ausdrücklich als „helffen"und gebraucht dafür im Text die Worte „fürderung, radt oder beistandt", die dann in Art. 177 zur Bezeichnung der Hilfeleistung von Missetätern wiederkehren. Ihm folgend *Lohmeyer*, Wesen der Begünstigung, S. 14.

[41] *Bauer*, aaO, S. 479 ff; *Heffter*, Lehrbuch, S. 76; *Roßhirt*, Entwickelung, S. 278 ff; *Schütze*, Lehrbuch, S. 160; *Wächter*, Lehrbuch, S. 154 u.a.

[42] So *Roßhirt*, aaO, S. 279; vgl. auch *Gretener*, aaO, S. 34.

schen Praktiker auf die Carolina ausgeübt haben[43], für die Auffassung, dass die C.C.C. die Begünstigung und Hehlerei unter dem Gesichtspunkt der nachfolgenden Hilfeleistung bestraft hat.[44] So findet sich schon in einer unmittelbaren Vorläuferin und Quelle der Bambergensis[45] und damit der C.C.C., in der Wormser Reformation von 1498[46], die Vorstellungsweise der Italiener wieder. Die Wormser Reformation kannte bereits den Begriff der nachfolgenden Hilfeleistung und stellte sie der vorhergehenden als relativ gelinder zu bestrafende Tat gegenüber.[47] Auch ein Vergleich von Art. 177 mit Art. 178 C.C.C. spricht für die hier vertretene Auffassung. Während in Art. 177 von der „übung eyner mißthatt“ die Rede ist, steht in Art. 178 der auch sonst in der C.C.C. wiederkehrende Ausdruck „volnbringung der missethatt“[48]. Vor allem *Bauer*[49] hat darauf hingewiesen, dass „übung eyner mißthatt“ und „volnbringung der missethatt“ kaum gleichbedeutend sein können, wenn man die Verschiedenheit des Ausdrucks nicht nur auf stilistische Erwägungen des Verfassers der C.C.C. zurückführen will. Darüber, dass die C.C.C. unter „volnbringung der missethat“ die Hervorbringung und Vollendung des Verbrechens verstand, bestand Übereinstimmung, so dass unter „hilff zu übung eyner mißthatt“ darüber hinausgehend jeder mit dem Verbrechen überhaupt irgendwie im Zusammenhang stehende vor, während oder nach der Begehung des Verbrechens geleistete Beistand, demgemäss auch die Begünstigung – die Hilfe nach der Tat – zu verstehen sei[50].

---

[43] Zum Einfluss der Postglossatoren auf die Carolina vgl. *Stobbe*, Rechtsquellen 2, S. 244, 251.

[44] Vgl. hierzu im Einzelnen *Gretener*, aaO, S. 29 - 37.

[45] Zur Constitutio Criminalis Bambergensis und ihrem Einfluss auf die C.C.C. vgl. *Rüping*, Strafrechtsgeschichte, S. 37.

[46] Zur Wormser Reformation vgl. *Battenberg*, HRG, Bd. 5, Art. „Wormser Reformation“, Sp. 1536 - 1538 m.w.N.

[47] Vgl. nur Tit. 19. med. im Buch VI. Theil 2. der Wormser Reformation: Pass. 1. Welcher einem todtschlager rath hilff beystand zulegung oder fürschub thete in oder zu der bösen That, dem soll ein handt abgehawen werden. ... Pass. 3. Were es auch, das jemandt nach der that, so einer todt geschlagen hette vnd in der flucht were, demselben hilff rath vnd zulegung thete, damit er entrünne, oder ihm davon hülffe, dem soll ein handt abgehawen, oder sunst nach gestalt der sach gelegenheit der persone vnd seiner misshandlung an seinem leibe gestrafft werden. ...; hierzu auch *Schütze*, Nothwendige Theilnahme, § 24.

[48] Art. 178: Jtem so sich jemandt eyner missethat mit etlichen scheinlichen wercken, die zu volnbringung der missethatt dienstlich sein mögen, vndersteht ...

[49] *Bauer*, aaO, S. 479 ff.

[50] Ebenso *Schütze*, Nothwendige Theilnahme, § 25 und im Anschluss *Lohmeyer*, aaO, S. 13.

Insgesamt spricht also vieles dafür, dass die Carolina die Begünstigung und Hehlerei als nachfolgende Teilnahme im Sinne der italienischen Praktiker angesehen hat.[51]

E. Die Gesetzgebung nach der C.C.C. bis zur Mitte des 18. Jahrhunderts[52]

Im Laufe des 16. Jahrhunderts begannen sich die deutschen Territorien allmählich zu Territorialstaaten zu entwickeln, die zahlreiche partikulare Gesetze hervorbrachten.[53] Die meisten der nach der Carolina erlassenen Partikulargesetze[54] fassten die Begünstigung und Hehlerei als nachfolgende Teilnahme auf. Unterschiede gab es fast nur in der Strafdrohung. Teilweise wurde, wie in der Carolina, eine arbiträre Strafe angedroht, so beispielsweise in Art. 123 der hessischen Halsgerichtsordnung, welcher mit Art. 177 C.C.C. wörtlich übereinstimmte, oder in der Böhmischen Landesordnung Ferdinands II. von 1627 in Lit. T. Ziff. 32. In der Regel aber wurden die Begünstiger und Hehler in Übereinstimmung mit dem mittelalterlich-deutschen Recht gleich dem Haupttäter bestraft. Als Beispiele hierfür können die Tyroler Landesordnung von 1532, 8. Buch Art. 64 und 69, die Hennebergische Landesordnung von 1539, 6. Titel, 4. Kapitel, die reformierte Churgerichtsordnung von Aachen von 1577, Kapitel 23, die Frankfurter Reformation von 1578, 10. Teil, 1. Titel, 19. Kapitel, die pfälzische Malefizordnung von 1582, 62. und 63. Titel, das Stadtrecht von Lübeck von 1586, 4. Buch, Titel XI, Ziff. III und Titel XVII, Ziff. II, der Danziger Culm von 1594, 5. Buch, 2. Teil, 16. Titel, 15. Kapitel, das Hamburger Stadtrecht von 1603, Art. 34, das Bayrische Landrecht von 1616, 6. Teil, 5. Buch, 11. Titel und die Halsgerichtsordnung Josephs I. für Böhmen, Mähren und Schlesien von 1707, Art. 19 § 37 genannt werden. In allen diesen Gesetzen fand sich die Regelung, dass der Begünstiger eines Verbrechers dem Verbrecher „gleich geachtet, gleich gestraft“ werden solle.

Dies galt auch für das preußische Landrecht von 1620, welches in Lib. VI, tit. 7, Art. 15 § 1 die Sachhehlerei und in Art. 16 § 2 a.a.O. die Begünstigung behandelte. Begünstigung und Hehlerei wurden auch hier als Teilnahme am Verbre-

---

[51] Vgl. insgesamt hierzu auch *Dümmler*, Begünstigung, S. 15 ff.

[52] Hierzu ausführlich *Heimberger*, Teilnahme am Verbrechen, S. 250 - 267, nach dem im folgenden auch sämtliche Partikulargesetze zitiert werden.

[53] Vgl. dazu *Willoweit*, Verfassungsgeschichte, § 17 und § 18.

[54] Möglich war der Erlass der Partikulargesetze trotz Geltung der C.C.C. aufgrund der Subsidiaritätsklausel am Schluss der Vorrede der Carolina, vgl. dazu *Lieberwirth*, HRG, Bd. 1, Art. „Carolina“, Sp. 592 - 595 und *Sellert*, HRG, Bd. 4, Art. „Salvatorische Klausel“, Sp. 1280 - 1282.

chen angesehen.[55] Hierfür spricht sowohl Inhalt als auch Stellung[56] der angeführten Bestimmungen. Auch in dem verbesserten Landrecht des Königreichs Preußen von 1721 wurden die Begünstigung und Hehlerei grundsätzlich als Teilnahme am Verbrechen behandelt.[57] Daneben enthielt das verbesserte Landrecht von 1721 in Lib. VI, tit. 8, Art. 22 § 1 noch eine allgemeine Bestimmung über die „receptatores". Im Gegensatz zu der entsprechenden Vorschrift im Landrecht von 1620[58] spricht hier aber sowohl die Stellung bei der Gefangenenbefreiung als auch die selbständige Strafdrohung dafür, dass die „receptatio" nicht mehr als Teilnahme am Verbrechen, sondern als selbständiges Delikt angesehen wurde.[59]
Die in dieser Zeit sehr spärliche Reichsgesetzgebung sah die Begünstigung und Hehlerei ebenfalls als eine Form der Teilnahme an. Hier kann beispielsweise der Landfrieden Karls V. von 1548, Einl. § 2 genannt werden.

Vereinzelt wurde aber auch schon in dieser Zeit die Begünstigung als selbständiges Verbrechen angesehen, so in der Landgerichtsordnung des Erzherzogtums Österreich ob der Enns von 1559, die auf Bl. 12 die Grundherrn, die Übeltätern „zu Ihrer Flucht hilff und schub thuen" mit 32 Pfund Pfennigen bestrafte. Ähnlich wie in Art. 216 C.C.C. wurde daneben noch gelegentlich in besonderen Fällen die persönliche Begünstigung als selbständig angesehen, so in Art. 38 des Hamburger Stadtrechts von 1603[60] und in der Magdeburger Polizeiordnung von 1688 Kapitel 75 § 1.[61]

F. Die Literatur vom 16. bis zur Mitte des 18. Jahrhunderts[62]

Die wissenschaftliche Literatur des gemeinen Strafrechts[63] schloss sich bei der Behandlung der Begünstigung und Hehlerei zunächst im wesentlichen den italienischen Praktikern an. Als erstes fand sich die Dreiteilung der Italiener in auxilium antecedens, concomitans und subsequens und die Behandlung der Be-

---

[55] Ebenso *Heimberger*, aaO, S. 261; ihm folgend *Lohmeyer*, aaO, S. 16. A.A. aber *Liszt*, Lehrbuch (1919), § 147, Ziff. I, Abs. 1 und § 183, Ziff. I, allerdings ohne Begründung.
[56] Die Vorschriften befanden sich in dem Titel „de furtis eorumque poenis".
[57] Vgl. Lib. VI, tit. 8, Art. 15 ff.
[58] Lib. VI, tit. 7, Art. 16 § 1.
[59] Vgl. auch *Lohmeyer*, aaO, S. 16.
[60] Dieser drohte für die persönliche Begünstigung eine Strafe von 10 Reichstalern an.
[61] Vgl. auch *Lohmeyer*, aaO, S.16.
[62] Hierzu ebenfalls ausführlich *Heimberger*, aaO, S. 267 - 275.
[63] Die Epoche des gemeinen Strafrechts begann in den Jahrzehnten nach der Carolina und endete in den 90er Jahren des 18. Jahrhunderts. Allgemein zur Literatur des gemeinen Strafrechts *Schaffstein*, Allgemeine Lehren, S. 1 ff.

günstigung und Hehlerei als nachfolgende Teilnahme bei dem populären Schriftsteller *Rauchdorn*.[64] Aber auch die auf die populären Schriftsteller folgenden Verfasser wie *Damhouder*[65] und *Berlich*[66] folgten der oben dargestellten Dreiteilung und fassten die Begünstigung und Hehlerei als nachfolgende Beihilfe auf, wenn sie sie auch von der vorhergehenden und gleichzeitigen Beihilfe unterschieden und meist milder bestraften.

Den Höhepunkt und zugleich Abschluss der älteren Periode der gemeinrechtlichen Strafrechtswissenschaft stellte *Carpzovs*[67] Practica nova von 1635[68] dar. Seine Ausführungen zur Begünstigung und Hehlerei sind für den damaligen Stand der Lehre exemplarisch.[69] Auch *Carpzov* unterschied im Anschluss an die Italiener drei Arten der Beihilfe - ante maleficium, in ipso maleficii actu, post maleficium[70] - und ordnete die Begünstigung und Hehlerei unter dem auxilium post maleficium ein.[71] Er räumte allerdings ein, dass sich die nachfolgende Beihilfe wesentlich von dem auxilium ante maleficium und dem auxilium in ipso maleficii actu unterscheidet (*Neque enim opem praestans post commissum delictum proprie auxilium praebere, aut furtum promovere dicitur, ...*[72]), zog daraus aber ebenso wenig wie die Italiener die Konsequenz, das auxilium post maleficium aus der Beihilfe auszugliedern. Der Besonderheit der nachfolgenden Beihilfe sollte lediglich auf der Rechtsfolgenseite durch eine mildere, arbiträr festzusetzende „poena extraordinaria“ Rechnung getragen werden.[73] Gesondert behandelte *Carpzov* die „receptatio“. Zum einen erwähnte er sie im Zusammenhang mit dem Diebstahl in der Quaestio 87 in den Nummern 49 ff. Hier klassifi-

---

[64] *Rauchdorn*, Halsgerichtsordnung, III. 2. 7. u. Bl. 214.

[65] *Damhouder*, Praxis rerum criminalium, c. 134. Zum Einfluss des in Brügge geborenen *Damhouder* auf die deutsche Praxis vgl. *Stintzing-Landsberg*, Rechtswissenschaft, Abt. 1 und 2, Kapitel 13, V. (S. 604 ff).

[66] *Berlich*, Conclusiones practicabiles, Teil 5, S. 383. Allgemein zu *Berlich* vgl. *Stintzing-Landsberg*, aaO, Kapitel 14, S. 639 f und Kapitel 15, S. 736 f.

[67] Allgemein zu *Benedikt Carpzov* und seinem Einfluss auf die deutsche gemeinrechtliche Strafrechtswissenschaft vgl. *Kleinheyer/Schröder*, Juristen, S. 87 ff m.w.N.

[68] *Carpzov*, Practica nova imperialis Saxonica rerum criminalium in partes III divisa, 1635.

[69] So auch *Schröder*, Strafvereitelung, S. 21.

[70] *Carpzov*, Practica nova, Qu. 87 Nr. 10. Quo igitur exactius de poena auxiliatorum judicium ferri queat, ... imprimis perpendendum, an sicilicet ante furtum perpetratum, vel in ipso furti actu, vel etiam post commissum furtum auxilii quid praestitum sit. Tribus namque hisce modis ante furtum, in furto, et post furtum omne ferri solet auxilium, ...

[71] Vgl. *Carpzov*, Practica nova, Quaestio 87 “De Auxiliatoribus et Receptatoribus Furum, Nec non rerum furtivarum Emtoribus, Eorumque poenis”.

[72] *Carpzov*, Practica nova, Qu. 87 Nr. 37.

[73] Vgl. *Carpzov*, Practica nova, Qu. 87 Nr. 36 - 38.

zierte er sie als eigenständige Teilnahmeform.[74] Zum anderen erscheint die „receptatio" in der Quaestio 134 „De poena Lusorum, ac Receptatorum hominum facinorosorum" in den Nummern 37 ff. Hier wird sie als ein von der Teilnahme selbständiges „crimen extraordinarium" behandelt. Die Verselbständigung der „receptatio" deutet allerdings nicht auf einen dogmatischen Wandel hin, sondern stellt lediglich die Fortführung einer auf das römische Recht zurückgehenden Tradition dar, auf die sich *Carpzov* ausdrücklich bezieht.[75]

Ebenso sahen die meisten Kommentatoren der Carolina die Begünstigung und Hehlerei als auxilium post delictum an, so beispielsweise *Blumblacher*[76] und *Clasen*[77].

Eine neue Grundlage erhielt die Beurteilung der Begünstigung und Hehlerei Ende des 17. Jahrhunderts unter dem Einfluss des Naturrechts[78] und insbesondere durch das Werk *Pufendorfs*[79] und seine Imputationslehre.[80] Während die verschiedenen Arten der Teilnahme bis dahin ohne übergreifendes Konzept behandelt worden waren, formulierte *Pufendorf* einen gemeinsamen Gesichtspunkt für die Teilnahmelehre: die Kausalität.[81]

---

[74] Vgl. auch *Ebert*, ZRG Germ. Abt. 110, 1993, S. 24 f; ebenso *Schröder*, aaO, S. 21.

[75] In Quaestio 87 Nr. 49 und in Quaestio 134 Nr. 39 - 41 bezieht sich *Carpzov* auf D. 47, 16, 1 und C. 9, 39, 1; vgl. hierzu auch oben A. Siehe dazu auch *Ebert*, aaO, S. 25 m.w.N.

[76] *Blumblacher*, Commentarius, Abdruck 1727 zu Art. 177: „Nun ist hierin zu merken, dass nach gemeiner Lehr der Pragmaticorum zu einer Misshandlung auf dreyerley Weiss Hülff und Vorschub geleistet werden könne ... Endlichen und zum dritten wird nach der That Hülff geleistet, wann man den Missthäter nach verübter Misshandlung beschützt ... dass er nicht ergriffen werden kann. Item, wann man von einem Dieb, nach begangenem Diebstahl, gestohlne Sachen wissentlich annimbt, verbürgt, verwahrt, verkaufft u.s.w."

[77] *Clasen*, Commentarius, Art. 177, S. 656: "Porro tribus modis auxilium praestari potest: 1. Ante delictum 2. In ipso delicto 3. Post perpetratum delictum, ut cum quis delinquenti praestat auxilium quando nimirum delictum est perfectum et ad ejus consummationem nihil desideratur amplius."

[78] Allgemein zum Naturrecht vgl. *Welzel*, Naturrecht und Materiale Gerechtigkeit, S. 1 ff mit zahlreichen weiteren Literaturnachweisen. Zur naturrechtlich beeinflussten Periode des Gemeinen Strafrechts vgl. *Dersch*, Begünstigung, S. 84 -116 m.w.N.

[79] Allgemein zur Naturrechtslehre *Pufendorfs* vgl. insbesondere *Welzel*, Naturrechtslehre, S. 1 ff und *Behme*, Pufendorf: Naturrecht und Staat, S. 1 ff m.w.N.

[80] Zur Imputationslehre *Pufendorfs* vgl. auch *Boldt*, Strafrechtswissenschaft, S. 151 ff. Zum Einfluss *Pufendorfs* auf die Teilnahmelehre vgl. u.a. *Schaffstein*, Allgemeine Lehren, S. 189 ff und *Schmidt*, Einführung, § 164.

[81] Vgl. auch *Ebert*, ZRG Germ. Abt. 110, 1993, S. 26 f.

Ausgangspunkt seiner Überlegungen war der Grundsatz, dass jedem Menschen nur seine eigenen Handlungen zugerechnet werden können.[82] Ausnahmsweise sei es auch zulässig, einem Menschen fremde Handlungen zuzurechnen, dies allerdings nur dann, wenn er an ihnen mitgewirkt habe und zu ihnen durch Tun oder Unterlassen etwas beigetragen habe: *„Porro imputari homini solent non propriae duntaxat, sed & alienae actiones. Quod tamen ut recte fiat, necessum est, ut ad eas (sc. alienas actiones) iste aliquo modo efficaciter concurrerit. Alias enim ratio non fert, ut effectus actionis moralis de persona in personam transeant, nisi ad eandem quis influxerit, aliquid agendo vel omittendo".*[83] So soll beispielsweise ein Verbrechen jemandem zugerechnet werden können, wenn er dessen Ausführung vor seiner Begehung gelobt hat, aber nicht, wenn er dies danach tut. *„Minus principales autem causae alieni facti habentur, qui consilium dant, qui laudant, & assentantur ante patratum facinus, & ita, ut ipsorum consilium, laus, & assentatio ad facinus suscipiendum aliquod momentum attulerit. Alias enim, qui laude sua ad pravum facinus nihil contulit ..."*[84] Damit ist die kausale Mitwirkung zum umfassenden Erfordernis und allgemeinen Kriterium für die Beteiligung an einem Verbrechen erhoben worden.[85] Das wesentliche Merkmal der Teilnahme lag für *Pufendorf* also im ursächlichen Beitrag zur fremden Tat, auch wenn sich die Zurechnung nicht auf das kausale Verhältnis beschränkte.[86]

Das Kriterium der kausalen Mitwirkung musste dazu führen, dass ein zeitlich nach der Tat liegendes Verhalten, das sich auf deren Begehung selbst nicht auswirkt, aus der Teilnahme ausgeschieden wird. Das auxilium post delictum war also von diesem neuen Begriff der Teilnahme nicht umfasst.[87] Allerdings bewirkte die Einführung des Kausalgesichtspunktes noch nicht seine konsequente Durchführung.[88] So war bei *Pufendorf* beispielsweise noch die Beher-

---

[82] Vgl. *Pufendorf*, De jure naturae, Lib. I, Cap. V, § V: "Caeterum quod actio moralis ad aliquem pertinere, eique imputari possit, (...) eius causa nulla est alia, quam quod in potestate & facultate alicuius fuit, illam fieri vel non fieri; suscipi vel omitti ..."; ders., De officio, Lib. I, Cap. I, § 17 f.

[83] *Pufendorf*, De jure naturae, Lib. I, Cap. V, § 14 a.A.

[84] *Pufendorf*, De jure naturae, Lib. I, Cap. V, § 14 Mitte.

[85] *Boldt*, Strafrechtswissenschaft, S. 300.

[86] Imputierbarkeit bedeutete für *Pufendorf* ein spezifisches Zugehörigkeitsverhältnis, das über das bloß kausale Verhältnis des Menschen zu einer Handlung hinausging, „weil der Mensch bewußt und frei wollend die Handlung unter Kenntnis ihres Wertcharakters ausgeführt hat", vgl. *Welzel*, Naturrechtslehre, S. 92 f; siehe auch *Boldt*, Strafrechtswissenschaft, S. 151 ff und S. 300 f.

[87] So auch *Ebert*, ZRG Germ. Abt. 110, 1993, S. 27 m.w.N.

[88] Unrichtig insofern *Schmidts* Behauptung, Begünstigung und Hehlerei seien *sofort* aus dem Teilnahmekomplex ausgeschieden worden, vgl. *Schmidt*, Einführung, § 164; so bereits

bergung der Täter in den Kreis der Handlungen einbezogen, die zur Bewirkung einer Straftat beitragen.[89] Insgesamt führte die kausale Betrachtungsweise nur ganz allmählich zu einer begrifflichen Neufassung und gedanklichen Durchdringung der Sachverhaltsgruppen Begünstigung und Hehlerei. Ein Großteil der Wissenschaft folgte noch jahrzehntelang der traditionellen Lehre von den drei Arten der Beihilfe.[90]

Pufendorfs Zurechnungslehre wirkte sich u.a. bei *Kreß, Eisenhart* und *Böhmer* aus.[91] *Kreß* unterschied schon die Teilnehmer von jenen, welche erst im Anschluss an das Verbrechen tätig wurden. Socius delicti war nach ihm nur, wer „antecedenter se ad crimen habuit tamquam concausa". Diesem stellte er jene gegenüber, welche erst nach Verübung des Verbrechens tätig wurden.[92] Begünstiger und Hehler wären somit nach der Einteilung von *Kreß* nicht mehr zur Teilnahme zu rechnen. Allerdings erwähnte *Kreß* weder Begünstiger noch Hehler ausdrücklich. Auch zählte er die „receptatores criminosorum" trotzdem wieder zu den socii delicti. Mit bemerkenswerter Klarheit hat *Eisenhart* in seiner 1751 erschienenen „Dissertatio de vera criminis socii notione" der Hilfe nach der Tat die Teilnahmequalität wegen fehlender Kausalität abgesprochen.[93] Unmittelbar anschließend stellte er die Frage, ob die receptatio zur Teilnahme zu rechnen sei[94] und leitete aus den gerade zuvor entwickelten Grundsätzen der Teilnahme systematisch den Status der receptatio als selbständiges Verbrechen her. Einen wesentlichen Beitrag zum Thema Teilnahme und Begünstigung leistete auch *Johann Samuel Friedrich Böhmer*, und zwar insbesondere in seinen 1770 erschienenen „Meditationes"[95]. *Böhmer* fasste die Teilnehmer am Verbrechen als die causae bzw. concausae delicti auf. Damit konnte er die Begünstigung und Hehlerei nicht mehr zur Teilnahme zählen, da Begünstiger und Hehler

---

Dersch, Begünstigung, Fn. 577.

[89] *Pufendorf*, De officio, Lib. I, Cap. I, § 27; ders., De jura naturae, Lib. I, Cap. V, § 14: „Wenn einer denen Dieben Unterschleiff giebet. Da es dann heisset wie auch schon ein alter Griechischer Poete geschrieben: Der Hehler ist so gut als der Stehler"; unrichtig insofern *Heimbergers* Behauptung (aaO, S. 272), *Pufendorf* habe Hehlerei und Begünstigung nicht erwähnt; vgl. auch *Dersch*, aaO, Fn. 585.

[90] Ebenso *Dersch*, Begünstigung, S. 86.

[91] Aus diesem Grunde werden auch *Eisenhart* und *Böhmer* bereits an dieser Stelle behandelt, obwohl sie strenggenommen erst in den nächsten Abschnitt gehören.

[92] *Kreß*, Commentatio, S. 409 ff.

[93] *Eisenhart*, Dissertatio, § XVIII. „... Nam quod post delictum commissum delinquentibus fertur auxilium, ne indirectum quidem dici potest, tantum abest, ut pro remoto habeatur. Etenim auxilium ad causas physicas criminis pertinet, latum vero post eius executionem et effectu iam existente, causa vocari neutiquam potest.".

[94] *Eisenhart*, aaO, § XIX. „Utrum receptatores sint socii criminum?".

[95] *Böhmer*, Meditationes in Carolinam, zu Art. 177.

erst nach Begehung des Verbrechens tätig werden, also nicht mehr dessen Ursache sein können. Allerdings zählte er die Begünstiger und Hehler dann doch wieder zu den socii im weiteren Sinne. Indem er sie aber ausdrücklich den socii im engeren Sinne gegenüberstellte und auch ihre Bestrafung völlig selbständig bemessen wollte, zeigte er, dass bei ihm der Gedanke der Selbständigkeit von Begünstigung und Hehlerei zum Durchbruch gekommen war.[96] Die Zeitgenossen von *Böhmer* hielten dagegen weitgehend an der italienischen Auffassung fest und sahen die Begünstigung und Hehlerei als auxilium post delictum an.[97]

G. Zusammenfassung

Soweit Begünstigung und Hehlerei überhaupt systematisch behandelt wurden, wurden sie im allgemeinen als eine Form der Teilnahme angesehen. Gelegentliche Versuche, von der durch die Italiener begründeten Lehre von der nachfolgenden Teilnahme loszukommen und Begünstigung und Hehlerei als selbständige Delikte aufzufassen, konnten sich nicht durchsetzen. Mit der Entwicklung eines allgemeinen Teilnahmebegriffes auf der Grundlage des Kausalgedankens durch *Pufendorf* war zwar die Grundlage für eine eigenständige Behandlung von Begünstigung und Hehlerei geschaffen. Abgesehen von wenigen Ausnahmen wurde der Kausalgedanke jedoch nicht konsequent angewendet.

Zweiter Abschnitt
Die Entwicklung in der zweiten Hälfte des 18. Jahrhunderts

In diesem Abschnitt wird die unterschiedliche Behandlung der Begünstigung und Hehlerei in Gesetzgebung und Literatur der zweiten Hälfte des 18. Jahrhunderts dargestellt.

A. Die Gesetzgebung in der zweiten Hälfte des 18. Jahrhunderts

I. Der Codex Juris Bavarici Criminalis von 1751[98]

Der Codex Juris Bavarici Criminalis von 1751 hielt noch vollständig an der Auffassung der Italiener fest und behandelte die Begünstigung und Hehlerei als nachfolgende Teilnahme.

---

[96] *Böhmer*, aaO, zu Art. 177 § 1.
[97] Vgl. z.B. *Meister sen.*, Principia, II. 1. 10.
[98] Allgemein zum CC vgl. *Berner*, Strafgesetzgebung, S. 1 ff; *Kobler*, HRG, Bd. 1, Art. „Bayerische Kodifikationen des Naturrechtszeitalters", Sp. 337 - 339 m.w.N.

Bei der Höhe der Strafe unterschied der Codex danach, ob die Begünstigung bzw. Hehlerei vor der Tat zugesagt worden war oder nicht. Die vor der Tat zugesagte Begünstigung bzw. Hehlerei bestrafte er mit der poena ordinaria, im übrigen ließ er eine arbiträre Strafe genügen, vgl. 1. Teil, 12. Kap., § 8. § 9 des 12. Kap., 1. Teil gab dann noch einzelne Anweisungen für die Zumessung der Strafe.
Besondere Erwähnung fand die Begünstigung und Hehlerei beim Diebstahl und Raub, vgl. 1. Teil, 2. Kap., §§ 14, 15 und 20 und bei den Bestimmungen gegen Wildschützen, vgl. 1. Teil, 10. Kap., §§ 13, 14 und 17.[99]

II. Die Constitutio Criminalis Theresiana von 1768[100]

Die Constitutio Criminalis Theresiana von 1768 stellte einen Wendepunkt in der legislativen Behandlung der Begünstigung und Hehlerei dar. Zwar hat die Constitutio Criminalis Theresiana die Teilnahme am Verbrechen noch in Hilfe vor, bei und nach der Tat unterteilt (vgl. Art. 3 § 10). Doch hat sie in Art. 3 § 12 zum ersten Mal die Selbständigkeit der Begünstigung bzw. Hehlerei und ihre Verschiedenheit von den Teilnahmehandlungen hervorgehoben: „Im dritten Falle, wenn Jemand nach bereits vollbrachter Missethat wissentlich, und gefährlicher Weise dem Thäter mit Hülff, und Beystand beförderlich wäre, und wie immer erst nachfolglich daran Theil nähme, kann derselbe zwar als ein Mitwirker zu der schon vorhin beschehenen Tat nicht angesehen werden; *er machet sich jedoch einer besonderen Missethat schuldig.* ...“[101] Danach besteht kein Zweifel mehr, dass die nachfolgende Beihilfe als besonderes Delikt angesehen wurde, auch wenn sie noch keine technische Bezeichnung hatte. Die Hilfe nach der Tat wurde nur dann als echte Teilnahme angesehen, wenn Täter und Begünstiger bereits vor der Tat eine Vereinbarung über die nach der Tat zu leistende Hilfe getroffen haben.[102]

Neben der Erwähnung im allgemeinen Teil hat die Theresiana der Hehlerei und Begünstigung auch im besonderen Teil einen eigenen Artikel gewidmet, den Art. 102 „Von Verheelern und Aufhaltgebern lasterhafter und verdächtiger Leu-

---

[99] Vgl. hierzu auch *Heimberger*, aaO, S. 275 ff; *Schmid*, Codex Juris Bavarici, 1. Teil, 2. Kap., §§ 14, 15, 20, 10. Kap., §§ 13, 14, 17 und 12. Kap., §§ 8, 9.

[100] Zur Theresiana vgl. *Berner*, Strafgesetzgebung, S. 8 ff; *Hülle*, HRG, Bd. 5, Art. „Theresiana“, Sp. 173 - 175.

[101] Art. 3 § 12 der Constitutio Criminalis Theresiana, hier zitiert nach der Ausgabe Wien 1769.

[102] Vgl. Art. 3 § 12 S. 2 der Theresiana.

ten". In § 1 dieses Artikels wird der Unterschied zwischen Helfern und Hehlern festgelegt:

> *„Es ist vorläuffig anzumerken, wienach zwischen Helffern, und Heelern der nöthige Unterschied in Acht zu nehmen seye. Die Helffere der Missethätern sind jene, welche zur Missethat selbst beywirken; durch die Heelere, und Unterschleiffgebere aber werden hier eigentlich diejenige verstanden, die zu Bewerkstelligung der Übelthat selbst keine Beyhülff leisten, sondern nur lasterhafte, und verdächtige Leute mit oder ohne habende Wissenschaft ihrer entweder schon verübt oder verüben wollenden Übelthat bey sich aufhalten, beherbergen, und Unterstand geben, oder denenselben, damit sie nicht zur gefänglicher Haft gebracht werden mögen, fürsetzlich durchhelffen; oder auch wissentlich und gefährlicher Weise entweder ermordete Körper heimlich verthun, verbergen, vergraben, oder aber gestohlenes, und geraubtes Gut verheelen, vertuschen, kauffen, verkauffen, vertragen, oder wie immer zu Begünstigung der Übelthätern auf die Seiten bringen."*[103]

Nach dieser Definition gehören allerdings auch die Leute, die den Täter schon vor Begehung des Verbrechens bei sich aufnehmen, zu den Hehlern und Unterschleifgebern, obwohl es sich hierbei um eine Tätigkeit vor Vollbringung der Tat handelt. Die Festsetzung der Strafe war dem vernünftigen Ermessen des Richters überlassen, wobei ausdrücklich auch die Verhängung der Todesstrafe, *„auch wohl gar jene geschärftere Todesart, welche der verheelte, durchgeholffene und der Strafe entgangene Missethäter verdient hätte"*, erlaubt war, Art. 102 § 4. Durch Art. 102 hat die Theresiana noch einmal deutlich zum Ausdruck gebracht, dass sie die Begünstigung und Hehlerei ebenso wie die anderen in diesem Abschnitt aufgeführten Verbrechen als selbständige Delikte ansah. Für die Diebeshehler enthielt Art. 94 § 12 noch eine besondere Bestimmung.[104]

III. Josephs II. Allgemeines Gesetzbuch über Verbrechen und derselben Bestrafung von 1787[105]

Das von Joseph II. erlassene „Allgemeine Gesetzbuch über Verbrechen und derselben Bestrafung" von 1787 ist in der Behandlung der Begünstigung und

---

[103] Zitiert nach der Ausgabe Wien 1769.

[104] Danach sollen Diebeshehler gleich den Dieben mit dem Strang hingerichtet werden, wenn sie den Dieben zur Unterbringung ihrer gestohlenen Sachen vorsätzlich Hilfe und Unterstand geben. Nur willkürliche Strafe tritt ein, wenn jemand wissentlich, jedoch nicht gewohnheitsmäßig, gestohlene Sachen kauft.

[105] Allgemein hierzu *Berner*, Strafgesetzgebung, S. 18 ff.

Hehlerei dem Beispiel der Theresiana gefolgt. Es hat die Selbständigkeit der nachfolgenden Beihilfe sogar noch deutlicher zum Ausdruck gebracht:

> „§ 8. Wer aber nur erst nach vollbrachter Missethat dem Thäter mit Hilfe und Beistand beförderlich gewesen ist, oder von der ihm bekannt gewordenen Missethat Gewinn und Vortheil gezogen hat, *macht sich zwar eines eigenen, besonderen, aber nicht des begangenen Verbrechens schuldig*, ausgenommen er wäre vor verübter Missethat mit dem Thäter wegen künftiger Hilfleistung oder Theilnehmung einverstanden gewesen."[106]

In § 163 bezeichnete das Gesetz von Joseph II. dann allerdings abweichend von diesem Grundsatz den Diebeshehler als Mitschuldigen und Teilnehmer am Diebstahl und auch bei den politischen Verbrechen (II. § 3) wurde das Prinzip durchbrochen.

IV. Die neue Bambergische peinliche Gesetzgebung von 1792 bzw. 1795[107]

Die neue Bambergische peinliche Gesetzgebung von 1792 bzw. 1795 behandelte die Begünstigung und Hehlerei zusammen mit der Teilnahme unter dem Titel „Von der Theilnehmung an dem Verbrechen anderer, besonders durch Hilfeleistung". Die Strafe wurde allerdings – im Gegensatz zur echten Teilnahme – verhältnismäßig selbständig bestimmt.[108] Für die Begünstigung und Hehlerei bei Diebstahl enthielt § 158 eigene Bestimmungen.

V. Das Allgemeine Landrecht für die Preußischen Staaten (ALR) von 1794[109]

Das Strafrecht des preußischen Landrechts, geregelt in Teil II, Tit. 20 des ALR von 1794, fasste die Begünstigung und Hehlerei wieder als Form der Teilnahme auf.[110]

Die beiden einschlägigen Bestimmungen des allgemeinen Teils, die §§ 83 und 84, fanden sich unter der Rubrik „Theilnehmung an dem Verbrechen Anderer". Die Strafe für Hehler und Begünstiger richtete sich gemäß diesen Bestimmungen nach der Strafdrohung für den Täter. Zu beachten ist allerdings, dass die einfache, nicht gewerbsmäßige Begünstigung nicht unter Strafe stand.

---

106 Abgedruckt bei *Buschmann*, Textbuch, S. 227.

107 Vgl. hierzu auch *Heimberger*, Teilnahme am Verbrechen, S. 181 ff.

108 Dies führt *Heimberger*, aaO, S. 280 zu der Annahme, dass Begünstigung und Hehlerei eigentlich als selbständige Delikte angesehen wurden.

109 Allgemein zum ALR *Laufs*, Rechtsentwicklungen, S. 140 ff mit zahlreichen weiteren Nachweisen. Speziell zum Strafrecht des preußischen Landrechts vgl. *Berner*, aaO, S. 25 ff.

110 Nicht ganz sicher, ob das Landrecht Begünstigung und Hehlerei als selbständige Vergehen oder als Teilnahme am fremden Verbrechen ansah, ist sich *Heimberger*, aaO, S. 281, aber auch er tendiert zur Annahme von letzterem.

Daneben enthielt das Strafrecht des Preußischen Landrechts in II, 20, §§ 1218, 1223 - 1247 noch eine Reihe detaillierter Bestimmungen gegen die Begünstigung und Hehlerei bei Diebstahl und Raub. Ausdrücklich erwähnt sei hier nur § 1238:

> *„Hat jemand wissentlich gestohlene Sachen gekauft oder zum Pfande angenommen, so soll er, wenn er auch an dem Diebstahl auf die § 64 bis 84 beschriebene Art keinen Theil genommen hat, dennoch als ein gemeiner Dieb bestraft werden.“*[111]

Auch hieraus lässt sich entnehmen, dass die Hehlerei wohl nicht als selbständiges Vergehen, sondern als Teilnahme am Diebstahl angesehen wurde.

Abweichend hiervon ist nur in § 160 a ein besonderer Fall persönlicher Begünstigung als selbständiges Verbrechen ausgestaltet worden, nämlich die Begünstigung einer Person, zu deren Anzeige die Untertanen von der Obrigkeit öffentlich aufgefordert wurden.

B. Die Literatur in der zweiten Hälfte des 18. Jahrhunderts

Die strafrechtliche Literatur der zweiten Hälfte des 18. Jahrhunderts war nach wie vor von der überkommenen Auffassung der Begünstigung und Hehlerei als einer nachfolgenden Teilnahme beherrscht. Trotz der beiden österreichischen Gesetzgebungen (Theresiana und Josephinisches Gesetzbuch), behandelten in dieser Zeit lediglich *Eisenhart* und *Böhmer*, die bereits oben angeführt wurden[112], die Begünstigung und Hehlerei als selbständige Delikte. Ansonsten findet sich kein Autor, der die Begünstigung und Hehlerei als selbständige Delikte bezeichnete und sie von dem einzelnen Verbrechen, an das sie sich anschlossen, loslöste.

Koch sprach von nachfolgender Beihilfe: „Durch eine Handlung, die ... auf das Verbrechen folgt (<actu> subsequente), kann jemand ein Gehülfe werden“.[113] Auch *Meister jun.* sprach von Teilnahme nach der Tat.[114] *Steltzer* zählte die Begünstiger ausdrücklich zu den Teilnehmern. „Beide, Gehülfen und Begünstiger, heißen Theilnehmer“.[115] *Steltzer* war der erste in der strafrechtlichen Literatur, der den Begriff Begünstigung als juristisch-technischen Ausdruck im Zusam-

---

[111] Abgedruckt bei *Buschmann*, Textbuch, S. 408.
[112] Siehe Erster Abschnitt, F.
[113] *Koch*, Anfangsgründe, § 43 c. In der lateinischen Ausgabe von 1770 erwähnte er das auxilium subsequens allerdings nicht.
[114] *Meister jun.*, Principia, S. 45 (§§ 40, 41).
[115] *Steltzer*, Lehrbuch, § 135 (S. 64).

menhang mit der Hilfe nach der Tat verwendet hat. Die Bedeutung von *Steltzers* „Begünstigung" war allerdings weiter als das, was wir heute unter dem Begriff Begünstigung verstehen. So fasste *Steltzer* auch die Nichtunterdrückung von Verbrechen unter die Begünstigung. Von entscheidender Bedeutung in unserem Zusammenhang ist, dass *Steltzer* mit dem Begriff Begünstigung – wie auch die anderen Autoren dieser Zeit, die den Begriff Begünstigung in diesem Zusammenhang verwendet haben – auch die Erscheinungsformen der heutigen Hehlerei umfasste. Nach *Grolman* waren Gehilfen „alle Theilnehmer, in deren Handlung nicht die Ursache der Rechtsverletzung liegt".[116] Gemäß dieser Definition rechnete er die Begünstiger zu den Teilnehmern. Er unterschied auch noch zwischen Gehilfen vor, während und nach der Tat. Allerdings stellte er die Begünstiger schon den übrigen Teilnehmern als „Gehülfen im engsten Sinne des Worts"[117] gegenüber.

Die meisten sahen in der Teilnahme nach der Tat allerdings keine „eigentliche" Teilnahme. So schrieb *Quistorp*: „Nach bereits vollbrachtem Verbrechen kann eigentlich keine Hülfleistung statt finden. Denn das blosse Genehmigen und Billigen derjenigen Missethaten, die andere schon begangen haben, kann an sich keine eigentliche Theilnehmung wirken".[118] *Klein* sagte: „Die eigentliche Theilnehmung an einem Verbrechen kann durch vorhergehende und gleichzeitige Handlungen geschehen. Die nachfolgenden können nur im Falle einer vorhergehenden ausdrücklichen oder stillschweigenden Zusage für eine wahre Theilnehmung geachtet werden, weil sie nur in diesem Falle zu der Wirklichkeit des Verbrechens etwas beitragen".[119] Auch *Kleinschrod* war der Ansicht, dass man zwar nach vollendetem Verbrechen noch an den Folgen des Verbrechens teilnehmen könne, dies aber „keinen Gehülfen im eigentlichen Verstande" mache.[120] Als „eigentliche" Teilnahme hatten die Hilfe nach der Tat aber auch beispielsweise *Bartolus* und *Angelus Aretinus* schon nicht mehr angesehen, ohne dass hieraus jedoch Konsequenzen gezogen worden wären.[121]

Feuerbach bezeichnete die Begünstigung als wissentliches Teilnehmen nach vollendetem Verbrechen[122] und sollte damit großen Einfluss auf die Folgezeit ausüben.[123]

---

[116] *Grolman*, Grundsätze, § 35 (S. 40).
[117] *Grolman*, aaO, § 35.
[118] *Quistorp*, Grundsätze, § 57 (S. 69).
[119] *Klein*, Grundsätze, § 139.
[120] *Kleinschrod*, Entwicklung, § 206 (S. 371).
[121] Vgl. oben Erster Abschnitt, C.
[122] *Feuerbach*, Lehrbuch, § 53.
[123] Vgl. unten Dritter Abschnitt, A., III., 1.

Die von *Steltzer* eingeführte Bezeichnung Begünstigung als juristisch-technischen Ausdruck für die Hilfe nach der Tat wurde seither auch von anderen Autoren in diesem Sinne verwendet.

Die von den verschiedenen Schriftstellern als nachfolgende Teilnahme bzw. Begünstigung aufgezählten Tätigkeiten entsprechen den heutigen Begriffen der Begünstigung und Hehlerei. Im Vordergrund standen dabei Handlungen, die dem heutigen Begriff der persönlichen Begünstigung und der Hehlerei entsprechen.
Als Strafmaß wird entweder das der wahren Teilnahme genannt oder eine geringeres, mehrfach wird betont, dass Verwandtschaft oder Schwägerschaft mit dem Begünstigten einen Strafmilderungs- oder auch Strafausschließungsgrund bildet.[124]

C. Zusammenfassung

Die Gesetzgebung der zweiten Hälfte des 18. Jahrhunderts zeigte erste deutlichere Ansätze in Richtung Selbständigkeit von Begünstigung und Hehlerei. Die Literatur hingegen verharrte bei der alten Auffassung vom auxilium post delictum. Zwar sah sie überwiegend die Hilfe nach der Tat nicht als „eigentliche" Teilnahme an, zog hieraus jedoch nicht die Konsequenz, die nachfolgende Hilfe aus der Beihilfe auszugliedern.

Dritter Abschnitt
Die Entwicklung im 19. Jahrhundert bis zum Reichsstrafgesetzbuch von 1871

Gegen Ende der gemeinrechtlichen Epoche, das sich etwa mit dem Ende des 18. Jahrhunderts deckt, entwickelte sich in Wechselwirkung zu den Gesetzgebungen auch in der Literatur ein lebhafter Meinungsstreit über die strafrechtliche Natur der nachfolgenden Unterstützung. Diese Kontroverse reichte, wie im folgenden zu zeigen sein wird, bis ins 19. Jahrhundert fort.

A. Die Gesetzgebung des 19. Jahrhunderts bis zum Reichsstrafgesetzbuch

Die Bewertung von Begünstigung und Hehlerei in ihrem Verhältnis zur Teilnahme durch die Gesetzgebung im 19. Jahrhundert blieb durchgehend ambivalent.

---

[124] Vgl. nur *Kleinschrod*, aaO, § 206.

I. Das österreichische Gesetzbuch über Verbrechen und schwere Polizey-Übertretungen von 1803[125]

Das österreichische Gesetzbuch über Verbrechen und schwere Polizey-Übertretungen von Franz II. aus dem Jahre 1803 sah in der Hilfe nach der Tat in Übereinstimmung mit der Theresiana und dem Josephinischen Gesetzbuch ein selbständiges Verbrechen.[126]

> *§ 6: „Wer ohne vorläufiges Einverständnis, nur erst nach begangenem Verbrechen dem Thäter mit Hülfe und Beystand beförderlich ist, oder, von dem ihm bekannt gewordenen Verbrechen Gewinn und Vortheil zieht, macht sich zwar nicht eben desselben, wohl aber eines besonderen Verbrechens schuldig, wie solches in der Folge dieses Gesetzbuches bestimmt werden wird".*[127]

Nur derjenige, welcher gestohlenes, veruntreutes oder geraubtes Gut wissentlich an sich bringt, verhehlt oder verhandelt, wurde als Teilnehmer behandelt.[128]

II. Der Code Pénal von 1810[129]

Der Code Pénal von 1810, der seit 1.1.1811 bis heute in Kraft ist, fasste die Begünstigung und Hehlerei dagegen größtenteils als Teilnahme am Verbrechen auf. Lediglich die persönliche Begünstigung war in Art. 248 als selbständiges Verbrechen gefasst. Das übrige im Sinne des deutschen Rechts „begünstigende" und „hehlende" Handeln unterfiel dem Art. 62.[130] Nach Art. 62 wurde der recéleur des choses, derjenige, welcher gestohlene, bei Seite geschaffte oder sonst mittels eines Verbrechens oder Vergehens erlangte Sachen, verhehlt, als complicité angesehen und mit der gleichen Strafe wie der Haupttäter bedroht. Eine Ausnahme von der Gleichheit der Strafdrohungen, aber nicht von ihrem wechselseitigen Abhängigkeitsverhältnis begründete allerdings Art. 63 (in der Fassung der Novelle von 1832). Ebenfalls als complicité wurde gemäß Art. 61 die gewohnheitsmäßige Beherbergung von Personen, „qui exercent des brigandages ou des violences contre la sûreté de l'Etat, la paix publique, les personnes ou les propriétés"[131], behandelt. In Art. 380 Abs. 2 wurde die Behandlung des

---

[125] Allgemein hierzu *Berner*, Strafgesetzgebung, S. 45 ff.

[126] So schon *Heimberger*, Teilnahme am Verbrechen, S. 282, wo auch der Text von § 6 abgedruckt ist.

[127] Übereinstimmend das Strafgesetz über Verbrechen, Vergehen und Übertretungen für das Kaiserthum Österreich von 1852, § 6.

[128] Vgl. §§ 165, 175.

[129] Zum Einfluss des Code Pénal auf das deutsche Strafrecht vgl. *Volk*, JuS 1991, S. 281 ff.

[130] Vgl. auch *Beling*, VDB VII, S. 129 ff.

[131] „welche Räubereyen oder Gewaltthätigkeiten gegen die Sicherheit des Staates, die öffentli-

Verhehlens von gestohlenen Gegenständen als Teilnahme am Diebstahl dann nochmals erwähnt.

III. Die deutschen Partikulargesetzbücher seit dem Bayerischen Strafgesetzbuch von 1813

1. Das Bayerische Strafgesetzbuch von 1813[132]

Die deutsche Strafgesetzgebung des 19. Jahrhunderts bestand bis zum Reichsstrafgesetzbuch von 1871 aus zahlreichen Partikulargesetzen. Im Mittelpunkt der partikularstaatlichen Strafrechtskodifikationen stand das Strafgesetzbuch für das Königreich Bayern von 1813, unter dessen Einfluss ein großer Teil der Strafgesetzgebung dieser Zeit stand.[133] Dies gilt auch hinsichtlich der Auffassung und Behandlung von Begünstigung und Hehlerei.
Das Bayerische Strafgesetzbuch von 1813 war das erste Gesetzbuch, welches den Begriff „Begünstigung" als technischen Ausdruck für die Hilfe nach der Tat verwendet hat.[134] Dieser Begriff war – wie oben dargestellt – von *Steltzer* in die Literatur der zweiten Hälfte des 18. Jahrhunderts als juristisch-technische Bezeichnung für die Hilfe nach der Tat eingeführt worden und von *Feuerbach*, dem Begründer des Bayerischen Strafgesetzbuches, in dieses übernommen worden.

Das Gesetzbuch war in drei Bücher unterteilt: 1) Allgemeine gesetzliche Bestimmungen über Verbrechen und Vergehen, 2) Von Verbrechen und deren Bestrafung, 3) Von Vergehen und deren Bestrafung. Das Erste Buch enthielt den sogenannten Allgemeinen Teil des Strafrechts und fasste die allgemeinen Grundsätze für Verbrechen und Vergehen zusammen.[135]

---

che Ruhe, die Personen oder das Eigenthum ausüben"; Übersetzung nach *Blanchard*, Criminal-Gesetzbuch Frankreichs.

[132] Allgemein zum Bayerischen Strafgesetzbuch von 1813 *Berner*, Strafgesetzgebung, S. 78 ff; *Schweisthal*, Das bayerische Strafgesetzbuch von 1861, S. 3 ff. Abgedruckt bei *Buschmann*, Textbuch, S. 447 ff.

[133] *Schmidt*, Einführung, S. 263 über das Bayerische Strafgesetzbuch von 1813: „Das erste wirklich moderne Strafgesetzbuch, hat es die gesamte Strafgesetzgebungsarbeit des 19. Jahrhunderts maßgebend bestimmt. Von ihm nimmt die rechtsstaatlich-liberale Epoche der Strafrechtsentwicklung ihren Ausgang. *Feuerbachs* Geist herrscht für ein volles Jahrhundert."; vgl. auch *Schweisthal*, aaO, S. 22.

[134] Das Preuß. ALR II 20 hat in § 1226 zwar auch den Begriff Begünstigung verwendet, aber im Sinne von Ermöglichung künftiger Straftaten: „Eben diese Strafe findet statt, wenn jemand einem dergleichen Mordräuber, zu Begünstigung künftiger Räubereyen, einen Zufluchtsort verstattet."

[135] Vgl. nur *Berner*, Strafgesetzgebung, § 93 (S. 87).

Die Begünstigung war im Ersten Buch im Dritten Kapitel („Von dem Versuch, von der Fahrlässigkeit und von der Theilnahme“) unter der Rubrik „von der Theilnahme“ in den Art. 84 – 89 geregelt.
Art. 84 enthielt eine allgemeine Begriffsbestimmung der Begünstigung: „Wer nach vollbrachter Uebertretung einem Uebelthäter durch pflichtwidriges Thun oder Unterlassen, in Bezug auf die begangene Uebertretung, beförderlich ist, ohne ihm jedoch vor Vollendung der That solche Unterstützung versprochen zu haben, macht sich der Begünstigung schuldig.“ Unter „vollbrachter Uebertretung“ war nur das vollendete Verbrechen im Sinne der Art. 37 und 38 zu verstehen, nicht bereits der strafbare Versuch.[136] Hatte jemand diese Unterstützung vor oder in dem Zeitpunkte der Vollendung versprochen, so war er Gehilfe zweiten Grades.[137] In Art. 85 wurden sodann abschließend einzelne Handlungen aufgezählt, in deren Form die Begünstigung auftreten kann. Aus dieser Aufzählung lässt sich entnehmen, dass von dem Begriff Begünstigung im Bayerischen Strafgesetzbuch auch die Erscheinungsformen der heutigen Hehlerei mitumfasst waren.
Es wurden drei Grade der Begünstigung unterschieden, die gewerbsmäßige (Art. 85, Erster Grad der Begünstigung), die nicht-gewerbsmäßige (Art. 86, Zweiter Grad der Begünstigung) und die Nichtanzeige begangener Verbrechen (Art. 87, 88, Dritter Grad der Begünstigung).
Der gewerbsmäßige Begünstiger wurde gemäß Art. 85 wie ein Gehilfe zweiten Grades, der nicht gewerbsmäßig handelnde Begünstiger und derjenige, der es unterließ, ein Verbrechen anzuzeigen, obwohl er von Amts wegen dazu verpflichtet war, gemäß Art. 86 und 87 wie ein Gehilfe dritten Grades bestraft. Die Strafe für die Gehilfen der verschiedenen Grade wiederum hing von der Strafdrohung für den Urheber des Verbrechens ab.
Die geringere Strafe für den Begünstiger im Verhältnis zu dem Gehilfen wurde damit begründet, dass der Begünstiger im Gegensatz zum Gehilfen auf die Entstehung des Verbrechens selbst keinen Einfluss hat.[138]
Die persönliche Begünstigung blieb gemäß Art. 89 straflos, wenn sie von nahen Verwandten oder Verschwägerten begangen wurde.

Daneben enthielt das Zweite Buch bei den Verbrechen gegen die Obrigkeit im Dritten Kapitel noch eine Bestimmung zur Begünstigung in Art. 327, in der aber lediglich auf Art. 85 und 86 verwiesen wurde.

---

[136] Anmerkungen 1, S. 215 ff.
[137] Vgl. Art. 76 Ziff. V.
[138] Anmerkungen 1, S. 218.

So zeigt sich, dass das Bayerische Strafgesetzbuch von 1813 an der alten Auffassung von der Begünstigung als Teilnahme nach der Tat festhielt und die Begünstigung nicht als selbständiges Delikt auffasste. Zwar wurde im Bayerischen Strafgesetzbuch erkannt, dass der Begünstiger im Gegensatz zum Gehilfen keinen Einfluss auf die Entstehung des Verbrechens selbst hat. Daraus wurde aber nicht die Konsequenz gezogen, die Begünstigung als selbständiges Delikt auszugestalten. Darauf deutet zum einen die Stellung der einschlägigen Artikel in den allgemeinen Bestimmungen unter der Rubrik „von der Theilnahme" hin und zum anderen die Ausgestaltung der Bestimmungen, insbesondere die Ausgestaltung der Strafdrohung. Zudem sah auch der Verfasser des Bayerischen Strafgesetzbuches *Feuerbach* in der Begünstigung eine Form der Beteiligung am Verbrechen: „Wer erst nach vollendetem Verbrechen wissentlich an demselben *Theil nimmt*, ist Begünstiger".[139]

2. Die Gesetzbücher der anderen deutschen Kleinstaaten[140]

Die Strafgesetzgebung der anderen deutschen Kleinstaaten stand unter dem Einfluss des Strafgesetzbuchs für das Königreich Bayern von 1813.
Die Gesetzbücher der deutschen Staaten schlossen sich der Systematik des Bayerischen Strafgesetzbuchs an. Fast ausnahmslos wurde die Begünstigung im Allgemeinen Teil abgehandelt und als nachfolgende Teilnahme angesehen.[141] Unterschiede bestanden nur insofern, als ein Teil der Strafgesetzbücher die Begünstigung wie das Bayerische Strafgesetzbuch im Abschnitt „Von der Teilnahme" behandelte, während sie in anderen neben und im Anschluss an die Bestimmungen über die Teilnahme geregelt wurde. Das Erstere war im Oldenburgischen Strafgesetzbuch von 1814[142] (Art. 90 – 96), im Strafgesetzbuch für das Königreich Würtemberg von 1839[143] (Art. 89 – 92), im Criminalgesetzbuch für das Herzogthum Braunschweig von 1840[144] (§ 47) und im Criminalgesetzbuch für das Königreich Hannover von 1840[145] (Art. 52, 74 – 76), das Letztere im

---

[139] Vgl. *Feuerbach*, Lehrbuch, § 53: „... Die Begünstigung kann durch freiwillige *Theilnahme* an den Vortheilen der That, durch Unterstützung des Verbrechers hinsichtlich der Erlangung oder des Genusses der Vortheile aus seiner Uebertretung (...), und besonders durch solche Handlungen oder auch, nach Umständen, Unterlassungen geschehen, durch welche man den Thäter der strafenden Gewalt zu entziehen suchte".

[140] Allgemein zu den einzelnen Partikulargesetzen siehe *Berner*, Strafgesetzgebung, S. 92 ff.

[141] Lediglich das Badische StGB von 1845 (abgedruckt bei *Stenglein*, Sammlung der deutschen Strafgesetzbücher, Band 2) spricht in § 142 von einem „besonderen Vergehen der Begünstigung".

[142] Abgedruckt bei *Stenglein*, Sammlung der deutschen Strafgesetzbücher, Band 1.

[143] Abgedruckt bei *Stenglein*, aaO, Band 1.

[144] Abgedruckt bei *Stenglein*, aaO, Band 1.

[145] Abgedruckt bei *Stenglein*, aaO, Band 2.

Criminalgesetzbuch für das Königreich Sachsen von 1838[146] (Art. 38), im Strafgesetzbuch für das Großherzogthum Hessen von 1841[147] (Art. 87 – 93), im Strafgesetzbuch für das Herzogthum Nassau von 1849[148] (Art. 84 - 89), im Strafgesetzbuch für die Thüringischen Staaten von 1850[149] (Art. 36, 37) und im Strafgesetzbuch für das Königreich Sachsen von 1855[150] (Art. 61) der Fall. Hieraus folgte aber keine bestimmte Behandlung auf der Rechtsfolgenseite. So machte z.B. das Strafgesetzbuch für das Königreich Sachsen von 1855 die Strafe für den Begünstiger ähnlich wie das Criminalgesetzbuch für das Hezogthum Braunschweig von 1840 von der Strafe für die Haupttat abhängig, während beispielsweise das Strafgesetzbuch für das Königreich Würtemberg von 1839, das die Begünstigung unter der Teilnahme abhandelte, eine selbständige Strafdrohung enthielt.

Dass die Strafgesetzbücher dieser Zeit die Begünstigung als eine Teilnahme am Verbrechen im weiteren Sinne und nicht als ein selbständiges Delikt auffassten, zeigte sich aber nicht nur an der systematischen Stellung, sondern auch an der gesetzlichen Tatbestandsbildung. Keines der Gesetzbücher hatte einen selbständigen Verbrechensbegriff entwickelt. Das Criminalgesetzbuch für das Königreich Hannover z.B. bestimmte in Art. 52 sogar ausdrücklich: „Alle Theilnehmer des Verbrechens, Urheber, Gehülfen und Begünstiger sind dem Strafgesetze unterworfen.“.

Im Tatbestand zählten fast alle Gesetzbücher einzelne Handlungen auf, in deren Form die Begünstigung auftreten kann. Bei einigen Gesetzbüchern hatte diese Aufzählung lediglich die Bedeutung von Beispielen zur näheren Erläuterung, bei anderen war sie wie im Bayerischen Strafgesetzbuch von 1813 abschließend.[151]
Mit der Behandlung der Begünstigung als nachfolgende Teilnahme stand es in gewissem Widerspruch, dass die meisten Gesetzbücher die Strafe für die Begünstigung selbständig bestimmten.[152] Hierin sehen *Gretener*[153] und *Rose*[154] bereits den Durchbruch zu der Erkenntnis von der Selbständigkeit der Begünsti-

---

[146] Abgedruckt bei *Stenglein*, aaO, Band 1.
[147] Abgedruckt bei *Stenglein*, aaO, Band 2.
[148] Abgedruckt bei *Stenglein*, aaO, Band 2.
[149] Abgedruckt bei *Stenglein*, aaO, Band 3.
[150] Abgedruckt bei *Stenglein*, aaO, Band 3.
[151] Vgl. hierzu *Gretener*, Begünstigung und Hehlerei, S. 47 - 50 m.w.N.
[152] Z.B. das Würtembergischen StGB v. 1839, Art. 90, das StGB für das Großherzogthum Hessen v. 1841, Art. 89, das StGB für das Herzogthum Nassau v. 1849, Art. 85.
[153] *Gretener*, aaO, S. 50.
[154] *Rose*, Sachliche Begünstigung, S.6.

gung, auch wenn diese begrifflich noch nicht umgesetzt wurde. Zumindest war die weitere Entwicklung in Richtung der Selbständigkeit der Begünstigung eingeleitet.
Bei der Strafzumessung dagegen brach die Auffassung der Begünstigung als einer Art der Teilnahme wieder durch. Nach den meisten Strafgesetzbüchern war die Schwere der Haupttat die einzige oder zumindest fast ausschließliche Richtschnur für das richterliche Ermessen bei der konkreten Festsetzung der Strafe.[155]

Die gewerbsmäßige Begünstigung wurde in der Regel härter bestraft, ohne dass ein Prinzip zu erkennen wäre, nachdem sich die Strafe erhöhte.[156]

Bestimmte nahe persönliche, insbesondere verwandtschaftliche Verhältnisse zwischen dem Begünstiger und dem Begünstigten wurden als Strafausschließungsgrund anerkannt, wenn der Begünstiger den Verbrecher lediglich der Strafe entziehen wollte.[157] Der Kreis der privilegierten Personen wurde von den Gesetzbüchern unterschiedlich weit gezogen.
Neben der Begünstigung schufen mehrere Gesetzbücher den Tatbestand der Hehlerei bzw. der Partirerei.[158] Allerdings war der Kreis der Verbrechen, auf die sich die Hehlerei beziehen konnte, ebenso wie der Tatbestand im übrigen sehr unterschiedlich bestimmt. Übereinstimmung herrschte nur darin, dass die Hehlerei als selbständiges Vergehen ausgebildet und in den Besonderen Teil der Gesetzbücher gestellt war.

---

[155] So z.B. das Criminalgesetzbuch für das Königreich Sachsen v. 1838, Art. 46, das Würtembergische StGB v. 1839, Art. 90, das StGB für das Großherzogthum Hessen v. 1841, Art. 89, das StGB für das Herzogthum Nassau v. 1849, Art. 85.

[156] Vgl. nur Art. 91 des Würtembergischen StGB v. 1839, Art. 76 des Criminalgesetzbuches für das Königreich Hannover v. 1840, Art. 90 des StGB für das Großherzogthum Hessen v. 1841, Art. 86 des StGB für das Herzogthum Nassau v. 1849.

[157] Vgl. Art. 95 i.V.m. Art. 85 Oldenburgisches StGB v. 1814, Art. 41 des Criminalgesetzbuches für das Königreich Sachsen v. 1838, Art. 92 Würtembergisches StGB v. 1839, Art. 91 des StGB für das Großherzogthum Hessen v. 1841, Art. 87 des StGB für das Herzogthum Nassau v. 1849, Art. 37 des Thüringischen StGB v. 1850.

[158] Z.B. das Würtembergische StGB v. 1839, Art. 343, das Thüringische StGB v. 1850, Art. 231, das Sächsische StGB v. 1838, Art. 239 und v. 1855, Art. 292, 293.

3. Das Strafgesetzbuch für die Preußischen Staaten von 1851[159]

Das Preußische Strafgesetzbuch von 1851, dem zahlreiche Verhandlungen und Entwürfe vorausgegangen waren[160], hielt bei der Behandlung der Begünstigung an der Systematik der übrigen Partikulargesetzbücher grundsätzlich fest. Es behandelte die Begünstigung im 3. Titel des Allgemeinen Teils in den §§ 37, 38 unter der Überschrift „Von der Theilnahme an einem Verbrechen oder Vergehen". § 37 bestimmte:

> „*Wer nach Verübung eines Verbrechens oder Vergehens dem Thäter wissentlich Beistand leistet, um denselben der Bestrafung zu entziehen, oder ihm die Vortheile des Verbrechens oder Vergehens zu sichern, ist als Begünstiger mit Geldbuße bis zu zweihundert Thalern oder mit Gefängnis bis zu einem Jahre zu bestrafen.*
> *Diese Strafe tritt nicht ein, wenn die Begünstigung dem Thäter, um ihn der Bestrafung zu entziehen, von leiblichen Verwandten in auf- oder absteigender Linie, von Geschwistern oder von dem Ehegatten gewährt worden ist.*"[161]

Die Einordnung der Begünstigung unter die Teilnahme am Verbrechen zeigt, dass auch der preußische Gesetzgeber die Begünstigung als eine Teilnahme im weiteren Sinne aufgefasst hat.[162] Zu beachten ist jedoch die selbständige Strafdrohung für die Begünstigung, die – wie schon bei einigen anderen Partikulargesetzbüchern – in einem gewissen Widerspruch zur Auffassung der Begünstigung als einer Teilnahme am Verbrechen stand. Auch der Begriff der Begünstigung hatte mehr das Gepräge eines selbständigen Verbrechensbegriffs angenommen, so dass *Gretener* zuzustimmen ist, wenn er das Preußische Strafgesetzbuch als eine Übergangsstufe zur Auffassung der Begünstigung als einer eigenen Deliktsart bezeichnet[163]. Einen erheblichen Wandel stellte die Unter-

---

[159] Das Preußische Strafgesetzbuch von 1851 löste das Bayerische Strafgesetzbuch von 1813 in seiner Vorbildstellung ab, erlangte eine immer stärker werdende Stellung in Deutschland und wurde schließlich zum „Schrittmacher auf dem Wege zum Reichsstrafgesetzbuch", *Schmidt*, aaO, S. 321; vgl. auch *Schweisthal*, Das bayerische Strafgesetzbuch von 1861, S. 34.

[160] Zur Entstehungsgeschichte des Gesetzes und den Entwürfen im einzelnen vgl. besonders *Berner*, aaO, S. 213 ff, *Hippel*, Strafrecht 1, S. 314 ff und *Schweisthal*, aaO, S. 23 ff. Die Quellen zur preußischen Gesetzrevision (1825 – 1848) sind zusammengestellt bei *Schubert/Regge* (Hrsg.), Gesetzrevision (1825 – 1848), I. Abteilung Straf- und Strafprozeßrecht, Band 1 – 6.

[161] Abgedruckt bei *Buschmann*, Textbuch, S. 547.

[162] Vgl. auch *Beseler*, Kommentar über das Strafgesetzbuch für die Preußischen Staaten, S. 168; *Temme*, Lehrbuch des Preußischen Strafrechts, S. 311; a.A. *Oppenhoff*, Strafgesetzbuch für die Preußischen Staaten, § 37 Anm. 10 unter Verweis auf die Motive von 1851 S. 17.

[163] *Gretener*, aaO, S. 53; ihm folgend *Lohmeyer*, Wesen der Begünstigung, S. 22; *Dümmler*, Begünstigung, S. 26.

scheidung hinsichtlich der verbrecherischen Absicht des Begünstigers dar. Während die anderen Partikulargesetzbücher kasuistische Aufzählungen enthielten[164], unterschied das Preußische Strafgesetzbuch in § 37 danach, ob dem Täter Beistand geleistet wird, um ihn der Bestrafung zu entziehen oder ob ihm Beistand geleistet wird, um ihm die Vorteile der Tat zu sichern. Diese Unterscheidung ist erstmals in dem revidierten Entwurf von 1845 vorgenommen[165] und von diesem in das Strafgesetzbuch vom Jahre 1851 übernommen worden. Damit waren die persönliche und die sachliche Begünstigung zumindest gesetzestechnisch erstmals klar voneinander getrennt.

Die Hehlerei stellte nach dem Preußischen Strafgesetzbuch ein selbständiges Vergehen dar. Ihr war im Besonderen Teil ein eigener Titel gewidmet. Während die Hehlerei in den früheren Entwürfen zum Preußischen Strafgesetzbuch an verschiedenen Stellen im Anschluss an Diebstahl, Unterschlagung und Raub abgehandelt worden war, war in dem Entwurf von 1847 für die Hehlerei ein eigener Titel gebildet worden, in dem die für die Hehlerei geltenden Vorschriften zusammengestellt waren. Bei der Strafe wurde aber weiterhin danach unterschieden, ob die verhehlte Sache von einem Diebstahl oder einer Unterschlagung oder ob sie von einem Raub oder einer räuberischen Erpressung herrührte. Der Entwurf vom Jahre 1850 verließ dann diese Systematik wieder und schloss sich bei der Regelung der Hehlerei dem Code Pénal Art. 62 an. Aufgrund des lebhaften Widerspruches in der Kommission der zweiten Kammer[166] kehrte man im Preußischen Strafgesetzbuch von 1851 aber wieder zum System des Entwurfs vom Jahre 1847 zurück und regelte die Hehlerei im 20. Titel des Besonderen Teils in den §§ 237 – 240. § 237 drohte für denjenigen die Hehlerstrafe an, der aus einem Verbrechen oder Vergehen stammende Sachen ankauft, zum Pfande nimmt oder verheimlicht, aber auch für den Täter, der „Personen ... in Beziehung auf das ihm bekannte Verbrechen oder Vergehen um seines eigenen Vorteils willen begünstigt".[167] § 238 verschärfte die Strafe, wenn es sich bei den Vortaten um Raub, räuberische Erpressung oder schweren Diebstahl handelte. Die Verbindung der eigennützigen Begünstigung (Personenhehlerei) mit der Sachhehlerei und ihre Verselbständigung gegenüber der als Teilnahmeform

[164] Vgl. oben Dritter Abschnitt, A., III., 1. und 2.

[165] Vgl. § 52 des Revidierten Entwurfs von 1845, abgedruckt bei *Schubert/Regge* (Hrsg.), Gesetzrevision (1825 - 1848), I. Abteilung, Band 6/I, S. 14.

[166] Vgl. nur die Neunundvierzigste Sitzung der zweiten Kammer am Donnerstag, den 27. März 1851, in Schubert u.a. (Hrsg.), Verhandlungen der Ersten und Zweiten Kammer, S. 33.

[167] Eine ähnliche Verbindung von Begünstigung und Hehlerei enthielt das Würtembergische Strafgesetzbuch von 1839, Art. 343 und das Bayerische Strafgesetzbuch von 1861, Art. 308.

ausgestalteten einfachen Begünstigung erschwerte die dogmatische Durchdringung dieses Komplexes.[168]

4. Das Strafgesetzbuch für das Königreich Bayern von 1861[169]

Auch das Bayerische Strafgesetzbuch von 1861 behandelte die Begünstigung noch in den Allgemeinen Bestimmungen, und zwar im Fünften Hauptstück der Ersten Abteilung unter der Rubrik „Theilnahme und Begünstigung" in den Art. 58 – 61. In Art. 58 waren die Handlungen, durch welche eine Begünstigung begangen werden konnte, abschließend aufgezählt. Die Begünstigungshandlungen konnten zwei Richtungen haben: entweder den Täter der Bestrafung zu entziehen (Art. 58 Ziff. 1 und 2) oder ihm die Vorteile seiner strafbaren Handlung zu sichern (Art. 58 Ziff. 3). Die nachfolgende Unterstützung durfte dem Täter aber nicht schon vor der Tat versprochen worden sein, sonst lag Teilnahme und nicht Begünstigung vor.

Art. 59 und 60 regelten die Strafe für die Begünstigung selbständig, jedoch in Abhängigkeit davon, auf welche Tat sich die Begünstigung bezog.

Art. 61 enthielt für einen Kreis privilegierter Personen für einzelne Begünstigungshandlungen einen Strafausschließungsgrund.

Trotz der systematischen Stellung der Begünstigung im Allgemeinen Teil waren die Kommentatoren des Bayerischen Strafgesetzbuchs von 1861 der Auffassung, dass das Gesetz die Begünstigung als selbständiges Vergehen behandelte.[170]

Die Hehlerei war vom Bayerischen Strafgesetzbuch von 1861 zu einem selbständigen Vergehen ausgebildet und im Besonderen Teil des Gesetzbuches, in den Art. 308 ff geregelt worden.

---

[168] Zum Verhältnis von § 37 zu der eigennützigen Begünstigung des § 237 und zum Verhältnis der Hehlerei des § 237 zu der Begünstigung eben dieses Paragraphen siehe auch *Funcke*, GA 2 (1854), S. 611 ff.

[169] Zum Bayerischen Strafgesetzbuch von 1861 vgl. insbesondere *Schweisthal*, aaO, S. 35 ff.

[170] *Weis*, Das Strafgesetzbuch für das Königreich Bayern, S.176 (diesen Kommentar setzt *Berner*, Strafgesetzgebung, S. 343 auf den ersten Rang unter den (bisher erschienenen) Kommentaren des neuen Bayerischen Gesetzbuches); ebenso *Dollmann/Risch*, Das Strafgesetzbuch für das Königreich Bayern, S. 256 u. 344. Dies beachten *Gretener*, aaO, S. 46 ff und *Rose*, aaO, S. 6 f nicht hinreichend, wenn sie das Bayerische Strafgesetzbuch von 1861 in einem Atemzug mit den anderen Partikulargesetzen dieser Zeit abhandeln, die die Begünstigung, wie dargestellt, als nachfolgende Teilnahme ansahen.

B. Die Literatur des 19. Jahrhunderts bis zum Erlass des Reichsstrafgesetzbuches

In der Literatur des 19. Jahrhunderts setzte sich allmählich die Erkenntnis von der Notwendigkeit einer prinzipiellen Feststellung der rechtlichen Natur der Begünstigung und Hehlerei[171] durch. Dies führte zu zahlreichen Versuchen, das Wesen der Begünstigung und Hehlerei dogmatisch zu durchdringen. Die bis dahin herrschende Einförmigkeit der Meinungen wurde aufgebrochen.

I. Begünstigung als Form der Teilnahme

Namhafte Kriminalisten des 19. Jahrhunderts hielten an der von den italienischen Praktikern begründeten Anschauung fest und sahen die Begünstigung als nachfolgende Teilnahme an. So definierte *Feuerbach* den Begünstiger als denjenigen, der „erst nach vollendetem Verbrechen wissentlich an demselben Theil nimmt“[172]. Auch *Wächter* zählte die Begünstigung zur Teilnahme an dem verübten Verbrechen[173], ohne dies allerdings zu begründen[174]. *Roßhirt* erklärte, der Begünstiger, der „den Verbrecher nach geschehener ... That rücksichtlich deren Folgen unterstützt“, sei als Teilnehmer anzusehen, da eine Handlung Ursache und Folgen einschließe und deshalb der Teilnehmer an den Folgen auch als Teilnehmer der verbrecherischen Handlung anzusehen sei.[175] Ähnlich äußerte sich *Heffter*, der die Gehilfen in Gehilfen zur Vollbringung der Tat und Gehilfen nach der Tat alias Begünstiger einteilte. Nach ihm kann Begünstigung bestehen: „a. in der Beförderung und Verstärkung der Folge der Mißthat nach dem Willen des Mißthäters, b. in einer Unterstützung, welche man dem Thäter zur Sicherung seiner Person gegen Nachtheile in Bezug auf die Folgen der Mißthat oder in den Vortheilen aus derselben gewähret“.[176] Diese Schriftsteller hielten also alle an der traditionellen Auffassung von der Begünstigung als nachfolgender Teilnahme fest, ohne sich aber näher mit dem Wesen der Begünstigung zu beschäftigen.

---

[171] Während der Begriff „Begünstigung“ als terminus technicus inzwischen in der wissenschaftlichen Literatur allgemein gebräuchlich war, wurde der Begriff „Hehlerei“ allerdings noch nicht von allen Autoren und insbesondere nicht einheitlich verwendet. Vielmehr wurde unter dem Ausdruck „Hehlerei“ Unterschiedliches verstanden; vgl. hierzu im Einzelnen *Dersch*, Begünstigung, S. 131 ff und S. 143 ff.

[172] *Feuerbach*, Lehrbuch, § 53.

[173] *Wächter*, Lehrbuch, § 91.

[174] Ebenso *Jarcke*, Handbuch I, § 37; *Abegg*, Lehrbuch, § 76, der aber die gewerbsmäßige Begünstigung durch Verbergung der Schuldigen und Aufbewahrung und Veräußerung gestohlener oder geraubter Gegenstände als selbständiges Verbrechen ausschied.

[175] *Roßhirt*, Lehrbuch, § 31.

[176] *Heffter*, Lehrbuch, § 86.

Eine theoretische Rechtfertigung dieser Ansicht versuchte *Bauer*[177]. Nach *Bauer* besteht die Teilnahme an einem Verbrechen in der verschuldeten Mitwirkung mehrerer bei demselben Verbrechen. Sie umfasse *alle Arten der Mitwirkung*. Es sei daher eine willkürliche Beschränkung des Begriffs, wenn man unter Teilnahme bloß die Mitwirkung zur Hervorbringung eines Verbrechens verstehe. Auch die in Beziehung auf ein bereits vollendetes Verbrechen ohne vorausgehende Zusage geleistete Förderung, die er Begünstigung nannte, sei eine Art der Teilnahme. „Die Begünstigung steht mit dem vollendeten Verbrechen, da sie auf dessen oder des Thäters Förderung abzweckt, in einer genauen Beziehung, und hat daher, wenn sie gleich zum Daseyn dieses Verbrechens nichts beitrug, die rechtliche Natur einer Theilnahme an demselben, indem sie unter den oben (...) aufgestellten Begriff der Theilnahme passt. ...die mancherlei Arten der Förderung eines bereits vollbrachten Verbrechens sind auch eine Art der Theilnahme an demselben."[178] Der Begriff der Begünstigung umfasste bei *Bauer* auch die Erscheinungsformen der heutigen Hehlerei. Dies geht aus seiner Aufzählung der verschiedenen Arten der Begünstigung hervor.[179]

Eine modifizierte Teilnahmetheorie vertrat *v. Buri*[180], der die Begünstigung als Teilnahme an der Rechtsverletzung ansah.[181] Seinen gedanklichen Ansatz fand er in der Überlegung, dass kein Delikt ohne Rechtsverletzung denkbar sei. Bei jeder Rechtsverletzung seien zwei scharf voneinander zu trennende Teile zu unterscheiden: die Entstehung und die Fortdauer. Urheber und Gehilfen würden sowohl für die Entstehung als auch für die Fortdauer der Rechtsverletzung bestraft. Der Begünstiger sei zwar nicht an der Entstehung der Rechtsverletzung, wohl aber an der Fortdauer derselben beteiligt. Durch die Beförderung der Fortdauer der Rechtsverletzung werde die begünstigende Tätigkeit ein Bestandteil der Rechtsverletzung und stelle damit eine Form der Teilnahme an der Rechtsverletzung dar. Die Begünstigung sei wie die Hehlerei nicht als besonderes Verbrechen, sondern als eine kausale Beteiligung an der durch eine andere strafbare Handlung verursachten Rechtsverletzung nach deren Entstehung anzusehen und demgemäss im Allgemeinen Teil des Strafgesetzbuches hinter der Teilnahme zu regeln. Unter dem Begriff Begünstigung verstand *v. Buri* aller-

---

[177] *Bauer*, Abhandlungen 1, S. 411 ff.

[178] *Bauer*, aaO, S. 466 f.

[179] *Bauer*, aaO, S. 474 ff; insofern ist die Aussage von *Gretener*, aaO, S. 71, der Begriff der nachfolgenden Teilnahme bei Bauer beschränke sich auf die Begünstigung, nicht ganz nachvollziehbar.

[180] *V. Buri* hat im Anschluss an *Glaser* (Abhandlungen S. 298) die Äquivalenztheorie entwickelt; vgl. nur seine Schriften „Über Causalität und deren Verantwortung" 1873 und „Die Causalität und ihre strafrechtlichen Beziehungen" 1885.

[181] *Buri*, Theilnahme, S. 85 ff; GS 29, S. 14 ff.

dings nur die sachliche Begünstigung, zu der er aber auch die Hehlerei rechnete. Die persönliche Begünstigung schied er aus dem Begriff Begünstigung aus und erkannte später[182] ausdrücklich deren Selbständigkeit an. In der Kritik gegen *v. Buri* wurde u.a. vorgebracht, nicht jedes Verbrechen (wie etwa der Mord) lasse sich in Entstehung und Fortdauer zerlegen.[183] Deshalb hat *v. Buri* später seine Theorie auf die Fälle beschränkt, die eine Wiederherstellung des durch das Verbrechen rechtswidrig aufgehobenen Zustandes zuließen.[184]

II. Die Begünstigung als „Nebenverbrechen" bei *Sander*

Sander war einer der ersten, der sich ausführlich und kritisch mit der Lehre von der Begünstigung und der Hehlerei befasste. [185] Er sah die Begünstigung als ein „Nebenverbrechen" an[186] und nahm damit eine Zwischenstellung zwischen der Auffassung der Begünstigung als Teilnahmeform und der Lehre von der tatbestandlichen Selbständigkeit der Begünstigung ein.
Nach *Sander* war unter Teilnahme an einem Verbrechen notwendigerweise eine Handlung zu verstehen, „welche auf irgend eine Weise zum Geschehen des Verbrechens mitwirkt und beihilft"[187]. „Es ist überhaupt rechtlich und physisch unmöglich, an einer schon vollendeten Handlung zu helfen und Theil zu nehmen, ...". [188] Hiervon ausgehend trennte er die Begünstigung von der Teilnahme, da „nach den nothwendigsten Sätzen der Logik folgt, dass die erst nach der Vollendung einer That sich ereignende Handlung nicht als Beihülfe und Theilnahme an der schon geschehenen Verbrechenshandlung angesehen werden kann"[189]. Zusätzlich begründete er die Trennung von Begünstigung und Teilnahme noch mit dem Hinweis auf den unterschiedlichen Vorsatz von Gehilfen und Begünstiger. Während der Gehilfenvorsatz auf die Hervorbringung eines Verbrechens ziele, richte sich der Vorsatz des Begünstigers darauf, dass das vollendete Verbrechen an dem begünstigten Verbrecher durch dessen Verheimlichung nicht gestraft werde, oder dass ihm, dem Begünstiger, durch Verheimlichung des Verbrechens ein Vorteil erwachse[190]. Dennoch konnte sich *Sander* nicht zu einer tatbestandlichen Verselbständigung der Begünstigung entschließen. Er erwog zwar kurz, die Begünstigung als ein selbständiges, gegen die

[182] *Buri*, Die Causalität, S. 72.
[183] Vgl. *Bar*, Gesetz und Schuld II, S. 747; *Gretener*, Begünstigung und Hehlerei, S. 75 ff.
[184] *Buri*, GS 29, S. 14, 25.
[185] *Sander*, AdC 1838, S. 431 ff, AdC 1839, S. 248 ff und S. 396 ff.
[186] *Sander*, AdC 1838, S. 431, 448.
[187] *Sander*, AdC 1838, S. 431, 444.
[188] *Sander*, AdC 1838, S. 431, 444.
[189] *Sander*, AdC 1838, S. 431, 444.
[190] *Sander*, AdC 1838, S. 431, 446.

Allgemeinheit gerichtetes Delikt anzusehen, verwarf diese Vorstellung jedoch sofort mit dem Argument, „dass sie (die Begünstigung) so nahe mit dem an dem Einzelnen begangenen Verbrechen zusammenhängt, dass sie davon nicht gänzlich zu trennen, und daher auch nicht zu einem selbstständigen besondern Vergehen zu bestellen ist“[191]. Ein Vergleich mit dem Institut des „Nebenvertrages“ im Zivilrecht ließ *Sander* die Begünstigung als ein „Nebenverbrechen“ beurteilen, das zu der begünstigten Tat als Hauptverbrechen hinzutrete.[192]
Die Hehlerei behandelte *Sander* dagegen bereits als selbständiges Vergehen, wobei *Sander* unter Hehlerei die gewerbsmäßig betriebene „Förderung oder Erleichterung“ von Verbrechen, die gegen das Eigentum gerichtet sind, verstand.[193]

III. Begünstigung als eigenständiges Delikt

Eine nennenswerte Anzahl der Autoren des 19. Jahrhunderts gelangte zu der Erkenntnis, dass es sich bei der Begünstigung und Hehlerei um selbständige Delikte handelt und entwickelte damit eine nicht zu übersehende Alternative zu der traditionellen Behandlung dieser Delikte.

Henke[194] nannte eine der Begehung des Verbrechens in der Zeit nachfolgende Beihilfe eine „contradictio in adiecto“. „Denn was zur Hervorbringung des Verbrechens beitragen soll, muss damit wenigstens gleichzeitig seyn.“ Nur wenn die Begünstigung im Voraus versprochen oder gewerbsmäßig betrieben wurde, zählte *Henke* sie zur Beihilfe. Nach *Martin*[195] machte sich ein „Fautor delicti“ eines eigenen Polizeiverbrechens schuldig. Dies ergäbe sich aus einer genaueren Erwägung der Gesetze und der Natur der juristischen Zurechnung. Auch *Stübel* bezeichnete die Begünstigung in seiner Schrift über die „Theilnahme“[196] als ein selbständiges Vergehen gegen die Sicherheitspolizei. Eine nachfolgende Mitwirkung zu einem Verbrechen käme nur dann in Betracht, wenn ein Tatbestand einen Erfolg erfordert, dieser durch die verbrecherische Handlung nicht zugleich eingetreten ist und später jemand die Hindernisse, die dem Erfolg entgegenstanden, entfernte, oder die Anwendung der Mittel, wodurch der Erfolg abgewendet werden konnte, verhinderte. Im übrigen sei eine

---

[191] *Sander*, AdC 1838, S. 431, 447.
[192] *Sander*, AdC 1838, S. 431, 448.
[193] *Sander*, AdC 1839, S. 397, 405 ff.
[194] *Henke*, Handbuch, S. 278 ff (§ 43).
[195] *Martin*, Lehrbuch, S. 158 ff (§ 78).
[196] *Stübel*, Theilnahme, S. 53 f, S. 95; anders noch *Stübel* in seiner Schrift „Ueber den Thatbestand der Verbrechen“, in der er die Begünstigung noch als Form der Teilnahme ansieht.

Mitwirkung zu einem Verbrechen nach dessen Verübung nicht denkbar. Es sei ein Widerspruch, zur Ausführung einer Handlung, die schon vollendet ist, oder zur Entstehung einer Folge, die schon entstanden ist, etwas beitragen zu wollen. Im Unterschied zu *Henke* rechnete *Stübel* auch die gewerbsmäßige Unterstützung anderer nach verübten Verbrechen nicht zur Teilnahme, da für ihn die gewerbsmäßige Begehung keine vorhergehende stillschweigende Zusicherung derselben enthielt. Die Auffassung von der Selbständigkeit der Begünstigung teilte auch *Köstlin*[197], wenn er auch die akzessorische Eigenschaft der Begünstigung hinsichtlich des Hauptverbrechens hervorhob: „Da der Begriff der Beihilfe wesentlich in der Beförderung, d.h. mittelbaren Hervorbringung eines fremden Verbrechens besteht, so kann unter denselben die Begünstigung des Verbrechens, d.h. die erst nach vollendetem und in seinem Erfolg entwickelten Verbrechen eintretende, nicht zuvor versprochene Beistandleistung nicht fallen. Denn die hierunter gehörigen Akte schließen die Kausalität in Beziehung auf das bestimmte Verbrechen aus ...“.[198] Wie *Henke* machte auch *Köstlin* eine Ausnahme für den Fall, dass die Dienstleistungen im Voraus versprochen oder gewerbsmäßig betrieben wurden. Im Gegensatz zu *Henke*, *Stübel* und auch *Marezoll*[199] sah *Köstlin* die Begünstigung aber nicht bloß als Polizeivergehen an, sondern als ein „wirkliches Verbrechen gegen die Justizgewalt des Staates“.[200] Ebenso äußerte sich *Berner* in seiner Schrift über die „Theilnahme“[201], der die Begünstigung als ein selbständiges Verbrechen gegen die Strafrechtspflege bezeichnete: „Die Begünstigung kann nämlich nur nach dem begangenen Verbrechen stattfinden; aber nach der begangenen Handlung kann man sich an der Begehung, um die allein es sich hier handelt, doch unmöglich betheiligen. Wer dies bestreiten wollte, müsste zu der Annahme des widersinnigen Dolus subsequens seine Zuflucht nehmen.“ Bei Erörterung des Kausalzusammenhangs im Zusammenhang mit der unmittelbaren Beihilfe brachte *Berner* seine Ansicht dann noch einmal auf den Punkt: „Fordern wir auch für die Gehülfenthätigkeit Caussalzusammenhang, so erscheint s. g. nachfolgende Beihülfe als ein Unding.“[202] Nur den Fall, dass dem Verbrecher die Hilfeleistung vor der Begehung des Delikts versprochen wurde, rechnete er zur Beihilfe. *Luden* begründete die Selbständigkeit der Begünstigung von der subjektiven Tatseite her. Nach *Luden* gehört zu der Teilnahme der Wille, dass das Verbrechen begangen werde, so

---

[197] *Köstlin*, Revision, S. 479 ff (§ 136) und System, S. 261 ff (§ 91).
[198] *Köstlin*, Revision, S. 479.
[199] *Marezoll*, Criminalrecht, S. 138.
[200] Die Begünstigung als Polizeivergehen zu fassen, bedeutet nach *Köstlin*, Revision, S. 480, ihren verbrecherischen Gehalt zu unterschätzen.
[201] *Berner*, Theilnahme, S. 5 ff; ebenso *Berner* in seinem Lehrbuch 1857, S. 159 f (§ 107).
[202] *Berner*, Theilnahme, S. 238.

dass sich dieser Wille auf das noch in der Zukunft liegende Verbrechen beziehen muss. Die Aneignung eines fremden verbrecherischen Entschlusses, nachdem das Verbrechen bereits verübt wurde, sei logisch unmöglich, da der Entschluss, den sich der Teilnehmer aneigne, ebenfalls darauf gehe, dass dasselbe begangen werde.[203] Nur die Begünstigung, die vorher versprochen werde, könne wirkliche Teilnahme sein.[204] *Zachariä* schied die Begünstigung aus der Teilnahme aus, weil er als das wesentliche Merkmal der Teilnahme das Zusammenhandeln mehrerer Personen ansah.[205] „...; denn die wahre Theilnahme setzt das Handeln mit oder neben Andern für die Hervorbringung des Verbrechens, oder die Betheiligung an der Handlung des Verbrechens selbst voraus.“[206] Ebenso argumentierte *Langenbeck*, der sagte, dass die Begünstigung ein selbständiges Verbrechen sei, weil der Begünstiger sich nicht an der Hervorbringung des Verbrechens beteilige.[207] *Hälschner* nannte als Voraussetzung für die Begünstigung als selbständiges Delikt, dass die Tat des Begünstigers in keinem Kausalzusammenhang mit dem Delikt das Begünstigten stehe, da sonst Teilnahme vorliege.[208] Auch *Marezoll*[209], *Platner*[210], *Mittermaier*[211], und *Geib*[212] sprachen sich für die Selbständigkeit der Begünstigung aus, ohne sich jedoch eingehender mit dem Problem auseinander zu setzen oder neue Argumente einzubringen.

Insgesamt kann festgehalten werden, dass der Ausgliederung der Begünstigung und Hehlerei aus der Teilnahme, soweit sie überhaupt begründet wurde, überwiegend die Überlegung zugrunde lag, dass eine Hilfe nach der Tat für diese nicht mehr ursächlich sein kann. Das auxilium ante delictum und in delicto kann kausal für den verbrecherischen Erfolg sein, das auxilium post delictum kann den Erfolg nicht mehr verursachen. Dieser Unterschied führte zu der gedanklichen und begrifflichen Trennung von Beihilfe und Begünstigung. Die Kausalität war der Grund für die Trennung und stellte das Kriterium dar, nach welchem man diese Unterscheidung vollzog.[213]

---

[203] *Luden*, Abhandlungen, S. 362 f Fn. 4.
[204] *Luden*, aaO, S. 363 und Handbuch, S. 453.
[205] *Zachariä*, AdC 1850, S. 265, 268 f.
[206] *Zachariä*, AdC 1851, S. 209, 210.
[207] *Langenbeck*, Theilnahme, § 40.
[208] *Hälschner*, Strafrecht 3, S. 556 ff.
[209] *Marezoll*, Criminalrecht, S. 96 und S. 138.
[210] *Platner*, AdC 1843, S. 170, 170 f.
[211] *Mittermaier*, Feuerbach-Lehrbuch, Note II. zu § 53, S. 97.
[212] *Geib*, Lehrbuch, § 104 und § 112.
[213] So auch *Sefzig*, Vorgeleistete Begünstigung, S. 36 f.

C. Zusammenfassung

Das 19. Jahrhundert brachte allmählich den Umschwung in Richtung Selbständigkeit von Begünstigung und Hehlerei, wobei sich die Ausgliederung der Hehlerei aus der Teilnahme deutlich rascher vollzog als die der Begünstigung. Die Partikulargesetzbücher hielten noch an der Auffassung der Begünstigung als einer Art der Teilnahme fest, stellten aber bereits fast durchweg selbständige Strafdrohungen für die Begünstigung auf. Damit war die Entwicklung der Selbständigkeit der Begünstigung eingeleitet. Die Hehlerei wurde, soweit sie überhaupt gesondert behandelt wurde, schon als selbständiges Delikt angesehen und in den Besonderen Teil der Gesetzbücher gestellt. Das Preußische Strafgesetzbuch kann man als eine Übergangsstufe zur Auffassung der Begünstigung als einer eigenen Deliktsart ansehen, die Hehlerei war auch hier bereits als selbständiges Delikt ausgestaltet. In der Literatur begann man, sich mit der rechtlichen Natur der Begünstigung und Hehlerei näher auseinander zu setzen. Keine der möglichen Auffassungen ist hierbei ohne Vertreter geblieben: man hat die Begünstigung und Hehlerei mal unter dem Gesichtspunkt der nachfolgenden Teilnahme, mal unter dem einer eigenen Verbrechensform und mal als selbständige Delikte betrachtet, wobei letztere Auffassung immer mehr Vertreter fand. Im Zusammenhang mit der Abspaltung der Begünstigung und der Hehlerei von der Teilnahme spielte der bereits von *Pufendorf*[214] aufgebrachte kausale Teilnahmebegriff eine wichtige Rolle.

Vierter Abschnitt
Das Reichsstrafgesetzbuch von 1871 und die Literatur nach Erlass des Reichsstrafgesetzbuchs

Das Reichsstrafgesetzbuch von 1871, das – wenn auch vielfach geändert – noch immer gilt, brachte einen vorläufigen Abschluss in der geschichtlichen Entwicklung der Begünstigung und Hehlerei: erstmals wurde neben der Selbständigkeit der Hehlerei auch die Selbständigkeit der Begünstigung gesetzlich anerkannt. Trotz dieser klaren gesetzgeberischen Entscheidung setzte sich aber der theoretische Streit über die Frage der Rechtsnatur insbesondere der Begünstigung bis ins 20. Jahrhundert hinein fort.[215]

---

[214] Siehe oben Erster Abschnitt, F.

[215] So meint *Bar*, Gesetz und Schuld II, S. 749: „Der Anlauf der Gesetzgebung, die Begünstigung als wirklich selbständiges Delikt zu behandeln, erscheint somit als theoretischer, gesetzgeberischer Versuch mit untauglichen Mitteln und braucht daher, ..., nicht beachtet zu werden".

A. Das Reichsstrafgesetzbuch von 1871

I. Die Entstehung der Bestimmungen des Reichsrechts

Das Strafgesetzbuch für das Deutsche Reich, das am 15. Mai 1871 verkündet wurde[216], entsprach bis auf wenige Änderungen dem für den Norddeutschen Bund geschaffenen Strafgesetzbuch.

Der 1. Entwurf eines Strafgesetzbuches für den Norddeutschen Bund vom Juli 1869 hatte sich bei der Behandlung der Begünstigung und Hehlerei im wesentlichen dem Preußischen Strafgesetzbuch von 1851 angeschlossen. Die einfache Begünstigung wurde in fast wörtlicher Anlehnung an das Preußische Strafgesetzbuch im Allgemeinen Teil in den §§ 43, 44 geregelt, die Hehlerei in einem eigenen Abschnitt im Besonderen Teil (§§ 233 – 236). Bei der Hehlerei unterschied der Entwurf wie das Preußische Strafgesetzbuch zwischen der Sachhehlerei (§ 233) und der eigennützigen Begünstigung von Personen, der Personenhehlerei (§ 234). An diesem Entwurf wurde aber seitens der Literatur teilweise heftige Kritik geübt.[217] Dies veranlasste den Gesetzgeber, schließlich doch mit der überkommenen Auffassung und Systematik der Begünstigung zu brechen. Der revidierte Entwurf vom 31. Dezember 1869 löste die Bestimmungen über die Begünstigung aus der Verbindung mit der Teilnahme und behandelte sie zusammen mit der Hehlerei im 21. Abschnitt des Besonderen Teils in den §§ 252 - 257.[218] In den Motiven hieß es hierzu: „In Anschluß an die in der Wissenschaft vertretene Ansicht, dass es sich bei der Begünstigung nicht um eine Theilnahme, sondern um ein selbständiges Vergehen (delictum sui generis), wenn auch von akzessorischer Natur, handele“, sei es angemessen, „die Begünstigung aus der ihr herkömmlich zugewiesenen Verbindung loszulösen und im besonderen Theile im Zusammenhang mit der Hehlerei zu behandeln“. Man war der Ansicht, „dies um so mehr thun zu sollen, als sich die Begünstigung von der eigentlichen Hehlerei, d.h. der Hehlerei in Betreff von Personen, nur dadurch unterscheidet, dass zwar nicht bei der Begünstigung, wohl aber bei der Hehlerei die Handlung um des eigenen Vortheils wegen geschieht“.[219]

---

216 RGBl, 1871, S. 127 ff.

217 So beispielsweise *Binding*, Entwurf, S. 106 („Wann wird endlich die Zeit kommen, wo die Wahrheit, daß die Begünstigung eine Teilnahme an einem Verbrechen nicht enthalte und eine sog. subsequente Teilnahme ein Unding sei, in den Gesetzen volle Anerkennung findet?“); *Hälschner*, Beiträge zum Entwurf, S. 67 f.

218 Siehe auch *Olshausen*, Kommentar zum Strafgesetzbuch für das Deutsche Reich, vor § 257 Anm. 1 und 2.

219 Vgl. Motive zum Entwurf II, S. 127.

Der Reichstag nahm die Fassung des revidierten Entwurfs mit einigen Änderungen[220] an. In dieser Fassung traten die Bestimmungen über die Begünstigung und Hehlerei am 1. Januar 1871 für das Gebiet des Norddeutschen Bundes in Kraft und wurden unverändert in das Strafgesetzbuch für das Deutsche Reich vom 15. Mai 1871 übernommen.

II. Die Behandlung der Begünstigung und Hehlerei im Reichsstrafgesetzbuch

Das Reichsstrafgesetzbuch behandelte die Begünstigung zusammen mit der Hehlerei im 21. Abschnitt des Besonderen Teils in den §§ 257 – 262 im Zusammenhang mit den Vermögensdelikten. Die zentralen Bestimmungen §§ 257 - 259 lauteten:

§ 257

Wer nach Begehung eines Verbrechens oder Vergehens dem Thäter oder Theilnehmer wissentlich Beistand leistet, um denselben der Bestrafung zu entziehen oder um ihm die Vortheile des Verbrechens oder Vergehens zu sichern, ist wegen Begünstigung mit Geldstrafe bis zu sechshundert Mark oder mit Gefängnis bis zu Einem Jahre und, wenn er diesen Beistand seines Vortheils wegen leistet, mit Gefängnis zu bestrafen. Die Strafe darf jedoch, der Art oder dem Maße nach, keine schwerere sein, als die auf die Handlung selbst angedrohte.

Die Begünstigung ist straflos, wenn dieselbe dem Thäter oder Theilnehmer von einem Angehörigen gewährt worden ist, um ihn der Bestrafung zu entziehen.

Die Begünstigung ist als Beihülfe zu bestrafen, wenn sie vor Begehung der That zugesagt worden ist. Diese Bestimmung leidet auch auf Angehörige Anwendung.

§ 258

Wer seines Vortheils wegen sich einer Begünstigung schuldig macht, wird als Hehler bestraft, wenn der Begünstigte

1) einen einfachen Diebstahl oder eine Unterschlagung begangen hat, mit Gefängnis,

2) einen schweren Diebstahl, einen Raub oder ein dem Raube gleich zu bestrafendes Verbrechen begangen hat, mit Zuchthaus bis zu fünf Jahren.

Sind mildernde Umstände vorhanden, so tritt Gefängnisstrafe nicht unter drei Monaten ein.

Diese Strafvorschriften finden auch dann Anwendung, wenn der Hehler ein Angehöriger ist.

§ 259

Wer seines Vortheils wegen Sachen, von denen er weiß oder den Umständen nach annehmen muß, daß sie mittels einer strafbaren Handlung erlangt sind, verheimlicht, ankauft,

---

[220] Die §§ 252 – 257 wurden zu den §§ 257 – 262. Die im § 252 des Entwurfs II enthaltenen Worte „ohne vorherige Abrede" (die aus § 38 Preuß. StGB und § 44 Entwurf I übernommen worden waren) wurden gestrichen. Dafür wurde § 257 Abs. 3 eingefügt (vgl. unten). In § 257 Abs. 1 wurden zudem die Worte „und, wenn er diesen Beistand seines Vorteils wegen leistet, mit Gefängnis" aufgenommen (sog. eigennützige Begünstigung).

zum Pfande nimmt oder sonst an sich bringt oder zu deren Absatze bei Anderen mitwirkt, wird als Hehler mit Gefängnis bestraft.

§ 257 stellte also die Begünstigung unter Strafe. Innerhalb von § 257 wurde, wie schon im Preußischen Strafgesetzbuch[221], zwischen der persönlichen und der sachlichen Begünstigung unterschieden. Beide Begünstigungsformen waren als sogenannte schwere Begünstigung qualifiziert, wenn das Beistandleisten zum eigenen Vorteil erfolgte. Die persönliche Begünstigung blieb gemäß § 257 Abs. 2 straflos, wenn sie von einem Angehörigen gewährt wurde, § 257 Abs. 3 bestimmte, dass die vor Begehung der Tat zugesagte Begünstigung als Beihilfe zu bestrafen ist. Gemäß § 258 wurde die eigennützige Begünstigung zur hehlerischen, wenn sie im Anschluss an die dort aufgeführten Verbrechen oder Vergehen begangen wurde. § 259 behandelte die Sachhehlerei (Partiererei), in § 260 wurden die gewerbs- und gewohnheitsmäßige Hehlerei und in § 261 die Hehlerei im zweiten Rückfall als qualifizierte Fälle der Hehlerei behandelt.

Mit der systematischen Einordnung der Begünstigung in den Besonderen Teil des Strafgesetzbuches hat der Gesetzgeber unmissverständlich zum Ausdruck gebracht, dass die Begünstigung nicht als Erscheinungsform der Teilnahme, sondern ebenso wie die Hehlerei als selbständiges Delikt aufzufassen ist.[222] Hierfür sprechen auch die Motive, die die Begünstigung ausdrücklich als ein „selbständiges Vergehen (delictum sui generis), wenn auch von akzessorischer Natur“[223] bezeichnet haben, wie auch der selbständige Begriff der Begünstigung und die selbständige Strafdrohung.

Und doch fanden sich im Gesetz selbst noch zahlreiche Reste der überkommenen Teilnahmelehre, die sicherlich mit Anlass für den fortdauernden Streit über die Frage der Rechtsnatur von Begünstigung und Hehlerei in der Rechtswissenschaft waren.[224] Dies gilt schon für den Tatbestand des § 257: Die Formulierung „Beistand leistet“ war schon der Semantik nach ein Erbstück des auxilium post factum.[225] Auch das Abhängigkeitsverhältnis der Strafe des Begünstigers von der Strafdrohung für die Vortat in § 257 I S. 2 wurde als Nachwirkung der Ver-

---

[221] Vgl. § 37 des Preußischen Strafgesetzbuches.

[222] So auch *Rose*, Sachliche Begünstigung, S. 11; *Gretener*, Begünstigung und Hehlerei, S. 56; siehe auch *Olshausen*, aaO, § 257 Anm. 27 und *Oppenhoff*, Strafgesetzbuch für das Deutsche Reich, § 257 Anm. 1.

[223] Vgl. Motive zum Entwurf II, S. 127.

[224] Hierzu unten Erster Teil, Vierter Abschnitt, B.

[225] Zutreffend *Beling*, VDB VII, S. 202: „wie der Gehilfe Teilnahme leistet durch „Beistand“ vor oder während der Tat, so der Begünstiger durch „Beistand“ nach der Tat“.

bindung der Begünstigung mit der Teilnahme angesehen.[226] Des weiteren ist in diesem Zusammenhang die aus dem Preußischen Strafgesetzbuch von 1851 (§ 38) übernommene Bestimmung des § 257 III zu erwähnen, nach der die Begünstigung als Beihilfe zu bestrafen ist, wenn sie vor Begehung der Tat zugesagt worden ist.[227] Diese Vorschrift stand in einer sehr alten Tradition. Schon die Italienischen Praktiker hatten die vor der Tat zugesagte nachfolgende Unterstützung als echte Teilnahme behandelt.[228] Soweit die Aussicht auf die spätere Unterstützung den Täter psychisch bestärkte, wurde die Einordnung der vorversprochenen nachfolgenden Hilfeleistung als wirkliche Teilnahme auch nach dem Durchbruch der kausalen Teilnahmelehre im jüngeren gemeinen Recht wegen ihres dann gegebenen kausalen Einflusses auf die Tat anerkannt.[229] Soweit auf die Wirkung der Zusage als solche abgestellt wird, stimmt das auch mit modernen Teilnahmegrundsätzen überein. Insofern trifft die Einschätzung des § 257 III als „Überbleibsel der früheren Auffassung der Begünstigung als nachfolgender Teilnahme“[230] nicht zu. Dennoch ist eine gesetzliche Bestimmung wie § 257 III in einem modernen Teilnahme- und Begünstigungsrecht verfehlt: sofern die vorherige Zusage der Begünstigung die Voraussetzungen der Beihilfe erfüllt (indem sie den Täter in seinem Entschluss zur Ausführung der Tat bestärkt), ist sie auch ohne besondere gesetzliche Bestimmung als Beihilfe zu bestrafen. Erfüllt die Zusage die Voraussetzungen der Beihilfe dagegen nicht[231], ist die Bestrafung als Beihilfe dogmatisch falsch und sachlich unangemessen. Zudem wurde die Begünstigung auch an anderen Stellen des Gesetzes mit der Teilnahme gleichgestellt. So war beispielsweise die Begünstigung wie die Teilnahme nach § 63 a.F. nur auf Antrag verfolgbar, wenn es sich bei der Vortat um ein Antragsdelikt handelte. Schließlich kann auch die fehlende Berücksichtigung der unterschiedlichen Angriffsrichtungen von persönlicher Begünstigung, sachlicher Begünstigung und Hehlerei bei der Ausgestaltung der Regelung als Nachwirkung der Lehre von der nachfolgenden Teilnahme angesehen werden[232]: Ohne Berücksichtigung der geschützten Rechtsgüter werden persön-

---

[226] Vgl. *Dümmler*, Begünstigung, S. 28; *Ebert*, ZRG Germ. Abt. 110, 1993, S. 1, 40.

[227] Vgl. hierzu insbesondere *Ebert*, aaO, S. 40 f.

[228] Siehe oben Erster Abschnitt, C.; näher *Dersch*, Begünstigung, S. 22 f.

[229] Siehe nur *Böhmer*, Meditationes in Carolinam, zu Art. 177 § 9: „quotquot consummato sceleri accedunt; a concursu ... proprie alieni, ..., quo refero, qui peractum celant, facinorosos aut res ablatas receptant. ... nisi asylo in antecessum promisso conspiraverint. Nam hoc casu sunt vera causa sceleris.“

[230] Vorentwurf zu einem Deutschen Strafgesetzbuch von 1909, Begründung, 571; ebenso *Beling*, VDB VII, S. 220.

[231] Zur Geltung des § 257 III RStGB auch und gerade für diesen Fall siehe *Frank*, Das Strafgesetzbuch für das Deutsche Reich, § 257 Anm. VIII.

[232] Ebenso *Schröder*, Strafvereitelung, S. 27.

liche Begünstigung, sachliche Begünstigung und Hehlerei gemeinsam und miteinander verquickt innerhalb der Vermögensdelikte abgehandelt, persönliche und sachliche Begünstigung in einem Tatbestand.

Gleichwohl ist daran festzuhalten, dass das Reichsstrafgesetzbuch sowohl Begünstigung als auch Hehlerei als eigenständige Delikte aufgefasst hat. Diese Auffassung hat auch das Reichsgericht in ständiger Rechtsprechung vertreten.[233] In seiner Entscheidung vom 28. Februar 1891 (Bd. 21, S. 375, 377) hat es wörtlich ausgeführt: „Die Selbständigkeit des Vergehens der Begünstigung im Verhältnisse zur begünstigten Strafthat, die nach dem Strafgesetzbuche durchaus zweifellos und in der Rechtsprechung des Reichsgerichtes wiederholt anerkannt ist, spricht entschieden gegen die entgegenstehende Ansicht. Es handelt sich in dem unterstellten Falle nicht darum, dass der den anderen begünstigende Mitthäter durch diese Begünstigung seine Beteiligung an der Hauptthat fortsetze ..., sondern vielmehr um die Verübung einer neuen selbständigen Strafthat, die lediglich die vorherige Begehung einer anderen Strafthat zur Voraussetzung hat".

B. Die Literatur nach Erlass des Reichsstrafgesetzbuchs

Wie bereits erwähnt, setzte sich der Streit um die Rechtsnatur insbesondere der Begünstigung trotz der Einordnung von Begünstigung und Hehlerei als selbständige Delikte im Besonderen Teil des Reichsstrafgesetzbuches in der Literatur fort.

I. Die Lehre von der Teilnahmenatur der Begünstigung nach 1871

Auch nach Erlass des Reichsstrafgesetzbuches hielt ein Teil der Literatur an der Lehre von der Teilnahmenatur der Begünstigung fest. So vertrat *v. Buri* trotz der Einordnung von Begünstigung und Hehlerei in den Besonderen Teil des Reichsstrafgesetzbuches weiterhin seine Lehre von der Begünstigung (wozu er auch die Hehlerei rechnete) als Teilnahme an der Rechtsverletzung[234]. „Warum das St.G.B. Begünstigung und Hehlerei als Specialdelicte unter die gegen das Eigenthum gerichteten strafbaren Handlungen aufgenommen, und dieselben nicht vielmehr in den allgemeinen Theil verstellt hat, dafür ist es jede Begründung schuldig geblieben."[235] Auch *Villnow*[236] lehnte die Selbständigkeit der Be-

---

[233] RGSt 4, 60, 61; 5, 23, 24; 13, 134, 136; 16, 374, 375; 35, 128, 129; 36, 76, 78; 50, 364, 366; 57, 352, 353; 66, 316, 324.
[234] Siehe oben Dritter Abschnitt, B., I.
[235] *Buri*, GS 29, S. 14, 34.

günstigung ab. Nach *Villnow* dauert die Schuld des Täters bis zu ihrer Tilgung durch die Strafe und den zivilrechtlichen Ersatz. Der Begünstiger versucht, die Strafe und/oder den Ersatz zu verhindern, und erhält damit die Schuld aus dem vorangegangenen Verbrechen in ihrem Bestande aufrecht. Die Verweisung der Begünstigung in den Besonderen Teil sei eine „Anomalie“.[237] Ähnlich wie *Villnow* äußerte sich auch *Schütze*, der die Begünstigung umschrieb als „der Ausführung nachfolgende vorsätzliche Betheiligung an der noch ungetilgten Uebelthat eines Anderen, welche darauf abzielt, den verletzten Zustand der Rechtsordnung zu einem dauernden zu machen, indem sie die rechtliche Tilgung des Delicts zu hindern sucht ...“.[238] Die Hehlerei hingegen behandelten sowohl *Schütze*[239] als auch *Villnow*[240] als besonderes Delikt. „Anders dagegen liegt die Sache bei der Hehlerei. Sie unterscheidet sich nach unserem Gesetzbuch ganz wesentlich von der Begünstigung und gerade in Punkten, welche sie als besonderes Verbrechen bezeichnen und ihre Stellung im besonderen Theil rechtfertigen.“[241] Nach *Waldthausen*[242] ist es unmöglich, die Begünstigung als ein selbständiges Delikt anzusehen, da sie sich auf dasselbe Angriffsobjekt wie das Hauptverbrechen beziehe, nämlich das Interesse des Staates an der Bewahrung rechtmäßiger Zustände. Weil außerdem die Selbstbegünstigung des Täters mit dessen früherer Tätigkeit und die Begünstigung wiederum mit der Selbstbegünstigung gleichen Charakter habe, die beiden letzteren Delikte sich aber nur durch den Wechsel der Personen unterschieden, liege in der Begünstigung im Vergleich zur Täterschaft eine Verbrechermehrheit bei Verbrechenseinheit, folglich Teilnahme am verbrecherischen Handeln. *Waldthausen* betrachtete die Begünstigung somit als eine Art der Teilnahme am rechtswidrigen Handeln des Verbrechers. Ebenso wollte er die Hehlerei behandelt wissen.[243] Eine ähnliche Auffassung vertrat auch *v. Bar*[244], der die Begünstigung als Teilnahme am Verbrechen zwar nicht im abstrakt logischen Sinne, aber im Sinne der Moral und des Rechts bezeichnete. Zwar sei logisch gesehen eine Teilnahme nicht mehr möglich, sobald das Verbrechen vollendet ist. Dennoch mache sich derjenige, der einen Verbrecher nach begangener Tat begünstigt, im gewissen Sinne zum strafwürdigen Genossen, zum Mitschuldigen des Verbrechers. Denn die Schuld des solchergestalt die Rechtsverfolgung Hindernden sei sowohl nach ih-

[236] *Villnow*, Raub, S. 55 ff.
[237] *Villnow*, Raub, S. 67.
[238] *Schütze*, Lehrbuch, § 48.
[239] *Schütze*, Lehrbuch, § 95.
[240] *Villnow*, Raub, S. 60, 76 ff.
[241] *Villnow*, Raub, S. 76.
[242] *Waldthausen*, GA 29, S. 375 ff.
[243] *Waldthausen*, GA 29, S. 375, 383.
[244] *Bar*, Gesetz und Schuld II, S. 736 ff.

rer Existenz wie nach ihrem Maße immer abhängig von dem Verbrechen, das gegen die Rechtsverfolgung geschützt wird und die Behandlung der Begünstigung als völlig selbständiges Verbrechen daher nicht durchführbar. Hinsichtlich der Hehlerei und Partiererei räumte *v. Bar* zwar ein, dass diese dem besonderen Teil zugesprochen werden könnten, weil hier besondere Tätigkeiten vorausgesetzt werden. Da sie aber innerlich nur besondere Arten der Begünstigung seien, sei es aber richtiger, auch sie in den allgemeinen Teil zu stellen.[245]

II. *Belings* Lehre von der Nachtäterschaft[246]

Beling trennte die persönliche Begünstigung, die er bereits Strafvereitelung nannte, von der sachlichen Begünstigung und der Hehlerei. Die persönliche Begünstigung sah er als selbständiges Delikt, als delictum sui generis mit selbständigem Schutzobjekt, dem staatlichen Strafjustizinteresse, an.[247] Die Behandlung von sachlicher Begünstigung und Hehlerei als selbständige Delikte lehnte *Beling* dagegen ab. Zwar seien sachliche Begünstigung und Hehlerei keine Teilnahmeformen, daraus folge aber nicht zwingend, dass die post delictum begangenen Handlungen nur einen neuen Verbrechenstypus darstellen können.[248] *Beling* wollte der akzessorischen Natur der sachlichen Begünstigung und Hehlerei vielmehr durch Schaffung der allgemeinen Rechtsfigur der „Nachtäterschaft“ Rechnung tragen: Sachliche Begünstigung und Hehlerei haben als Fortführung der durch die Vortat geschaffenen Benachteiligung das gleiche Schutzobjekt wie die Vortat. Sie unterscheiden sich von dieser nur dadurch, dass der Vortäter hinsichtlich dieses Schutzobjektes den rechtswidrigen Zustand schafft, der Begünstiger oder Hehler ihn fortsetzt. Die Schaffung eines rechtswidrigen Zustands und dessen Aufrechterhaltung sind bloße „Modalitäten der Verletzung eines identischen Rechtsguts“. Begünstigung und Hehlerei sind sozusagen charakterlos, sie empfangen ihre Prägung durch die Vortat. Daraus ergibt sich, dass eine selbständige Vertypung von sachlicher Begünstigung und Hehlerei verkehrt ist. Sachliche Begünstigung und Hehlerei dürfen nur als Erscheinungsformen der Vortat auftreten; sie gehören in den Allgemeinen Teil an die Seite der Teilnahme.[249] Das Institut der Nachtäterschaft definierte *Beling* wie folgt: „Wer einen rechtswidrigen Zustand, der durch eine rechtswidrige, einem straf-

---

[245] *Bar*, aaO, S. 750.
[246] *Beling*, Lehre vom Verbrechen, S. 472 ff; VDB VII, S. 225 ff.
[247] *Beling*, Lehre vom Verbrechen, S. 532 ff; VDB VII, S. 205 ff.
[248] Vgl. *Beling*, Lehre vom Verbrechen, S. 477; VDB VII, S. 227 f.
[249] *Beling*, VDB VII, S. 225 ff.

rechtlichen Tatbestand unterfallende Handlung begründet worden ist, aufrechterhält ...".[250]

III. Begünstigung und Hehlerei als selbständige Delikte

Der bei weitem überwiegende Teil der Literatur nach Erlass des Reichsstrafgesetzbuches aber behandelte sowohl Begünstigung als auch Hehlerei als eigenständige Delikte.[251] Es setzte sich immer mehr die Erkenntnis durch, dass die Behandlung von Begünstigung und Hehlerei als Teilnahme nicht nur mit dem positiven Recht im Widerspruch steht, sondern dass Begünstigung und Hehlerei auch ihrer dogmatischen Natur nach selbständige Delikte sind.[252] *Liszt* begründete die selbständige Stellung der Begünstigung mit „dem innersten Wesen dieses Verbrechens": „... Dadurch bestimmt sich ihre Stellung im Systeme des besonderen Teils; die Begünstigung ist nicht Teilnahme an dem begangenen Verbrechen, weil sie nicht Setzen einer Bedingung zu dem eingetretenen Erfolge ist; ...".[253] Ähnlich äußerte sich *Köhler*, nach dem gegen die Behandlung der Begünstigung als Teilnahme „ausschlaggebend der Mangel einer Mitwirkung zur Herbeiführung des gesetzlichen Verbrechensthatbestandes" spricht.[254] *Gretener* argumentierte wie folgt: „Das Verbrechen als Handlung verläuft in der Zeit und fällt mit seiner materiellen Consummation der Vergangenheit anheim. Das einmal begangene Verbrechen ist einer Förderung nicht fähig, eine Theilnahme an demselben undenkbar."[255]
Als entscheidendes Kriterium für die Selbständigkeit der Begünstigung und Hehlerei wurde also wiederum die fehlende Kausalität für die Haupttat angesehen.

---

[250] *Beling*, VDB VII, S. 232. Kritisch zur Lehre Belings: *Höpfner*, ZStW 27, S. 465, 475; vgl. auch Begründung zum Vorentwurf 1909, S. 775, 776; *Kantorowicz*, Tat, S. 198 („ein Sprung ins Dunkle aus rein konstruktiven Gründen"); *Plehn*, Strafvereitelung, S. 45; *Schreiber*, Akzessorietät, S. 75.

[251] Vgl. nur *Binding*, BT/2,2, S. 635 ff; *Geyer*, HH 2, S. 417 ff; *Gretener*, Begünstigung und Hehlerei, S. 97 ff; *Hälschner*, Das gem. deutsche Strafrecht, Bd. II, S. 863 ff; *Hergt*, GS 76, S. 298 ff; *Köhler*, GS 61, S. 44 ff; *Lilienthal*, Grundriss, § 86; *Liszt*, Lehrbuch (1891), § 181; *Lohmeyer*, Wesen der Begünstigung, S. 46 ff; *Meyer-Allfeld*, Lehrbuch (1907), § 105 und § 125 (anders noch die Vorauflage), alle m.w.N.

[252] So z.B. *Binding*, BT/2,2, S. 638: „Wenn nun auch diese Konstruktion der Begünstigung als Teilnahme an dem Grundverbrechen mit dem positiven Rechte im stärksten Widerspruch steht und sich auch dogmatisch de lege ferenda schlechterdings nicht halten lässt, ...".

[253] *Liszt*, Lehrbuch (1891), S. 615 f.

[254] *Köhler*, GS 61, S. 44, 45.

[255] *Gretener*, aaO, S. 97 f.

Mit der Anerkennung der Selbständigkeit von Begünstigung und Hehlerei begann auch die Diskussion um das von diesen Delikten geschützte Rechtsgut.[256]

Heutzutage ist die Selbständigkeit von Begünstigung und Hehlerei allgemein anerkannt, die Lehre vom Teilnahmecharakter der Begünstigung bzw. Hehlerei wird nicht mehr ernsthaft diskutiert.[257]

C. Zusammenfassung

Das Reichsstrafgesetzbuch von 1871 gestaltete sowohl Hehlerei als auch Begünstigung als selbständige Delikte des Besonderen Teils aus. Dennoch setzte sich in der Literatur der Streit um die Rechtsnatur insbesondere der Begünstigung fort. Die Auffassung, die Hehlerei und Begünstigung als selbständige Delikte betrachtete, verbreitete sich aber immer mehr und entspricht heute der allgemeinen Meinung.

---

[256] Vgl. nur *Lohmeyer*, Wesen der Begünstigung, S. 47: „Um aber die Begünstigung als ein selbständiges Verbrechen bezeichnen zu können, bedarf es des Nachweises eines selbständigen Angriffsobjektes für sie, der im folgenden zu führen versucht werden soll."; *Hergt*, GS 76, S. 298, 324: Die Frage nach der rechtlichen Natur der Begünstigung fällt zusammen mit der Frage nach den Rechtsgütern, gegen welche die Begünstigung in ihren verschiedenen Erscheinungsformen gerichtet ist." Beachte auch die ersten Ansätze bereits vor Erlass der RStGB wie beispielsweise bei *Berner*, Theilnahme, S. 5 ff, der die Begünstigung als ein selbständiges Verbrechen gegen die Strafrechtspflege bezeichnete, näher dazu oben Dritter Abschnitt, B., III.
Das Rechtsgutdenken ist 1834 von *Birnbaum* (*Birnbaum*, Ueber das Erfordernis einer Rechtsverletzung zum Begriff des Verbrechens usw., AdC 1834, S. 149 ff in die strafrechtliche Diskussion eingeführt worden und insbesondere von *Binding* (Die Normen und ihre Übertretung, 4 Bände) verfestigt worden. Seitdem beherrscht es, wenn auch nicht unangefochten, das deutsche Strafrecht: Aufgabe des Strafrechts ist es, Rechtsgüter zu schützen. Danach gibt es Strafvorschriften ohne Bezug auf ein bestimmtes Rechtsgut nicht oder es darf sie nicht geben; vgl. *Stratenwerth*, AT I, § 2 Rn. 4 mit zahlreichen weiteren Nachweisen.
[257] Vgl. z.B. LK-*Ruß*, Vor § 257 ff Rn. 3: „Gleichwohl haben sie (sc. Begünstigung, Strafvereitelung und Hehlerei) mit den Teilnahmevorschriften ... nichts gemein ... Auch wenn sie eine von einem anderen begangene Vortat zur Voraussetzung haben, weisen sie ein eigenständiges Unrecht auf."

Fünfter Abschnitt
Die Umgestaltung des 21. Abschnitts des Strafgesetzbuches[258] *durch das EGStGB vom 2.3.1974 und die weitere Entwicklung*

Die Bestimmungen über die Begünstigung und Hehlerei galten von 1871 bis zur Neuregelung des gesamten 21. Abschnitts im Jahre 1974 im wesentlichen unverändert. Trotz des Fortschritts der Behandlung von Begünstigung und Hehlerei als selbständige Delikte im Reichsstrafgesetzbuch hatten die Strafbestimmungen seit ihrer Formulierung überwiegend Tadel und Missbilligung erfahren. Schon im Jahre 1879 konnte *Gretener*[259] behaupten, ihre Revisionsbedürftigkeit sei „allseitig anerkannt". *Binding*[260] charakterisierte die Behandlung der Begünstigung im RStGB als voll der schwersten inneren Widersprüche. Nach *Beling*[261] gehörten die Tatbestände der Begünstigung und Hehlerei zu den am meisten verunglückten Bestimmungen des Gesetzbuchs.

A. Die Umgestaltung des 21. Abschnitts des Strafgesetzbuches durch das EGStGB vom 2.3.1974

Im Zuge der Teilreform des Besonderen Teils des Strafgesetzbuches durch das Einführungsgesetz zum Strafgesetzbuch (EGStGB) vom 2.3.1974[262] ist der gesamte 21. Abschnitt umgestaltet worden. Dabei sind im wesentlichen folgende Änderungen vorgenommen worden[263]:

1. Die in § 257 verklammerten beiden „Begünstigungs"-Tatbestände, die persönliche und die sachliche Begünstigung, wurden äußerlich voneinander getrennt.[264] Die persönliche Begünstigung wurde unter der Bezeichnung „Strafvereitelung" in § 258 n.F. StGB, die sachliche Begünstigung unter der Bezeichnung „Begünstigung" in § 257 n.F. geregelt. Damit ist die geschichtliche Entwicklung, in deren Verlauf sich aus dem auxilium post delictum die drei selbständigen Tatbestände Begünstigung, Strafvereitelung und Hehlerei herausbildeten, zu einem (vorläufigen) Abschluss gekommen.

---

[258] Durch Gesetz vom 25.8.1953 – BGBl. I, 1083 – entfiel in der Bezeichnung des Strafgesetzbuches der Zusatz „für das Deutsche Reich".

[259] *Gretener*, aaO, S. 57 m.w.N.

[260] *Binding*, BT/2,2, S. 636.

[261] *Beling*, VDB VII, S. 201.

[262] BGBl. I, 469.

[263] Näher zur Reform *Stree*, JuS 1976, S. 137 ff; kritisch *Hruschka*, JR 1980, S. 221 ff.

[264] Siehe Begründung zum RegE-EGStGB, BT-Dr. 7/550, S. 248. Frühere Entwürfe hatten bereits die Trennung der Tatbestände vorgesehen: Vorentwurf von 1909 (§§ 172, 280); Kommissionsentwurf von 1913 (§§ 233, 371); Entwurf von 1919 (§§ 234, 235); Entwurf von 1922 (§§ 184, 185); Entwurf von 1925 (§§ 185, 186); Entwurf von 1927 (§§ 200, 201); Entwurf von 1962 (§§ 289, 447).

2. Die Bestimmung des § 257 III a.F., nach der die Begünstigung als Beihilfe zu bestrafen war, wenn sie vor Begehung der Tat zugesagt worden war, wurde beseitigt.[265]
3. Der Tatbestand der Strafvereitelung wurde neu formuliert und erfuhr dabei auch eine sachliche Änderung.[266]
4. Die Vorschrift des § 258 a.F. (Personenhehlerei) wurde gestrichen und die bisherige Begünstigung im Amt (§ 345 a.F.) in § 258 a als Strafvereitelung im Amt in den 21. Abschnitt einbezogen.
Ziel der Neuregelung war es insbesondere, zwischen der (sachlichen) Begünstigung und der Strafvereitelung zu unterscheiden, das Verhältnis zur Begünstigung im Amt (jetzt § 258 a) zu klären und eine deutliche Abgrenzung zur Hehlerei herbeizuführen.[267]

B. Einführung des Tatbestandes der Geldwäsche, § 261

Durch das am 22.9.1992 in Kraft getretene „Gesetz zur Bekämpfung des illegalen Rauschgifthandels und anderer Erscheinungsformen der Organisierten Kriminalität (OrgKG)" vom 15.7.1992[268] ist mit dem Tatbestand der Geldwäsche, § 261 eine weitere Anschlusstat in den 21. Abschnitt des Strafgesetzbuches eingefügt worden.[269]

---

[265] BGBl. I, 469; zur Begründung siehe Entwurf eines EGStGB, BT-Dr. 7/550, S. 248, 250.
[266] Vgl. hierzu insbesondere *Ebert*, ZRG Germ. Abt. 110, 1993, S. 1, 57 ff m.w.N.
[267] So LK-*Ruß*, vor § 257 ff Rn. 1; vgl. auch *Sturm*, JZ 1975, S. 6, 10 ff; *Göhler*, NJW 1974, S. 825, 833.
[268] BGBl. I, 1302.
[269] Zur Entstehung vgl. *Möhrenschlager*, wistra 1992, S. 281 ff und 326 ff; *Rieß*, NJ 1992, S. 491 ff. Ebenso wie die klassischen Anschlussdelikte setzt auch die Geldwäsche eine rechtswidrige Vortat voraus. Daher können sich auch bei der Geldwäsche Abgrenzungsprobleme gegenüber der Teilnahme an der Vortat ergeben. Aus diesem Grund könnten die in dieser Arbeit für die klassischen Anschlussdelikte zu entwickelnden Grundsätze auch auf die Geldwäsche zu übertragen sein. Doch soll im vorliegenden Rahmen § 261 nicht in die Betrachtungen einbezogen werden. Denn beim Tatbestand der Geldwäsche fehlt die den klassischen Anschlusstaten gemeinsame historische Grundlage, die ein wesentliches Begründungselement dieser Arbeit darstellt. Abgesehen davon dürften die Konstellationen, bei denen Abgrenzungsprobleme zwischen Geldwäsche und Beihilfe zur Vortat auftreten, äußerst selten sein. Denn regelmäßig ist die Haupttat im Zeitpunkt der Geldwäsche bereits beendet (vgl. dazu auch *Leip*, Geldwäsche, S. 25 f), so dass eine Beihilfe zur vorangegangenen Haupttat von vornherein ausscheidet. Hinzu tritt der Umstand, dass § 261 in seinen einzelnen Tathandlungen dogmatisch bislang kaum durchdrungen ist. Eine sinnvolle Auseinandersetzung mit dieser Vorschrift im Kontext der vorliegenden Problemstellung würde voraussetzen, dass der Tatbestand von § 261 zuvor mit allen Erscheinungsformen in ein dogmatisches Koordinatensystem eingeordnet wird, um so eine Grundlage für die Abgrenzung von Beihilfe zur Vortat und Geldwäsche zu schaffen. Dies aber würde den Rahmen der vorliegenden Arbeit sprengen.

Zweiter Teil
Die Abgrenzung zwischen den Anschlussdelikten Begünstigung, Strafvereitelung und Hehlerei und der Beihilfe zur Vortat

Die Straftatbestände Begünstigung, Strafvereitelung und Hehlerei sind, wie dargelegt, seit Erlass des Reichsstrafgesetzbuches im Jahre 1871 gesetzlich als eigenständige Tatbestände ausgestaltet. Auch in der Literatur ist es heute unumstritten, dass es sich bei ihnen nicht um eine Unterart der Teilnahme, sondern um selbständige Delikte mit eigenständigem Schutzgut handelt.[270] Die Ausgliederung dieser sogenannten Anschlusstaten aus der Teilnahme hat jedoch Abgrenzungsprobleme zur Beihilfe mit sich gebracht. Zwar ist die Abgrenzung zwischen der Beihilfe einerseits und den Anschlussdelikten Begünstigung, Strafvereitelung und Hehlerei andererseits im Grundsatz klar, im Einzelfall kann sie jedoch zu erheblichen Schwierigkeiten führen.[271]

Im folgenden soll zunächst der Meinungsstand zu dem Problem der Abgrenzung von Beihilfe zur Vortat und Anschlusstaten dargestellt werden. Im Anschluss daran wird unter besonderer Berücksichtigung der im ersten Teil herausgearbeiteten geschichtlichen Entwicklung dieser Delikte ein eigener Lösungsvorschlag für die Abgrenzungsproblematik entwickelt. Für die Untersuchung der Frage nach dem Verhältnis der Anschlusstaten zur Beihilfe zur Vortat bieten sich primär die Fallkonstellationen an, bei denen *ein* Täterverhalten in Bezug auf dieselbe Haupttat sowohl die Tatbestandsvoraussetzungen einer Anschlusstat als auch die einer Beihilfe zur Vortat erfüllt. Diese Konstellationen bedürfen näherer Betrachtung.

---

[270] Allgemeine Meinung, vgl. nur Maurach/*Gössel*, AT 2, § 50 II B Rn. 30: „Dogmatisch ist geklärt, daß Begünstigung und Hehlerei keine Teilnahme (Beihilfe) sind, weil der Täter keinerlei Einfluß auf die Gestaltung des Vordelikts nimmt, an welches er seine eigene Tat lediglich zeitlich-logisch anschließt."

[271] Vgl. nur *Arzt/Weber*, BT, § 25 Rn. 5: „Die moderne Abgrenzung der echten Teilnahme (vor und während der Tat) von der Anschlußtat, also der Pseudo-Teilnahme nach der Tat, ist im Prinzip klar. Es gibt jedoch so zahlreiche Übergangsprobleme, daß zu vermuten ist, daß in der alten Rechtsfigur der Teilnahme vor *und* nach der Tat mehr an innerer Sachgerechtigkeit steckt, als wir heute wahrhaben möchten".

Erster Abschnitt
Der Meinungsstand zur Abgrenzung zwischen Beihilfe zur Vortat (§ 27) und den Anschlussdelikten Begünstigung, Strafvereitelung und Hehlerei

Beihilfe ist die vorsätzliche Unterstützung einer fremden, vorsätzlich begangenen und rechtswidrigen Tat.[272] Begünstigung, Strafvereitelung und Hehlerei hingegen schließen sich an eine von einem anderen begangene Straftat an.[273] Damit steht der grundsätzliche Unterschied zwischen Beihilfe zur Vortat und den Anschlussdelikten Begünstigung, Strafvereitelung und Hehlerei fest: Während der Gehilfe dem Haupttäter zu der Verwirklichung der Haupttat „Hilfe leistet“, also tatgestaltend mitwirkt[274], knüpft der Begünstiger, Strafvereiteler und Hehler an die von dem Haupttäter begangene Tat an. Im Einzelfall kann die Abgrenzung zwischen Beihilfe zur Vortat und den Anschlussdelikten aber erhebliche Schwierigkeiten bereiten.

A. Die Abgrenzung zwischen Begünstigung (§ 257) und Beihilfe zur Vortat

Am häufigsten wird das Abgrenzungsproblem zwischen Beihilfe zur Vortat und Anschlusstat im Zusammenhang mit der Begünstigung diskutiert.[275]

I. Bedeutung der Abgrenzung

Die Unterscheidung, ob Beihilfe zur Vortat oder Begünstigung vorliegt, dient nicht nur der begrifflichen Klarheit, sondern hat auch praktische Konsequenzen für die Bestrafung des Helfers:

1. Die Strafrahmen von § 257 und § 27 sind unterschiedlich. Während die Begünstigung einen begrenzten Strafrahmen bis maximal fünf Jahre Freiheitsstrafe hat, richtet sich der Strafrahmen bei der Beihilfe gemäß § 27 II S. 1 nach dem Strafrahmen der Haupttat[276]. Bei Haupttaten mit einem höheren Strafrahmen als Freiheitsstrafe bis zu fünf Jahren kommt damit bei Beihilfe eine höhere Bestrafung als bei Begünstigung in Betracht.

---

[272] Vgl. statt vieler Sch/Sch-*Cramer/Heine*, § 27 Rn. 1 - 3.

[273] Maurach/*Gössel*, AT 2, § 50 II B Rn. 29.

[274] Maurach/*Gössel*, AT 2, § 50 II B Rn. 29.

[275] Vgl. nur LK-*Ruß*, § 257 Rn.5 f m.w.N.; Sch/Sch-*Stree*, § 257 Rn. 6 ff m.w.N.; *Furtner*, MDR 1965, S. 431 ff; *Isenbeck*, NJW 1965, S. 2326 ff; *Geppert*, Jura 1980, S. 269 ff; *ders.*, Jura 1994, S. 441 ff; *Laubenthal*, Jura 1985, S. 630 ff.

[276] Gemäß § 27 II S. 2 muss die Strafe allerdings nach Maßgabe des § 49 I gemildert werden.

2. Für das „Hilfe leisten" i.S.v. § 257 genügt es, wenn die Handlung des Begünstigers objektiv geeignet ist, dem Vortäter die Vorteile seiner Tat zu sichern.[277] Damit ist die Begünstigung eine verselbständigte Versuchstat.[278] Die versuchte Beihilfe hingegen ist straflos.[279]

3. In subjektiver Hinsicht genügt bei der Beihilfe dolus eventualis.[280] § 257 stellt auf subjektiver Tatbestandsebene qualifizierte Anforderungen: zum Vorsatz bezüglich der rechtswidrigen Vortat und der Handlung der Hilfeleistung muss die Absicht hinzukommen, dem Begünstigten die Vorteile der Vortat zu sichern.[281]

4. Für § 27 ist eine vorsätzlich begangene Haupttat erforderlich, § 257 kommt auch bei fahrlässig begangenen Vortaten in Betracht, soweit diese unter Strafe stehen[282].

Zudem schützen § 27 und § 257 unterschiedliche Rechtsgüter. Die Teilnahme ist ihrem Wesen nach Mitwirkung an fremder Rechtsgüterverletzung. Strafgrund der Teilnahme ist die Herbeiführung der tatbestandlichen Rechtsgüterverletzung.[283] Der Teilnehmer ist strafbar, weil er das in den Tatbeständen des Besonderen Teils geschützte Rechtsgut mittelbar, über eine rechtswidrige Haupttat angreift.[284] Die Beihilfe leitet ihren Unrechtsgehalt damit vom Unrecht der Haupttat ab, sie hat keine eigene Schutzrichtung, sondern schützt das jeweils durch die Haupttat verletzte Rechtsgut.[285] Demgegenüber hat die Begünstigung

---

[277] So die h.M.: BGHSt 4, 221, 224; BGH NJW 1971, 525, 526; Lackner/*Kühl*, StGB, § 257 Rn. 3; SK-*Samson*, § 257 Rn. 18; LK-*Ruß*, § 257 Rn. 13; Sch/Sch-*Stree*, § 257 Rn. 15; Maurach/Schroeder/*Maiwald*, BT/2, § 101 Rn. 7.

[278] BGHSt 4, 221, 224; LK-*Ruß*, § 257 Rn. 13.

[279] Sch/Sch-*Cramer/Heine*, § 27 Rn. 33.

[280] BGHSt 2, 279, 281; LK-*Roxin*, § 27 Rn. 46 m.w.N.

[281] Tröndle/*Fischer*, § 257 Rn. 9.

[282] Sch/Sch-*Stree*, § 257 Rn. 4; LK-*Ruß*, § 257 Rn. 4.

[283] So die heute herrschende akzessorietätsorientierte Verursachungstheorie, vgl. Baumann/*Weber*, AT, § 31 I 2; *Jescheck/Weigend*, AT, § 64 I 2; Maurach/*Gössel*, AT/2, § 50 Rn. 57; Lackner/*Kühl*, Vor § 25 Rn. 8; Sch/Sch-*Cramer/Heine*, Vor §§ 25 ff Rn. 17; *Rudolphi*, ZStW 78 (1966), S. 92 ff. Ebenso die Rspr., vgl. RGSt 15, 315, 316; BGHSt 4, 355, 358. Eine Verfeinerung der an der Akzessorietät orientierten Verursachungstheorie stellt die Lehre von *Roxin*, Stree/Wessels-FS, S. 365 ff und LK, Vor § 26 Rn. 1 ff dar, die neben akzessorischen auch nichtakzessorische Elemente des Teilnehmerunrechts anerkennt.

[284] LK-*Roxin*, Vor § 26 Rn. 1; SK-*Samson*, Vor § 26 Rn. 14 ff.

[285] Nicht überzeugen können hingegen die Konstruktionen eines eigenständigen, vom Unrecht der Haupttat losgelösten Teilnehmerdelikts wie etwa die ältere Schuldteilnahmetheorie, nach der der Strafgrund der Teilnahme darin bestehen soll, dass der Teilnehmer den Täter korrum-

seit ihrer Ausgestaltung als selbständiges Delikt ein eigenständiges Schutzgut[286]. Nach überwiegender Ansicht dient § 257 sowohl dem Schutz von Allgemein- als auch von Individualinteressen: Schutzobjekt von § 257 ist zum einen die staatliche Rechtspflege und die Rechtsordnung als solche, zum anderen das Interesse des Vortatgeschädigten an der Wiederherstellung des durch die Vortat gestörten Zustandes.[287]

II. Die Abgrenzung

Das Gesetz hat sowohl für die Beschreibung der Tathandlung der Beihilfe als auch für die Beschreibung der Tathandlung der Begünstigung den übereinstimmenden Begriff der „Hilfeleistung" gewählt. Während aber der Gehilfe einem anderen *zu* dessen vorsätzlich begangenen rechtswidrigen Tat Hilfe leistet, setzt die Begünstigung voraus, dass ein anderer eine rechtswidrige Tat *begangen hat*, aus der er Vorteile gezogen hat, die ihm nach der Rechtsordnung entzogen werden müssen.[288] Der Begünstiger versucht, dem Vortäter diese Tatvorteile zu sichern und die Wiederherstellung des gesetzmäßigen Zustandes zu verhindern.[289] *Eine* Handlung kann aber unter Umständen sowohl die Tat eines anderen fördern als auch diesem die Vorteile der Tat sichern. Dann stellt sich die Frage, wie Beihilfe einerseits und Begünstigung andererseits voneinander abzugrenzen sind und wie der Handelnde im konkreten Fall zu bestrafen ist. Bei der Beantwortung dieser Frage lassen sich drei Konstellationen ausmachen:

---

piere, indem er ihn in schuldhafte Handlungen verwickle, vgl. *Mayer*, Studienbuch, § 39 II 4, oder die Konzeption von *Schumann*, Selbstverantwortung, S. 44 ff, 49 ff, die auf die Solidarisierung mit fremden Unrecht abstellt.

[286] A.A. aber *Frank*, Das Strafgesetzbuch für das Deutsche Reich, Erl. I zu § 257, S. 565 im Anschluss an *Beling* (VDB VII, S. 61, 205), nach dem sich die Begünstigung gegen dasselbe Rechtsgut wie die Vortat richtet; ebenso *Hartung*, NJW 1949, S. 327; vgl. dazu auch *Miehe*, Honig-FS, S. 93, 103.

[287] Näher zum Rechtsgut des § 257 vgl. LK-*Ruß*, § 257 Rn. 2; Sch/Sch-*Stree*, § 257 Rn. 1; Lackner/*Kühl*, StGB, § 257 Rn. 1; *Krey*, BT 1, Rn. 629 f; *Rengier*, BT I, § 20 Rn. 1 f, alle mit weiteren Nachweisen. Eine ausführliche Darstellung der unterschiedlichen Auffassungen enthalten insbesondere *Przybyla*, Beihilfe und Begünstigung, S. 78 ff, *Seel*, Begünstigung und Strafvereitelung, S. 13 ff und *Vahrenbrink*, Begünstigung, S. 101 ff.

[288] LK-*Ruß*, § 257 Rn. 3.

[289] LK-*Ruß*, § 257 Rn. 2.

1. Hilfeleistungen vor Vollendung[290] der Haupttat

Die Beihilfehandlungen werden regelmäßig vor Vollendung der Haupttat erbracht.[291] Der Tatbeitrag der Beihilfe kann bereits in der Vorbereitungsphase der Haupttat geleistet werden, selbst wenn der Haupttäter noch nicht zur Tat entschlossen oder diese für den Gehilfen noch nicht konkretisiert ist.[292] Für die Begünstigung ist gemäß § 257 I erforderlich, dass ein anderer „eine rechtswidrige Tat begangen hat".

Aus dieser Formulierung schließt ein Großteil der Literatur, dass sich die Begünstigungshandlung zeitlich an eine bereits begangene Vortat anschließen muss.[293] Dies setzt zwar nicht voraus, dass die Vortat bereits vollendet ist. Auch eine mit Strafe bedrohte Vorbereitung und ein Versuch können taugliche Vortaten sein, sofern diese dem Täter bereits einen Vorteil eingebracht haben.[294] Hieran wird es allerdings in den meisten Fällen vor Tatvollendung fehlen, so dass vorbereitete und versuchte Taten als Vortaten praktisch kaum Bedeutung haben. Die Fälle der sogenannten „vorgeleisteten Begünstigung", bei denen die Handlung, die geeignet ist, dem Haupttäter die Vorteile der Tat zu sichern, von dem Mitwirkenden schon vor Vollendung der Haupttat durch den Täter geleistet wird, werden nach dieser Auffassung nicht von § 257 erfasst. Ein Förderungsbeitrag vor Vollendung der Haupttat kann demnach – abgesehen von den seltenen Fällen, in denen strafbare Vorbereitung oder Versuch dem Vortäter bereits einen Vorteil eingebracht haben – nur als Beihilfe gemäß § 27 strafbar sein. Abgrenzungsprobleme zwischen Beihilfe zur Vortat und Begünstigung ergeben sich nach dieser Ansicht vor Vollendung der Haupttat somit nicht. Allerdings besteht eine Strafbarkeitslücke, wenn die vor Vollendung der Haupttat vorgenommene Hilfeleistung nur der Sicherung der Vorteile der Tat dient, nicht aber die Haupttat fördert.

---

290 Vollendung liegt nach ganz h.M. vor, wenn sämtliche Tatbestandsmerkmale eines Delikts verwirklicht sind, vgl. etwa BGH NJW 1964, 1810; SK-*Rudolphi*, vor § 22 Rn. 6; *Kühl*, Beendigung, S. 18; *Welzel*, Lb, S. 188.

291 *Stratenwerth*, AT I, § 12 Rn. 130.

292 Vgl. RGSt 31, 35; BGHSt 2, 344; BGH NJW 1985, S. 1035, 1036; BGH wistra 2000, S. 340, 343; Lackner/*Kühl*, § 27 Rn. 3; Sch/Sch-*Cramer/Heine*, § 27 Rn. 13.

293 Tröndle/*Fischer*, § 257 Rn. 4; Lackner/*Kühl*, § 257 Rn. 2; LK-*Roxin*, § 27 Rn. 12; *Wessels/Hillenkamp*, BT 2, § 19 II 1 Rn. 803; *Spendel*, Dreher-FS, S. 177 f; *Drees*, Auswirkungen, S. 39; *Hruschka*, JR 1980, S. 221, 223. Ebenso *Class*, Stock-FS, S. 117 f und *Schaffstein*, Honig-FS, S. 183 f, diese allerdings noch für den alten Gesetzeswortlaut vor der Neufassung des § 257 durch das EGStGB vom 2.3.1974.

294 Vgl. Maurach/Schröder/*Maiwald*, BT/2, § 101 Rn. 5; Tröndle/*Fischer*, § 257 Rn. 4.

Fall 1 - Gartenhäuschenfall[295]*:*
A, der ein Auto stehlen will, erzählt B davon und schildert ihm, wie er den Wagen nach begangener Tat verbergen will. B hält den Plan des A für bedenklich und bietet A sein abgelegenes Gartenhäuschen für diesen Zweck an. Obwohl A das Gartenhäuschen des B nicht für ein geeignetes Versteck hält, lässt er sich von A den Schlüssel für das Häuschen geben. Nach dem Diebstahl stellt A den Wagen dort unentdeckt unter.
Strafbarkeit von B?

Die Übergabe des Schlüssels stellt eine Mitwirkungshandlung dar, die schon vor Vollendung der Haupttat durch A geleistet wurde und die nach der Tat geeignet ist, dem A die Vorteile der Tat zu sichern. Somit handelt es sich um eine Konstellation der vorgeleisteten Begünstigung. Psychische Beihilfe durch Tatentschlussstärkung kommt hier nicht in Betracht, da A die „Unterstützungshandlung" gleichgültig oder sogar unerwünscht war und somit keine Förderung auf psychischer Ebene vorliegt. Folgt man der Auffassung, dass § 257 die Fälle der vorgeleisteten Begünstigung nicht erfasst, bleibt B straflos.

Auch die Rechtsprechung hält seit jeher daran fest, dass Begünstigung nur nach Vollendung der Vortat in Frage kommt.[296]

Im Schrifttum wird allerdings heute hin und wieder darauf hingewiesen, dass § 257 auch durch Handlungen verwirklicht werden könne, die vor der Tat erbracht wurden.[297] Fallen der Zeitpunkt der Hilfeleistung und ihres Wirksamwerdens auseinander, so soll nicht der Zeitpunkt der Hilfeleistungshandlung, sondern der Zeitpunkt, zu dem sich die Hilfeleistung auswirkt, maßgebend sein.[298] So liege beispielsweise Begünstigung vor, wenn jemand dem Täter vor der Tat einen Brief mit genauen Angaben über ein Versteck für die Beute zusendet, der Täter den Brief nach der Tat erhält und dann das Versteck benutzt. Erlangt der Täter dagegen schon vor der Tat Kenntnis von dem Brief, könne sich die Hilfe ähnlich wie die Zusage späterer Unterstützung als psychische Beihilfe darstellen. Ist das nicht der Fall, so sei die Hilfeleistung als Begünsti-

---

[295] Abgewandelt nach *Vahrenbrink*, Begünstigung, S. 90, Beispiel (13).
[296] So schon RGSt 3, 255, 257 f: „... als nach § 257 a. a. O. die Begünstigung, welche ein vollendetes Verbrechen oder Vergehen zur Voraussetzung hat, ..."; ausführlich hierzu *Vahrenbrink*, Begünstigung, S. 92 ff.
[297] So beispielsweise *Laubenthal*, Jura 1985, S. 630, 631; Sch/Sch-*Stree*, § 257 Rn. 7; SK-*Samson*, § 257 Rn. 27.
[298] SK-*Samson*, § 257 Rn. 27; LK-*Ruß*, § 257 Rn. 5; Sch/Sch-*Stree*, § 257 Rn. 7; *Geppert*, Jura 1980, S. 269, 273; *Laubenthal*, Jura 1985, S. 630, 631; *Seelmann*, JuS 1983, S. 32, 34.

gung zu beurteilen, weil ihre Auswirkungen ausschließlich in die Zeit nach der Tat fallen.[299]
Wendet man diese Kriterien auf *Fall 1* an, so wäre B wegen Begünstigung nach § 257 I zu bestrafen.
Eine eingehendere inhaltliche Auseinandersetzung mit dem Problemkreis der „vorgeleisteten Begünstigung" hat bislang kaum stattgefunden.[300] Erkennt man die Möglichkeit an, dass eine Begünstigungshandlung schon vor Begehung der zu begünstigenden Tat vorgenommen werden kann[301], ergeben sich bereits vor Vollendung der Haupttat Abgrenzungsprobleme zur Beihilfe zur Haupttat. Die sehr knappen Ausführungen von *Samson*[302] und *Stree*[303] deuten darauf hin, dass sie die Kausalität als das maßgebliche Abgrenzungskriterium ansehen. „Wirkt sich die Hilfeleistung auf den tatbestandsmäßigen Vollendungserfolg aus, dann liegt eindeutig Beihilfe zur Vortat vor, Begünstigung scheidet aus."[304] Ausführlicher auseinandergesetzt mit dem Verhältnis der vorgeleisteten Begünstigung zur Beihilfe hat sich *Vahrenbrink.*[305] Seiner Ansicht nach ist die Abgrenzung ein Konkurrenzproblem, die vorgeleistete Begünstigung trete dann als mitbestrafte Begleittat hinter § 27 StGB zurück.

2. Hilfeleistungen nach Beendigung der Vortat

Bei einer Hilfeleistung nach der endgültigen Verwirklichung der Vortat, also nach der materiellen Beendigung[306], kommt unstreitig nur Begünstigung in Betracht. Denn nach der Beendigung der Vortat ist Beihilfe rechtlich ausgeschlossen.[307] Zu einer beendeten Tat kann nicht mehr Hilfe geleistet werden. Welche

---

[299] Vgl. Sch/Sch-*Stree,* § 257 Rn. 7.
[300] Ausführlicher hierzu aber beispielsweise *Elvers*, ZStW 31, S. 893 ff; *Class*, Stock-FS, S. 115 ff; *Sefzig*, Begünstigung, S. 19 ff; *Spendel*, Dreher-FS, S. 167 ff; *Vahrenbrink*, Begünstigung, S. 89 ff; *Elvers, Class* und *Sefzig* allerdings noch für § 257 a.F.
[301] So neben SK-*Samson*, § 257 Rn. 27 und Sch/Sch-*Stree*, § 257 Rn. 7 insbesondere *Vahrenbrink*, Begünstigung, S. 101 ff.
[302] SK-*Samson*, § 257 Rn. 26 f.
[303] Sch/Sch-*Stree*, § 257 Rn. 7.
[304] SK-*Samson*, § 257 Rn. 26.
[305] *Vahrenbrink*, Begünstigung, S. 154 ff.
[306] Über die genaue Beschreibung der Beendigung besteht keine Einigkeit; nach einer verbreiteten Formel soll sie dann eintreten, „wenn das Tatgeschehen über die eigentliche Tatbestandserfüllung hinaus seinen tatsächlichen Abschluss gefunden" habe, wobei noch offen ist, welches Kriterium diesen Abschluss markieren soll, so *Lesch*, Sukzessive Beihilfe, S. 15 m.w.N.
[307] BGH NStZ 2000, S. 31; BGH StV 1998, S. 25 f; BGH JZ 1989, S. 759; LK-*Roxin*, § 27 Rn. 34; *Geppert*, Jura 1994, S. 441, 442; *Laubenthal*, Jura 1985, S. 630, 631; *Wessels/Hillenkamp*, BT 2, § 19 II 1 Rn. 804.

Anforderungen man auch immer an die Hilfeleistung stellt, nach dem völligen Abschluss der Haupttat kann sie sich nicht mehr auf deren Begehung auswirken.[308]

3. Hilfeleistungen zwischen Vollendung und Beendigung

Abgrenzungsprobleme zwischen Beihilfe zur Vortat und Begünstigung treten insbesondere bei den Delikten auf, bei denen die formelle Vollendung und die materielle Beendigung zeitlich auseinanderfallen. Wird die Unterstützungshandlung erst nach der Vollendung des Delikts, aber noch vor dessen Beendigung vorgenommen[309], ist heftig umstritten, ob Beihilfe zur Vortat oder Begünstigung vorliegt.

Fall 2 - Schrottfall[310]:
Vortäter V hat aus einem Altwarenlager 6 t Schrott entwendet, indem er die Beute mit einer Schubkarre in ein etwa 500 m entferntes vorläufiges Versteck außerhalb des Schrottlagers gefahren hat. Da V kein geeignetes Fahrzeug hat, um die 6 t Schrott dort abzuholen, bittet er seinen Freund F, der einen LKW besitzt, um Hilfe. Dieser fährt am nächsten Tag mit seinem LKW zu dem vorläufigen Versteck und transportiert die 6 t Schrott für V in ein sicheres Versteck.
Strafbarkeit von F?

V hat einen Diebstahl (§ 242 I) begangen. Zum Zeitpunkt der Mithilfe von F befand sich die Vortat des V in der Phase zwischen formeller Vollendung und materieller Beendigung. Mit dem Verbergen des Schrotts in dem vorläufigen Versteck war der Diebstahl formell vollendet, die materielle Beendigung der Tat trat aber erst mit der endgültigen Sicherung des neuen Gewahrsams durch den Abtransport der Beute in ein sicheres Versteck ein.
Fraglich ist, wie der Abtransport der Beute durch F strafrechtlich zu werten ist: als Begünstigung nach § 257 I oder als Beihilfe zur Vortat gemäß §§ 242 I, 27?

Vernachlässigt man vereinzelt gebliebene Sondermeinungen[311], so sind drei Auffassungen zu unterscheiden:

---

[308] Vgl. auch *Rudolphi*, Jescheck-FS, S. 559; *Stratenwerth*, AT I, § 12 Rn. 130.
[309] Teilweise wird statt auf den Zeitpunkt der Handlungsvornahme auch auf den Zeitpunkt des Eintritts der Wirkung der Hilfeleistung abgestellt, vgl. hierzu die bereits im Zusammenhang mit der vorgeleisteten Begünstigung angeführten Nachweise in Fn. 289. Abgesehen von dem unterschiedlichen zeitlichen Anknüpfungspunkt ergeben sich in der inhaltlichen Diskussion dadurch aber keine Unterschiede.
[310] Vereinfacht und modifiziert nach BHGSt 4, 132.
[311] Zu den vielfältigen Differenzierungen im Schrifttum vgl. vor allem *Lesch*, Sukzessive Bei-

a. Willensrichtung des Hilfeleistenden als maßgebliches Kriterium

Nach langjähriger Rechtsprechung[312] und noch h.M. im Schrifttum[313] ist Beihilfe auch noch nach Vollendung bis zur Beendigung möglich. Die rechtliche Möglichkeit der Beihilfe endet nicht mit dem vollen Eintritt der Rechtsgüterverletzung, ein Gehilfendienst ist vielmehr noch im Stadium ihrer materiellen Beendigung bis zur endgültigen Sicherung ihres Erfolges möglich.[314] Folgt man dieser Auffassung, kann zwischen Vollendung und Beendigung der Vortat sowohl Beihilfe als auch Begünstigung begangen werden[315] und es stellt sich die Frage, wie die Hilfeleistung im konkreten Fall zu beurteilen ist.

Die Rspr.[316] und ein Teil der Literatur[317] stellen zur Abgrenzung zwischen Begünstigung und Beihilfe im Stadium zwischen Deliktsvollendung und -beendigung auf die Vorstellung und den Willen des Hilfeleistenden ab: Wolle der Helfer noch die Haupttat fördern, sei Beihilfe gegeben. Komme es ihm jedoch auf die Vorteilssicherung zugunsten des Vortäters an, sei Begünstigung anzunehmen.

---

hilfe, S. 53 ff.

312 Vgl. nur RGSt 23, 292, 293; 58, 13, 14; 71, 193, 194; BGHSt 3, 40, 43f; 4, 132f; 6, 248, 251; 19, 323, 325; BGH VRS 16, 267; BGH Strafverteidiger 1981, 127; BGH JZ 1989, 759; OLG Köln NJW 1956, 154; OLG Karlsruhe GA 1971, 281; BayObLG NJW 1980, 412; OLG Düsseldorf MDR 1988, 515. Eine eingehende Analyse der höchstrichterlichen Entscheidungen hat *Lesch*, Sukzessive Beihilfe, S. 19 ff vorgenommen. Er kommt dabei zu folgendem Ergebnis: Sowohl nach Ansicht des Reichsgerichts als auch nach Ansicht der Nachkriegsrechtsprechung sei Beihilfe auch noch in den Fällen möglich, in denen die Haupttat zwar rechtlich schon vollendet, aber tatsächlich noch nicht beendet war. Entscheidungen, in denen die Definition der Tatbeendigung als dem spätest möglichen Beihilfezeitpunkt definitiv vom formellen Tatbestand gelöst wurde, seien aber höchst selten. In fast allen einschlägigen Entscheidungen hätte dem Teilnehmerverhalten während der Beendigungsphase niemals ein Bezug zur formellen Tatbestandsverwirklichung gefehlt.

313 Baumann/*Weber*, AT, § 28 Rn. 4; *Blei*, AT, S. 287 f; *Bockelmann/Volk*, AT, § 25 III 2 b; *Hau*, Beendigung, S. 119 ff; *Jescheck/Weigend*, AT, § 64 III, 2 b; *Jescheck*, Welzel-FS, S. 683 ff; *Küper*, JuS 1986, S. 862; Sch/Sch-*Cramer/Heine*, § 27 Rn. 17; *Wessels/Beulke*, AT, § 13 IV 5 Rn. 583; differenzierend *Kühl*, Beendigung, S. 80 ff; *ders.*, JuS 1982, S. 110, 189 ff. Zum Meinungsstand zum spätest möglichen Beihilfezeitpunkt in der Literatur vgl. auch *Lesch*, aaO, S. 53 ff.

314 LK-*Roxin*, § 27 Rn. 32.

315 Vgl. nur LK-*Ruß*, § 257 Rn. 5; Tröndle/*Fischer*, StGB, § 257 Rn. 4.

316 RGSt 58, 13, 14; BGHSt 4, 132, 133; BGH VRS 16, 267, 269; OLG Köln NJW 1990, 587, 588.

317 Lackner/*Kühl*, StGB, § 27 Rn. 3; LK-*Ruß*, 9. Aufl., § 257 Rn. 21 (anders 10. Aufl.!); *Baumann*, JuS 1963, S. 51, 54 f; *Welzel*, Lb, S. 394.

Folgt man dieser Auffassung, hängt die Strafbarkeit von F in *Fall 2* davon ab, ob dieser noch die Tat von V fördern wollte, dann läge Beihilfe vor, oder ob es ihm auf die Vorteilssicherung zugunsten des V ankam, dann wäre Begünstigung gegeben. Nach dieser Ansicht ist es Tatfrage, ob vorliegend § 257 I oder §§ 242 I, 27 anzuwenden sind.

Gegen diese Ansicht geben verschiedene Autoren[318] zu bedenken, dass eine rein subjektive Abgrenzung nach der inneren Willensrichtung des Helfers in der Praxis zu kaum lösbaren Beweisschwierigkeiten führe. Welcher Täter stelle schon Überlegungen dahingehend an, ob er noch die Vollendung der Tat fördern oder aber schon dazu beitragen wolle, dem Vortäter die Vorteile der Vortat zu sichern? Entsprechend sei dann aber auch der Tatrichter überfordert, in dieser Hinsicht Feststellungen treffen zu müssen.[319] Zudem sei nicht einzusehen, weshalb der Hilfeleistende je nach seiner inneren Willensrichtung der unter Umständen schwereren Beihilfestrafe entgehen soll, vor allem wenn es sich bei der Vortat um ein Verbrechen handelt.[320] Die innere Willensrichtung als Abgrenzungskriterium eröffne die Möglichkeit, durch eine geschickte Verteidigung mit der Schutzbehauptung einer Begünstigungsabsicht die Anwendung des unter Umständen milderen Strafrahmens der Begünstigung zu erreichen und sich so der höheren Gehilfenstrafe zu entziehen.[321] Dies könne nicht richtig sein. Außerdem sei eine solche Rechtsfrage nach den objektiven Maßstäben der Rechtsordnung und nicht nach dem Willen des Angeklagten zu entscheiden.[322] *Arzt/Weber*[323] geben darüber hinaus zu bedenken, dass es zu kuriosen Freisprüchen kommen muss, wenn jemand dem Vortäter „Hilfe leistet", aber nicht festgestellt werden kann, ob er dies mit Beihilfe- oder mit Begünstigungsvorsatz getan hat, es sei denn, man bemüht das Rechtsinstitut der Wahlfeststellung.[324]

---

[318] Vgl. *Geppert*, Jura 1994, S. 441, 443; *ders.*, Jura 1980, S. 269, 274; *Laubenthal*, Jura 1985, S. 630, 632; *Roxin/Schünemann/Haffke*, Strafrechtliche Klausurenlehre, S. 241; *Vogler*, Dreher-FS, S. 405, 416.

[319] *Geppert*, Jura 1994, S. 441, 443.

[320] LK-*Ruß*, § 257 Rn. 5; Sch/Sch-*Stree*, § 257 Rn. 8; *Furtner*, MDR 1965, S. 431, 433.

[321] *Furtner*, MDR 1965, S.431, 433; *Laubenthal*, Jura 1985, S. 630, 632.

[322] LK-*Roxin*, § 27 Rn. 35.

[323] *Arzt/Weber*, BT/4 Rn. 410.

[324] Zur Zulässigkeit der Wahlfeststellung bei § 257 und Teilnahme an der Vortat *Arzt/Weber*, BT, § 27 Rn. 21; BGHSt, 23, 360; BGH NStZ 1989, S. 319, 320; kritisch dazu *Hruschka*, NJW 1971, S. 1392 ff.

b. Bis zur Beendigung nur Beihilfe

Die Ablehnung der Willensrichtung des Helfers als Abgrenzungskriterium veranlasst einige Autoren dazu, (im Ergebnis) nur wegen Beihilfe zu bestrafen.

Die einen[325] gelangen zu diesem Ergebnis über eine analoge Anwendung von § 257 III S.1. Zwar betrifft § 257 III S.1 nicht direkt die hier streitige Frage, wie der *eine* Gehilfendienst, der sowohl als Beihilfe zur Vortat als auch als Begünstigung bewertet werden könnte, zu bestrafen ist. § 257 III S.1 verneint lediglich die Strafbarkeit wegen Begünstigung für denjenigen, der bereits wegen Beteiligung an der Vortat strafbar ist. Er behandelt also die Fälle, in denen das Vorliegen einer Beteiligung an der Vortat gerade nicht zweifelhaft ist, sich eine Hilfeleistung also vor Tatvollendung ausgewirkt hat. Hinter diese Beihilfe tritt dann eine weitere Hilfeleistung nach Tatbeendigung als mitbestrafte Nachtat[326] zurück. Dennoch mache diese Vorschrift deutlich, dass nach dem Willen des Gesetzgebers eine tatbestandlich verwirklichte Begünstigung hinter eine tatbestandlich verwirklichte Beihilfe zurücktreten solle, und dies müsse entsprechend auch gelten, wenn durch ein und dieselbe Hilfeleistung beide Tatbestände verwirklicht sind.[327]
Laubenthal[328] hält diesen Weg wegen des strafrechtlichen Analogieverbotes für bedenklich. Ausgehend von der Kongruenz des objektiven Tatbestandes von Beihilfe und Begünstigung reduziert er den Tatbestand des § 257 I teleologisch in der Weise, dass die Begünstigung immer nur Unterstützungshandlungen nach materieller Beendigung der Vortat erfasse.[329] Eines Rechtsschutzes durch § 257 bedürfe es erst dann, wenn wegen Beendigung der Tat für eine Beihilfe kein Raum mehr ist. Demjenigen, der dem Vortäter zwischen Deliktsvollendung und –beendigung Hilfe leistet, komme es – unabhängig davon, ob er dem Vortäter die erlangten Vorteile erhalten oder ob er zu deren Sicherung beitragen will – auf die erfolgreiche Tatbeendigung an. Bis zu diesem Zeitpunkt stelle seine Unterstützung somit eine Beihilfe dar, für eine Bestrafung wegen Begünstigung bestehe keine Notwendigkeit.[330] Auch das gemeinsame kriminalpolitische Anliegen der Bestrafung von Beihilfe und Begünstigung, durch Pönalisierung aller

---

[325] Vgl. *Seelmann*, JuS 1983, S. 32, 33; *Geppert*, Jura 1980, S. 269, 274; Sch/Sch-*Stree*, § 257 Rn. 8, 31.

[326] BT-Drs. 7/550 S. 248; Sch/Sch-*Stree*, § 257 Rn. 31.

[327] So *Seelmann*, JuS 1983, S. 32, 33. Auch *Arzt/Weber*, BT, § 27 Rn. 20 statuieren unter Verweis auf § 257 III 1 generell den Vorrang von Teilnahme an der Vortat gegenüber der Begünstigung.

[328] *Laubenthal*, Jura 1985, S. 630, 633.

[329] So auch *Sturm*, Niederschriften, Bd. 6, S. 105; *Vogler*, Dreher-FS, S. 405, 417; *Furtner*, MDR 1965, S. 431, 434.

[330] *Laubenthal*, Jura 1985, S. 630, 633.

Solidarisierungshandlungen mit dem Haupt- bzw. Vortäter eine generalpräventive Wirkung zu erzielen, spreche für eine klare Abgrenzung in dem Sinne, dass das Hilfeleisten erst nach Abschluss der Phase der Teilnahme an der Vortat Begünstigung sein könne.[331] Ähnlich argumentiert *Przybyla*[332]: Ausgehend von der Prämisse, dass die Begünstigung keinen anderen Unrechtsbereich als die Beihilfe erfasse, lehnt sie die Möglichkeit der Begünstigung vor Beendigung der Vortat ab. „Ein mehrfacher Rechtsgüterschutz wäre mit der Systematik des StGB nicht zu vereinbaren und ließe sich auch kriminalpolitisch nicht rechtfertigen ... Der Tatbestand der Begünstigung darf zeitlich erst dann zur Anwendung kommen, wenn die Rechtsfigur der Beihilfe nicht mehr angewendet werden kann, also ab dem Zeitpunkt der Beendigung.“[333]

Nach dieser Ansicht wäre F in *Fall 2* wegen Beihilfe zum Diebstahl gemäß §§ 242 I, 27 zu bestrafen.

c. Keine Beihilfe nach Tatvollendung

Eine in der Literatur immer mehr im Vordringen befindliche Meinung lehnt die Möglichkeit der Beteiligung an der Tat nach Vollendung der Vortat grundsätzlich ab, wobei teilweise auf den Zeitpunkt des Abschlusses des tatbestandsmäßigen Verhaltens des Haupttäters, teilweise auf den Zeitpunkt der vollständigen Tatbestandserfüllung einschließlich der Herbeiführung des tatbestandsmäßigen Erfolges abgestellt wird.[334] Abgesehen von den Delikten, bei denen sich das tatbestandsmäßige Geschehen nach „erstmaliger“ Vollendung weiter fortsetzt, wie etwa bei den Dauerdelikten[335] und den im Fortsetzungszusammenhang began-

---

[331] *Vogler*, Dreher-FS, S. 405, 417.

[332] *Przybyla*, Beihilfe und Begünstigung, S. 139 ff.

[333] *Przybyla*, aaO, S. 142.

[334] Siehe dazu vor allem LK-*Roxin*, § 27 Rn. 35 ff; ebenso *Allfeld*, Lehrbuch des Deutschen Strafrechts, AT, § 40, S. 228; *Bitzilekis*, ZStW 99 (1987), S. 723, 733 ff; *Bottke*, JA 1980, S. 378, 379; *Gallas*, ZAkDR 1937, S. 438 f; *Gössel*, ZStW 85 (1973), S. 591, 646 ff; *Herzberg*, JuS 1975, S. 35, 36; *Isenbeck*, NJW 1965, S. 2326, 2328; *Jakobs*, AT, S 675 ff; Maurach/*Gössel*, AT/2, § 50 II B Rn. 22; *Roxin/Schünemann/Haffke*, Strafrechtliche Klausurenlehre, S. 232 ff; *Rudolphi*, Jescheck-FS, S. 559 ff; *Schroth*, BT, S. 181; *Wessels/Hillenkamp*, BT 2, § 19 II 1 Rn. 804; differenzierend SK-*Samson*, § 257 Rn. 26, nach dem zwischen Vollendung und Beendigung der Vortat Beihilfe allenfalls bei Vertiefung des tatbestandsmäßigen Erfolges und im übrigen nur Begünstigung in Betracht kommt.

[335] Dauerdelikte sind solche Straftaten, bei denen der Täter den von ihm in deliktischer Weise geschaffenen rechtswidrigen Zustand willentlich aufrechterhält oder die deliktische Tätigkeit ununterbrochen fortsetzt, vgl. BGH NStZ 1997, S. 79 m.w.N. Bei diesen Delikten räumen auch diejenigen, die eine Beihilfe nach Tatvollendung grundsätzlich ablehnen, die Möglichkeit der Beihilfe bis zur Aufhebung des widerrechtlichen Zustandes, bis zur Tatbeendigung

genen Taten[336], lassen die Vertreter dieser Auffassung eine strafbare Beihilfe nur bis zur Vollendung der Haupttat zu. Nach verwirklichter Rechtsgutverletzung scheide jegliche Teilnahmehandlung aus, da der Gehilfe die Tathandlung ab diesem Zeitpunkt nicht mehr unterstützen könne, wie es § 27 voraussetzt. Die Ausdehnung der Beihilfe über den Eintritt der Rechtsgüterverletzung hinaus stelle einen Verstoß gegen das Verfassungsgebot „nullum crimen sine lege" (Art. 103 Abs. 2 GG) dar. Die Lehre von der materiellen Tatbeendigung sei rechtsstaatlich nur da bedenkenfrei, wo sie die Strafbarkeit begrenze[337], nicht aber vorliegend, wo sie durch Anwendung der (gegenüber § 257 I) schärferen Beihilfevorschriften zu einer Ausdehnung der Strafbarkeit führen könne. Weder Rechtsprechung noch Literatur seien legitimiert, ein Verhalten eigenständig und unter Außerachtlassung der Legislative zu pönalisieren. Zudem fehle es an klaren Kriterien für die präzise Fixierung des zeitlichen Eintritts der Beendigung, was zu einer großen Rechtsunsicherheit führe. Dazu kommen die kaum lösbaren Beweisschwierigkeiten, die die von der Rechtsprechung und h.M. vertretene Abgrenzung nach der inneren Willensrichtung für die Praxis bringe.
Legt man diese Meinung zugrunde, kann eine Unterstützung, die erst nach Vollendung der Haupttat vorgenommen wird, ausschließlich nach § 257 strafbar sein.

In *Fall 2* hätte sich F gemäß § 257 I wegen Begünstigung strafbar gemacht.

III. Zusammenfassung

Das Verhältnis zwischen Begünstigung und Beihilfe zur Vortat wird vorrangig bei Hilfeleistungen im Zeitraum zwischen Vollendung und Beendigung der Haupttat diskutiert. Die Rechtsprechung und ein Teil der Literatur nehmen die Abgrenzung anhand der inneren Willensrichtung des Hilfeleistenden vor. Eine

---

ein, vgl. statt vieler LK-*Roxin*, § 27 Rn. 39. Für die Abgrenzung, ob Beihilfe zur Vortat oder Begünstigung vorliegt, wird dann – wie von der noch h.M. generell – auf die Vorstellung und den Willen des Täters abgestellt, vgl. LK-*Ruß*, § 257 Rn. 6.

[336] Bei Haupttaten, die im Fortsetzungszusammenhang begangen werden, ist zu unterscheiden: Ist die Unterstützungshandlung auf zukünftige Teilakte oder einen gegenwärtig andauernden, noch nicht vollendeten Teilakt gerichtet, so liegt Beihilfe vor; zielt sie dagegen auf vergangene Teilakte oder wird sie zu einem bereits vollendeten Teilakt geleistet, so ist Begünstigung oder Strafvereitelung gegeben, vgl. statt aller LK-*Roxin*, § 27 Rn. 39 m.w.N. Allerdings ist die Rechtsfigur der fortgesetzten Handlung durch die Entscheidung BGHSt GrS 40, 138 de facto bedeutungslos geworden. Zu den verschiedenen Deliktsgruppen siehe auch unten Zweiter Teil, Zweiter Abschnitt, A., IV.

[337] So etwa bei der Notwehr, § 32 StGB, oder beim „agent provocateur" (vgl. dazu LK-*Roxin*, § 26 Rn. 70 ff).

in der Literatur immer mehr im Vordringen befindliche Meinung lehnt hingegen die Möglichkeit einer Beteiligung an der Tat nach Vollendung der Tatbestandshandlung grundsätzlich ab. Nach dieser Auffassung kommt im Zeitraum zwischen Vollendung und Beendigung der Vortat nur noch Begünstigung in Betracht. Abgrenzungsprobleme zur Beihilfe zur Vortat ergeben sich dann nicht. Dies trifft auch für jene Autoren zu, die bis zur Beendigung der Vortat nur wegen Beihilfe bestrafen wollen.

Daneben erheben sich neuerdings in der Literatur Stimmen, nach denen § 257 auch durch Handlungen begangen werden kann, die bereits vor Vollendung der Haupttat erbracht wurden. Erkennt man diese Möglichkeit einer „vorgeleisteten Begünstigung" an, stellt sich das Problem der Abgrenzung zwischen Beihilfe zur Vortat und Begünstigung auch schon im Zeitraum vor Vollendung der Haupttat. Eine eingehendere inhaltliche Auseinandersetzung mit diesem Problemkreis hat bislang aber kaum stattgefunden.

B. Die Abgrenzung zwischen Strafvereitelung (§ 258) und Beihilfe zur Vortat

Bei der Strafvereitelung in Form der Verfolgungsvereitelung nach § 258 I stellt sich die Frage der Abgrenzung zur Beihilfe zur Vortat ebenfalls, auch wenn diese Abgrenzungsproblematik in der Rechtsprechung und Literatur weit weniger Beachtung findet als die eben dargestellte Abgrenzung zwischen Begünstigung und Beihilfe.[338] Die Vollstreckungsvereitelung nach § 258 II weist dagegen keine Berührungspunkte mit der Beihilfe zur Vortat auf.

I. Bedeutung der Abgrenzung

Wie die Abgrenzung zwischen Beihilfe zur Vortat und Begünstigung hat auch die Unterscheidung, ob Strafvereitelung oder Beihilfe zur Vortat vorliegt, Auswirkungen auf die Bestrafung des Helfers:

1. § 258 sieht für die Strafvereitelung einen Strafrahmen bis zu maximal fünf Jahren Freiheitsstrafe vor, während bei der Beihilfe je nach Haupttat eine härtere Bestrafung in Betracht kommt, da sich hier der Strafrahmen nach dem Strafrahmen der Haupttat richtet.

---

[338] Ausführlich zum Verhältnis von Strafvereitelung und Beihilfe zur Vortat aber *Plümer*, Strafvereitelung und Beihilfe zur Vortat, S. 1 ff; vgl. auch *Schröder*, Strafvereitelung, S. 83 ff.

2. Bei der Strafvereitelung ist der Versuch gemäß § 258 IV strafbar, die versuchte Beihilfe hingegen ist straflos.

3. Während bei § 27 im subjektiven Tatbestand dolus eventualis genügt, stellt § 258 qualifizierte Anforderungen: zusätzlich zu dem zumindest bedingten Vorsatz hinsichtlich der Vortat verlangt § 258 I Absicht oder Wissentlichkeit in Bezug auf die Tathandlung.[339]

4. Die Strafvereitelung zugunsten eines Angehörigen ist gemäß § 258 VI straflos, die Beihilfe zu Taten dieser Personengruppe nicht.

5. Für § 27 genügt eine tatbestandsmäßige und rechtswidrige Handlung des Haupttäters, für § 258 ist es erforderlich, dass die Vortat alle Bedingungen erfüllt, die für die Verhängung einer Strafe oder die Anordnung einer Maßnahme Voraussetzung sind[340], wobei im Gegensatz zu § 27 aber auch fahrlässige Taten ausreichen.

6. Bei Antragsdelikten ist für eine Bestrafung nach § 27 die Stellung eines Strafantrags gegen den Gehilfen Voraussetzung[341], ein Strafantrag gegen den Strafvereiteler ist für eine Bestrafung nach § 258 dagegen nicht erforderlich. Die Strafvereitelung ist ein selbständiges Offizialdelikt, es fehlt eine dem § 257 IV entsprechende Regelung.[342]

Seit der Ausgestaltung als selbständiges Delikt hat die Strafvereitelung zudem ein eigenständiges Schutzgut und leitet ihren Unrechtsgehalt nicht, wie die Beihilfe, von dem Unrecht der Haupttat ab.[343] Nach allgemeiner Auffassung schützt § 258 die Durchsetzung des staatlichen Strafanspruchs und des staatlichen Anspruchs auf Verhängung von Maßnahmen i.S.v. § 11 I Nr. 8, kurz die Strafrechtspflege.[344]

---

[339] Vgl. Tröndle/*Fischer*, § 258 Rn. 10 ff; LK-*Ruß*, § 258 Rn. 21 f.

[340] LK-*Ruß*, § 258 Rn. 3; SK-*Samson*, § 258 Rn. 10.

[341] Vgl. LK-*Jähnke*, § 77 Rn. 2.

[342] Davon zu trennen ist die Frage, inwieweit die Tatbestandsmäßigkeit der Strafvereitelung davon abhängt, ob bei einem Antragsdelikt als Vortat der Strafantrag gestellt wird, hierzu *Schröder*, Strafvereitelung, S. 69 ff.

[343] Näher zum Schutzgut der Beihilfe vgl. oben Zweiter Teil, Erster Abschnitt, A., I.

[344] Vgl. BGHSt 30, 77, 78; 23, 360, 361; LK-*Ruß*, § 258 Rn. 1; Tröndle/*Fischer*, Vor § 257 Rn. 2, alle m.w.N. Ausführlicher zum Schutzgut von § 258 vgl. auch *Schröder*, Strafvereitelung, S. 31 ff und *Vahrenbrink*, Begünstigung, S. 107 ff.

II. Die Abgrenzung

Die Tathandlung des § 258 I besteht darin, dass die Bestrafung des Vortäters bzw. die Verhängung einer Maßnahme gegen ihn ganz oder zum Teil vereitelt wird. Erfasst wird jede Art der Vereitelung, also jede ungerechtfertigte Besserstellung des Vortäters.[345] Ein und dieselbe Handlung kann unter Umständen sowohl geeignet sein, die Tat eines anderen zu fördern als auch den Vortäter der Bestrafung zu entziehen. Dann stellt sich die Frage, wie der Handelnde im konkreten Fall zu bestrafen ist, wegen Beihilfe zur Vortat gemäß § 27 und/oder wegen Verfolgungsvereitelung nach § 258 I?

Fall 3 - Juwelenfall:
V hat beim Juwelier J Schmuck im Wert von 1 Million Mark gestohlen. F holt V mit der Beute in der Nähe des Tatorts ab und fährt ihn zum Flughafen, von wo aus sich V samt Schmuck nach Argentinien absetzt.
Hat sich F dadurch, dass er V in der Nähe des Tatorts abgeholt und ihn zum Flughafen gefahren hat, wegen Beihilfe zum Diebstahl gemäß §§ 242 I, 27 oder wegen Strafvereitelung nach § 258 I strafbar gemacht?[346]

Für die Abgrenzung, ob Beihilfe zur Vortat oder Strafvereitelung vorliegt, werden wiederum drei Zeiträume unterschieden:

1. Handlungen vor Vollendung der Haupttat

Wegen Verfolgungsvereitelung nach § 258 I ist strafbar, wer „vereitelt, dass ein anderer ... wegen einer rechtswidrigen Tat bestraft oder einer Maßnahme ... unterworfen wird“. Einigkeit besteht darüber, dass als taugliche Vortat nicht nur ein vollendetes Delikt, sondern auch ein Versuch in Betracht kommt, sofern dieser strafbar ist.[347] Umstritten ist aber, ob die Vereitelungshandlung der Vortat zeitlich nachfolgen muss, um eine tatbestandsmäßige Strafvereitelung sein zu können oder ob sie der Vortat auch vorausgehen kann.
Teilweise wird vertreten, dass eine vor Entstehung des Strafanspruchs geleistete Hilfe nicht von § 258 erfasst wird. So ist insbesondere *Roxin*[348] der Ansicht, dass der Gesetzgeber einen neuen Absatz in § 258 einfügen müsste, wenn er die Fallgruppe der sogenannten „vorgeleisteten Strafvereitelung“, d.h. die Konstellationen, bei denen vor Vollendung der Haupttat ein Beitrag geleistet wird, der

---

[345] LK-*Ruß*, § 258 Rn. 10a.
[346] Andere in Betracht kommende Straftatbestände sollen außer Betracht bleiben.
[347] Vgl. nur LK-*Ruß*, § 258 Rn. 5.
[348] LK-*Roxin*, § 27 Rn. 12.

für die Herbeiführung des tatbestandsmäßigen Erfolges irrelevant, aber geeignet ist, eine spätere Strafverfolgung zu vereiteln, unter Strafe stellen will.[349]

Auch die Rechtsprechung hält daran fest, dass Strafvereitelung nur nach Vollendung der Vortat in Frage kommt.[350]

Nach dieser Auffassung treten Abgrenzungsprobleme zwischen Beihilfe zur Vortat und Strafvereitelung bei Handlungen vor Begehung der Haupttat nicht auf.

Allerdings befindet sich eine Auffassung im Vordringen, nach der auch die Fälle der „vorgeleisteten Strafvereitelung" von § 258 I erfasst werden.[351] Danach kommt es nicht darauf an, ob die Strafvereitelungshandlung vor, während oder nach Begehung der Vortat ausgeführt wird, entscheidend ist nur, dass die Handlung geeignet ist, den Vortäter der Bestrafung zu entziehen.

Folgt man dieser Ansicht, stellt sich bereits vor Vollendung der Haupttat die Frage nach der Abgrenzung zwischen Beihilfe zur Vortat und Strafvereitelung. Allerdings gehen nur wenige Autoren näher auf dieses Abgrenzungsproblem ein. *Stree*[352] grenzt danach ab, „ob sich die Hilfe bereits in der Vortat niederschlägt oder sich erst nachher auswirkt". Für die Strafvereitelung dürfe sich die Unterstützungshandlung nicht mehr auf die Vortat ausgewirkt haben. Ist das der Fall, liege Beihilfe vor. Auch *Ruß*[353] geht davon aus, dass bei einer Unterstützungshandlung, die sich auf die weitere Durchführung der Vortat auswirkt, nur Beihilfe zur Vortat in Betracht kommt. Eine Begründung, warum Strafvereitelung ausscheidet, wenn die Handlung den Taterfolg gefördert hat, liefern aber weder *Stree* noch *Ruß*. Andere hingegen gehen davon aus, dass tatbestandlich

---

[349] Ebenso Tröndle/*Fischer*, § 258 Rn. 2; auch Günther, *Strafvereitelung*, S. 61 ff geht davon aus, dass eine tatbestandsmäßige Hilfeleistung erst nach Eintritt der Strafbarkeit des Vortäters vorgenommen werden kann; LK-*Ruß*, § 258 Rn. 6 spricht nur von einer Hilfeleistung „während oder nach Begehung der Vortat", was ebenfalls darauf hindeutet, dass eine Strafvereitelungshandlung erst ab Versuchsbeginn möglich ist.

[350] So bereits das RG im „Staubhemdfall", RGSt 8, 267 ff; über BGH NJW 1951, S. 451, bis hin zu BGHR, § 27 StGB, Hilfeleisten 5 und 8, wo der BGH nur das Vorliegen von Beihilfe prüfte, obwohl die Erörterung einer vorgeleisteten Strafvereitelung nahe lag.

[351] So SK-*Samson*, § 258 Rn. 41; Sch/Sch-*Stree*, § 258 Rn. 5; *Spendel*, Dreher-FS, S. 177; *Plümer*, Verhältnis, S. 73; *Jakobs*, AT, S. 676; Maurach/Schroeder/*Maiwald*, BT 2, § 100 Rn. 12; *Vahrenbrink*, Begünstigung, S. 134; *Schröder*, Strafvereitelung, S. 83. Auch wollte bereits § 172 VE 1909 die vorgeleistete Strafvereitelung unter Strafe stellen, vgl. Begr. VE 1909, S. 569.

[352] Sch/Sch-*Stree*, § 258 Rn. 5.

[353] LK-*Ruß*, § 258 Rn. 6.

sowohl Beihilfe zur Vortat als auch Strafvereitelung vorliegt, wenn durch dieselbe Handlung der Erfolg der Vortat gefördert und zugleich der Vereitelungserfolg herbeigeführt wurde. Diese Autoren wollen das Abgrenzungsproblem auf der Konkurrenzebene lösen, teilweise durch Zurücktreten der Strafvereitelung hinter der Beihilfe[354], teilweise durch Annahme von Idealkonkurrenz zwischen Beihilfe und Strafvereitelung[355] und teilweise durch Konsumtion der Teilnahme durch die vorangegangene Strafvereitelung[356].

2. Handlungen nach Beendigung der Vortat

Bei Handlungen nach Beendigung der Vortat scheidet Beihilfe unstreitig aus[357], so dass hier nur Strafvereitelung in Betracht kommt.

3. Handlungen zwischen Vollendung und Beendigung

Abgrenzungsprobleme zwischen Beihilfe zur Vortat und Strafvereitelung treten wie bei der Begünstigung auch dann auf, wenn bei Begehung der Tathandlung zugunsten des Vortäters die Vortat zwar vollendet, aber noch nicht beendet war. Wenn auch die Diskussion um diese Problematik weit weniger lebhaft ist als im Zusammenhang mit der Begünstigung, ist dennoch festzustellen, dass wiederum – parallel zu der Behandlung der Problematik bei der Begünstigung – im großen und ganzen drei Auffassungen vertreten werden:

Ausgehend von der Auffassung, dass Beihilfe bis zur Beendigung der Tat möglich sei[358], macht die Rechtsprechung es von der Willensrichtung des Hilfeleistenden abhängig, ob eine Unterstützungshandlung zwischen Vollendung und Beendigung als Beihilfe zur Vortat oder als Strafvereitelung zu beurteilen ist.[359] Wolle der Helfer zur Erfüllung des Tatbestandes beitragen, sei Beihilfe gegeben. Komme es ihm darauf an, dass die Bestrafung des Vortäters oder die Verhängung einer Maßnahme gegen ihn unterbleibe, liege Strafvereitelung vor.

---

[354] So Maurach/Schroeder/*Maiwald*, BT 2, § 100 Rn. 12; ebenso mit ausführlicher Begründung *Vahrenbrink*, Begünstigung, S. 154, nach dem die „gleichzeitige" Strafvereitelung als mitbestrafte Begleittat von § 27 konsumiert wird.

[355] SK-*Samson*, § 258 Rn. 41; *Park*, Tatbeteiligung, S. 98; *Plümer*, Verhältnis, S. 129; grundsätzlich auch *Schröder*, Strafvereitelung, S. 94.

[356] So *Schröder*, Strafvereitelung, S. 94 für den Fall, dass die Strafvereitelungshandlung als Nebenfolge den Tatentschluss des anderen stärkt und damit auch eine psychische Beihilfe ist.

[357] Vgl. die Nachweise oben Fn. 307.

[358] So die noch h.M., vgl. die Nachweise in Fn. 312, 313.

[359] RGSt 58, 13, 14; BGH VRS 16, 267 ff.

Dieser Abgrenzung auf der subjektiven Tatbestandsebene hat sich auch ein Teil der Literatur angeschlossen.[360]

Stree[361] will bis zur Beendigung der Vortat wegen Beihilfe bestrafen, wenn sich die Unterstützung bis zur Beendigung der Vortat auf diese ausgewirkt hat und sich der Hilfeleistende dieser Auswirkung bewusst war oder sie in Kauf genommen hat. Es sei nicht einzusehen, dass sich der Helfer der unter Umständen strengeren Haftung wegen Beihilfe entziehen könne, nur weil er die Bestrafung oder die Anordnung einer Maßnahme gegen den Vortäter verhindern will. Wenn die als Beihilfe zu wertende Unterstützung zwischen Vollendung und Beendigung der Vortat zugleich auch als Strafvereitelung beurteilt werden kann, sei jedenfalls vom Zurücktreten der Strafvereitelung hinter der Beihilfe auszugehen. Auch nach *Köhler*[362], *Rautzenberg*[363], *Scheufele*[364], *Lenckner*[365] und *Hau*[366] tritt die Strafvereitelung im Wege der Gesetzeskonkurrenz hinter der Beihilfe zurück, wenn eine Handlung zugleich beide Tatbestände erfüllt.

Ruß dagegen will jede nach der tatbestandlichen Vollendung begangene Vereitelungshandlung zugunsten des Vortäters als Strafvereitelung beurteilen. Wie schon im Zusammenhang mit der Begünstigung dargestellt, lehnt er die Möglichkeit einer Beteiligung an der Tat nach Vollendung der Tatbestandshandlung grundsätzlich ab.[367] Eine Ausnahme macht er nur bei Dauerstraftaten und fortgesetzten Handlungen.[368]

In *Fall 3* hängt die Strafbarkeit von F somit davon ab, welcher der Auffassungen man folgt. Zum Zeitpunkt der Mithilfe von F befand sich die Vortat des V (der Diebstahl des Schmucks beim Juwelier J gemäß § 242 I) in der Phase zwischen formeller Vollendung und materieller Beendigung. Stellt man mit der Rechtsprechung und einem Teil der Literatur auf die Willensrichtung des F ab, hängt seine Bestrafung davon ab, ob er die Vortat des V noch fördern wollte oder ob es ihm darauf ankam, den V der Bestrafung zu entziehen. Dies ist hier

---

[360] *Haft*, Strafrecht, Fall 1254; *Baumann*, JuS 1963, S. 51, 54 f; Lackner/*Kühl*, § 27 Rn. 3.
[361] Sch/Sch-*Stree*, § 258 Rn. 6.
[362] *Köhler*, Grenzlinien, S. 77.
[363] *Rautzenberg*, Hehlerei, S. 113.
[364] *Scheufele*, Vollendung, S. 73.
[365] *Lenckner*, JuS 1962, S. 304.
[366] *Hau*, Beendigung, S. 126.
[367] LK-Ruß, § 258 Rn. 7.
[368] LK-*Ruß*, § 258 Rn. 8: Hier kommt es darauf an, worauf der Wille des Helfers gerichtet ist. Will der Helfer sowohl die Strafvereitelung als auch die Beihilfe, geht die Teilnahme vor.

Tatfrage.[369] Geht man vor Beendigung der Vortat jedenfalls von einem Zurücktreten der Strafvereitelung hinter der Beihilfe aus, ist F gemäß §§ 242 I, 27 wegen Beihilfe zum Diebstahl zu bestrafen. Lehnt man hingegen die Möglichkeit einer Beteiligung an der Tat nach Vollendung der Vortat ab, kommt ausschließlich eine Bestrafung des F nach § 258 I wegen Verfolgungsvereitelung in Betracht.

III. Zusammenfassung

Abgrenzungsprobleme zwischen Beihilfe zur Vortat und Strafvereitelung ergeben sich zum einen im Zeitraum zwischen Vollendung und Beendigung der Vortat. Diese Problematik wird im großen und ganzen parallel zu der entsprechenden Problematik bei der Abgrenzung von Beihilfe und Begünstigung behandelt.

Nach einer im Vordringen befindlichen Auffassung in der Literatur erfasst § 258 I aber auch die Fälle der sogenannten „vorgeleisteten Strafvereitelung". Dann stellt sich die Frage nach der Abgrenzung zwischen Strafvereitelung und Beihilfe zur Vortat - entsprechend der Problematik bei der „vorgeleisteten Begünstigung" - bereits im Zeitraum vor Vollendung der Vortat. Auf dieses Abgrenzungsproblem gehen allerdings nur wenige Autoren näher ein und bei seiner Lösung findet sich ein breites Meinungsspektrum, von der Abgrenzung auf der Tatbestandsebene bis hin zur Abgrenzung auf der Konkurrenzebene.

C. Die Abgrenzung zwischen Hehlerei (§ 259) und Beihilfe zur Vortat

Ebenso wie die Begünstigung und die Strafvereitelung ist auch die Hehlerei ein sog. Anschlussdelikt, dem eine bestimmte Vortat eines anderen vorausgegangen sein muss. Daher können auch bei der Hehlerei Abgrenzungsprobleme zur Teilnahme an der Vortat auftreten.

---

[369] Eine Wahlfeststellung zwischen Beihilfe zum Diebstahl und Strafvereitelung ist nach überwiegender Ansicht aufgrund der unterschiedlichen Schutzrichtung von Strafvereitelung und Teilnahmetatbestand und der deshalb fehlenden rechtsethischen und psychologischen Vergleichbarkeit dieser Delikte unzulässig, vgl. BGH wistra 1998, S. 147, 148; BGH MDR 1989, S. 111, 112; *Schröder*, Strafvereitelung, S. 88. A.A. *Arzt/Weber*, BT, § 26 Rn. 24, die die rechtsethische und psychologische Vergleichbarkeit mit dem Charakter der Strafvereitelung als Teilnahme nach der Tat begründen.

I. Bedeutung der Abgrenzung

Auch bei der Abgrenzung Hehlerei/Beihilfe zur Vortat handelt es sich nicht um ein dogmatisches Glasperlenspiel, vielmehr ist die Entscheidung, ob Beihilfe zur Vortat oder Hehlerei vorliegt, ebenfalls von praktischer Relevanz für die Bestrafung des Helfers:

1. Wie die Begünstigung und die Strafvereitelung hat auch die Hehlerei einen begrenzten Strafrahmen bis maximal fünf Jahre Freiheitsstrafe. Bei der Beihilfe kann je nach Haupttat auch eine härtere Bestrafung in Betracht kommen.

2. Bei der Hehlerei ist gemäß § 259 III der Versuch strafbar, der Versuch der Beihilfe hingegen ist straflos.

3. Abgesehen von den für sinngemäß anwendbar erklärten Vorschriften §§ 247 und 248a, hängt die Verfolgung der Hehlerei nicht von der Stellung eines Strafantrags ab. Dies gilt auch für den Fall, dass die Vortat ein Antragsdelikt ist.[370] Bei der Beihilfe hingegen ist für die Strafverfolgung ein Strafantrag gegen den Gehilfen erforderlich, wenn es sich bei der Haupttat um ein Antragsdelikt handelt.[371]

Darüber hinaus hat die Hehlerei im Gegensatz zur Beihilfe ein eigenständiges Schutzgut. Das Wesen der Hehlerei besteht in der Aufrechterhaltung der durch die Vortat geschaffenen rechtswidrigen Vermögenslage durch Festigen oder Verlängern der widerrechtlichen Sachentziehung im einverständlichen Zusammenwirken mit dem Vortäter.[372] Geschütztes Rechtsgut von § 259 ist das Vermögen, die Hehlerei ist ein eigenständiges Vermögensdelikt.[373]

II. Die Abgrenzung

Die Tathandlung der Hehlerei besteht darin, dass der Täter eine Sache, die ein anderer durch eine gegen fremdes Vermögen gerichtete Vortat erlangt hat, ankauft oder sie sonst sich oder einem Dritten verschafft, sie absetzt oder absetzen hilft, wobei bei allen Begehungsformen ein einverständliches Zusammenwirken mit dem Vortäter erforderlich ist[374]. Ein und dieselbe tatsächliche Handlung

---

[370] LK-*Ruß*, § 259 Rn. 44.
[371] Vgl. LK-*Jähnke*, § 77 Rn. 2.
[372] Vgl. nur LK-*Ruß*, § 259 Rn. 1 und *Schroth*, BT, S. 178.
[373] Sch/Sch-*Stree*, § 259 Rn. 1; Tröndle/*Fischer*, § 259 Rn. 1; Lackner/*Kühl*, § 259 Rn. 1, alle m.w.N.
[374] LK-*Ruß*, § 259 Rn. 17 m.w.N.

kann unter Umständen sowohl unter eine der Tathandlungen der Hehlerei subsumiert werden als auch als Beihilfe i.S.v. § 27 gewertet werden. Dann stellt sich die Frage, wie der Handelnde im konkreten Fall zu bestrafen ist.
Nach allgemeiner Meinung wird die Abgrenzung zwischen Hehlerei und Teilnahme an der Vortat anhand des Zeitpunktes vorgenommen, ab dem eine Hehlerei begangen werden kann. Vor diesem Zeitpunkt kommt nur Teilnahme an der Vortat in Betracht[375], ab diesem Zeitpunkt wird nach § 259 bestraft[376].

1. Grundsatz

Das Gesetz fordert als Hehlereiobjekt eine Sache, die der Vortäter durch seine Vortat erlangt hat. Durch die Vortat erlangt ist die Sache nach ganz h.M. jedenfalls dann, wenn der Vortäter die Sache – sei es auch nur als Mitgewahrsamsinhaber – in seine tatsächliche Sachherrschaft gebracht hat, anders ausgedrückt: wenn die Vortat bereits vor Beginn der Hehlerei vollendet war.[377] Als Grundsatz kann damit festgehalten werden, dass nach ganz h.M. vor Vollendung der Vortat Beihilfe zur Vortat und nach Vollendung der Vortat Hehlerei vorliegt. Anders ist es nur dann, wenn der Vortäter trotz Vollendung noch nichts erlangt hat. Dies ist beispielsweise bei einem Eingehungsbetrug der Fall. Dann kommt Hehlerei erst ab Beendigung der Vortat in Frage. Vereinzelt wird aber auch gefordert, dass die Vortat vor Beginn der Hehlerei immer beendet sein muss.[378]

---

[375] LK-*Ruß*, § 259 Rn. 11 m.w.N. Allenfalls kommt noch Beihilfe zu einer Hehlerei, die ein Dritter später begeht, in Betracht, da Beihilfe auch schon vor Beginn der Haupttat geleistet werden kann. In einem solchen Fall soll die Abgrenzung, ob Beihilfe zur Vortat oder zur Hehlerei vorliegt, nach BGH NStZ 1994, 486 nach der Willensrichtung des Handelnden vorgenommen werden.

[376] Lediglich *Hau*, Beendigung, S. 130 ff geht von der Möglichkeit einer zeitlichen Überschneidung von Vortatteilnahme und Hehlerei aus, u.z. für den Zeitraum zwischen Vollendung und Beendigung der Haupttat. Er löst das Verhältnis zwischen Beihilfe und Hehlerei im Rahmen der Konkurrenzlehre und gibt für diese Auffassung zahlreiche weitere Nachweise an. Dabei übersieht er allerdings, dass sämtliche von ihm angegebenen Fundstellen nicht die Frage betreffen, ob ein und dieselbe Handlung zugleich Beihilfe und Hehlerei sein kann, sondern das Problem, ob ein Teilnehmer an der Vortat sich anschließend noch wegen Hehlerei strafbar machen kann.

[377] RGSt 67, 70, 71 f; BGHSt 13, 403 ff; BGH Strafverteidiger 1989, 435; LK-*Ruß*, § 259 Rn. 11; *Otto*, JZ 1993, S. 652, 663; *Geppert*, Jura 1994, S. 100, 101; unklar BGHSt 22, 206 ff: hier wird auf S. 207 auf die Vollendung der Vortat, auf S. 208 dann aber auf ihre Beendigung abgestellt.

[378] So OLG Hamburg NJW 1966, 2226, 2227, das Steuerhehlerei erst nach Beendigung der Vortat zulässt und sich dabei zu Unrecht auf die h.M. beruft; für die Steuerhehlerei zustimmend Franzen/Gast/Joecks/*Voß*, § 374 Rn. 13; ebenso *Roesen*, NJW 1950, S. 715; vgl. auch Tröndle/*Fischer*, § 259 Rn. 10.

Ausnahmsweise kann aber auch eine noch nicht abgeschlossene Vortat den Zugang zum tatbestandlichen Anwendungsbereich des § 259 eröffnen, und zwar dann, wenn schon der Versuch der Vortat dazu geführt hat, dass der Vortäter die tatsächliche Herrschaftsgewalt über die betreffende Sache erlangt hat.[379] Die praktische Relevanz dieser Konstellation ist allerdings äußerst gering.

Handlungen, die bereits vor Erlangung der Sache durch den Vortäter vorgenommen wurden, werden – anders als dies teilweise für die Fälle der „vorgeleisteten" Begünstigung bzw. Strafvereitelung vertreten wird[380] – nach einhelliger Meinung nicht von § 259 erfasst.[381]

2. Sonderfall: Zusammenfallen der deliktischen Erlangung der Sache und der Hehlerei

Umstritten ist die Frage, wie der Fall zu beurteilen ist, wenn die deliktische Erlangung der Sache und der Hehlereiakt ausnahmsweise zeitlich zusammenfallen.

Eine Minderansicht[382] lässt es für die Hehlerei genügen, dass die Sacherlangung durch den Vortäter einerseits und die Hehlereihandlung andererseits zeitlich zusammenfallen.

Dagegen verlangt die in Rechtsprechung und Literatur herrschende Auffassung[383] eine zeitliche Zäsur zwischen der Sacherlangung durch den Vortäter

---

379 LK-*Ruß*, § 259 Rn. 13; *Geppert*, Jura 1994, S. 100, 101 m.w.N.

380 Vgl. oben Zweiter Teil, Erster Abschnitt, A., II., 1. und B., II., 1.

381 Dabei lassen sich auch bei der Hehlerei den Fällen der „vorgeleisteten" Begünstigung bzw. Strafvereitelung ähnliche Fälle denken: *Beispiel (Cousinfall)*: A, der wie meistens in Geldschwierigkeiten steckt, erzählt seinem Kumpel B, dass er zur Aufbesserung seiner finanziellen Lage mal wieder ein Auto stehlen will. Dabei fällt B ein, dass sein Cousin C gerade ein Auto sucht. Noch bevor A zur Tat schreitet, ruft B nach Absprache mit A den C an und fragt ihn, ob er Interesse an dem Auto des „A" hätte. Nach dem Diebstahl kauft C dem A den Wagen ab. Strafbarkeit des B? Dazu siehe unten Zweiter Teil, Zweiter Abschnitt, B., I., 2.

382 Für die Rechtsprechung siehe OLG Stuttgart JZ 1960, 289, 290 (anders dann aber OLG Stuttgart in NStZ 1991, 285). Ebenso *Blei*, Strafrecht II, S. 288; *Eser*, Strafrecht IV, S. 193; *Geerds*, GA 1988, S. 243, 255; Lackner/*Kühl*, § 259 Rn. 6; Sch/Sch-*Stree*, § 259 Rn. 15, alle m.w.N.; eingehend *Küper*, Stree/Wessels-FS, S. 467, 468 ff.

383 RG 67, 70, 72; BGHSt 13, 403, 405f; BGH bei Holtz MDR 1989, 493 und MDR 1990, 98; OLG Düsseldorf NJW 1950, 715 (zustimmend *Roesen* aaO) und NJW 1990, 1492, 1493f; *Roth*, JA 1988, S. 193, 199 f; Tröndle/*Fischer*, § 259 Rn. 10; SK-*Samson*, § 259 Rn. 13 f; LK-*Ruß*, § 259 Rn. 11 f. Ebenso die amtliche Begründung zur Neufassung des § 259 (BT-Drs. 7/550 S. 252).

und dem Hehlereiakt, so dass bei Zusammenfallen der deliktischen Erlangung der Sache und der Hehlereihandlung nur eine Bestrafung wegen Beihilfe zur Vortat in Betracht kommt.

III. Zusammenfassung

Im Gegensatz zur der entsprechenden Problematik bei der Begünstigung und Strafvereitelung herrscht bei der Frage der Abgrenzung von Hehlerei zur Beihilfe zur Vortat weitgehend Einigkeit. Wenn auch der Zeitpunkt, ab dem Hehlerei begangen werden kann, nicht von allen einheitlich bestimmt wird, so ist man sich doch darin einig, dass ab diesem Zeitpunkt wegen Hehlerei zu bestrafen ist, eine Bestrafung wegen Beihilfe zieht dann niemand[384] mehr in Betracht. Als dieser Zeitpunkt wird ganz überwiegend die Vollendung der Haupttat angesehen.
Auch die Möglichkeit einer „vorgeleisteten Hehlerei" wird von niemandem in Erwägung gezogen.

Zweiter Abschnitt
Eigener Lösungsvorschlag zur Abgrenzung von Beihilfe zur Vortat und den Anschlussdelikten Begünstigung, Strafvereitelung und Hehlerei unter besonderer Berücksichtigung der geschichtlichen Entwicklung

Bei der Darstellung des Meinungsstandes zur Abgrenzung von Beihilfe zur Vortat und den Anschlussdelikten hat sich gezeigt, dass die Abgrenzungsproblematik bei zwei Konstellationen diskutiert wird: Den ersten Schwerpunkt der Diskussion bilden die Fälle, in denen die Hilfe im Zeitraum zwischen Vollendung und Beendigung der Vortat geleistet wird. Der zweite Problemkomplex betrifft die Fälle, in denen bereits vor Vollendung der Haupttat Tathandlungen begangen werden, die dem Tatbestand von Begünstigung, Strafvereitelung oder Hehlerei entsprechen, also die Fälle der sogenannten „vorgeleisteten Begünstigung, Strafvereitelung bzw. Hehlerei". Beide Fallgestaltungen sollen im folgenden unter besonderer Berücksichtigung der im ersten Teil aufgezeigten geschichtlichen Entwicklung der Anschlussdelikte einer Lösung zugeführt werden.

---

[384] Mit Ausnahme von *Hau*, Beendigung, S. 130 ff, der sich allerdings zu Unrecht auf die von ihm angeführten Nachweise stützt, vgl. oben Fn. 376.

A. Die Abgrenzung von Beihilfe zur Vortat und den Anschlussdelikten im Zeitraum zwischen Vollendung und Beendigung der Haupttat

I. These

Wegen Beihilfe zur Vortat kann grundsätzlich nur bis zur Vollendung der Vortat bestraft werden. Ab diesem Zeitpunkt kommen nur noch die Anschlussdelikte Begünstigung, Strafvereitelung und Hehlerei in Betracht. Dies gilt einheitlich für alle Anschlussdelikte.

II. Begründung

Eine immer mehr im Vordringen befindliche Meinung in der Literatur lehnt die Möglichkeit einer Beteiligung an der Tat nach Vollendung der Vortat grundsätzlich ab.[385] Dieser Ansicht ist zuzustimmen:

Für die Hehlerei entspricht die Abgrenzung anhand des Zeitpunktes der Vollendung der Vortat seit langem der ganz h.M.[386] Aber auch bei der Begünstigung und Strafvereitelung ist diese Abgrenzung grundsätzlich zutreffend.

Schon aus systematischen Gründen erscheint eine klare Grenzlinie zwischen akzessorischer Teilnahme und selbständigen Anschlussdelikten wünschenswert.[387]

Das allein kann freilich nicht ausschlaggebend sein. Entscheidend ist vielmehr die materiell-rechtliche Rechtslage, die Gestaltung von Teilnahme und Anschlusstaten im Strafgesetzbuch. Die Abgrenzung zwischen der Beihilfe zur Vortat einerseits und den Anschlussdelikten Begünstigung, Strafvereitelung und Hehlerei andererseits kann nur auf der Grundlage der Gestaltung vorgenommen werden, die die Teilnahme und die Anschlusstaten im Strafgesetzbuch erhalten haben.

Die Ausdehnung der Beihilfe über den Zeitpunkt der Vollendung der Vortat hinaus begegnet durchgreifenden rechtlichen, insbesondere verfassungsrechtlichen Bedenken.

---

[385] Vgl. oben Zweiter Teil, Erster Abschnitt, A., II., 3., c.

[386] Vgl. oben Zweiter Teil, Erster Abschnitt, C., II., 1.

[387] So auch schon *Kühl*, Beendigung, S. 110; ebenso *Przybyla*, Beihilfe und Begünstigung, S. 2.

Im Strafrecht herrscht der Grundsatz „nullum crimen, nulla poena sine lege“.[388] Gemäß Art. 103 Abs.2 GG, § 1 StGB kann eine Tat nur bestraft werden, wenn die Strafbarkeit gesetzlich bestimmt war, bevor die Tat begangen wurde. Dieser Grundsatz der Gesetzesbindung soll die Sicherheit und Voraussehbarkeit des Rechts gewährleisten[389] und damit auch den einzelnen vor willkürlichen Handlungen der Strafgewalt schützen[390]. Daraus ergibt sich die Existenz eines sog. Garantietatbestands als abschließender Umschreibung der Verbrechensmerkmale[391]: Die Strafgerichte unterliegen einer strikten Bindung an das geschriebene materielle Strafrecht.[392] Jegliche materielle Unrechtsbetrachtungen des Rechtsanwenders werden durch die Forderung nach formeller Tatbestandsmäßigkeit begrenzt.[393] Mit diesem Garantietatbestand ist die Anerkennung der Möglichkeit einer Beihilfe außerhalb der Grenzen des formellen Tatbestandes nach der Vollendung kaum vereinbar.[394]

Dies gilt um so mehr, wenn man die Schwierigkeiten bedenkt, den Zeitpunkt der Beendigung genau festzulegen. Während der Zeitpunkt der Vollendung relativ einfach anhand der Tatbestandsmerkmale des entsprechenden Delikts festzustellen ist, bereitet die Bestimmung des Beendigungszeitpunktes große Schwierigkeiten und ist äußerst umstritten.[395] Es besteht keine Einigkeit darüber, anhand welcher Kriterien der Beendigungszeitpunkt zu bestimmen ist. Die Auffassungen reichen von der „endgültigen Rechtsgutsverletzung“ über die „Erreichung der verbrecherischen Absicht“ bis hin zu dem Zeitpunkt, zu dem „das Tatgeschehen über die eigentliche Tatbestandserfüllung hinaus seinen tatsächlichen Abschluss gefunden hat“.[396] Diese Meinungsdivergenz ist Folge der mangelnden gesetzlichen Normierung der Beendigungsphase.[397]

---

388 Zum Gesetzlichkeitsprinzip im Strafrecht vgl. insbesondere *Roxin*, AT/I, § 5 mit zahlreichen weiteren Nachweisen.

389 Vgl. BVerfGE 25, S. 269, 285: „Der Einzelne soll ... von vornherein wissen können, was strafrechtlich verboten ist ...“; siehe auch BVerfG NStZ 1986, S. 261.

390 *Schreiber*, Gesetz und Richter, S. 217 f; zu den Funktionen des nulla-poena-Satzes vgl. auch *Schünemann*, nulla poena, S. 9 ff.

391 So *Lesch*, Sukzessive Beihilfe, S. 60 m.w.N.

392 BVerfG NJW 1984, S. 225.

393 *Lesch*, aaO, S. 60 f; *Kühl*, Beendigung, S. 56.

394 Ebenso *Lesch*, aaO, S. 61. Dagegen aber *Przybyla*, Beihilfe und Begünstigung, S. 134 ff, nach der es sich bei der Anerkennung der Beendigungsphase um „erlaubte Auslegung“ handelt und damit als spezielle Folge auch Beihilfe im Zeitraum zwischen Vollendung und Beendigung einer Straftat in Betracht kommt.

395 *Lesch*, aaO, S. 15 m.w.N.

396 Näher hierzu *Bitzilekis*, ZStW 99, S. 723, 730 f m.w.N.

397 Ebenso *Bitzilekis*, aaO, S. 731; vgl. auch *Lund*, Mehraktige Delikte, S. 162 ff.

Die Geltung des Gesetzlichkeitsprinzips für die Frage der Möglichkeit einer Beihilfe in der Beendigungsphase kann auch nicht damit abgelehnt werden, dass man die Beendigung als Institut des Allgemeinen Teils gewohnheitsrechtlich zu legitimieren versucht.[398] Abgesehen davon, dass es bereits am Nachweis von Gewohnheitsrecht fehlt[399], kann das Problem der Beendigung nicht dem Allgemeinen Teil zugeordnet werden.[400] Die Bestimmung der Beendigung erfolgt stets im Rahmen eines konkreten Straftatbestandes. Sie stellt ein Problem der Auslegung einer bestimmten Strafnorm dar und ist damit dem Besonderen Teil zuzurechnen.[401] Darüber hinaus gilt die Garantie des Art. 103 II GG nach herrschender Meinung auch im Allgemeinen Teil.[402] Dem ist zuzustimmen: Wenn das Gesetzlichkeitsprinzip den einzelnen vor richterlicher Willkür schützen soll, muss es sich auf sämtliche Voraussetzungen der Strafbarkeit beziehen.[403] Wie das Institut der Beendigung zeigt, kann gerade auch die Ausdehnung von Rechtsinstituten des Allgemeinen Teils zu einer erheblichen Ausdehnung der Strafbarkeit führen.[404]

Auch der Wortlaut des § 27 spricht gegen die Möglichkeit einer Beteiligung nach der Vollendung der Haupttat. Gemäß der ausdrücklichen Definition in §§ 27 I, 11 I Nr. 5 setzt die Strafbarkeit wegen Beihilfe eine *Hilfeleistung zu einer den Tatbestand eines Strafgesetzes verwirklichenden Tat* voraus. Es ist aber schwer vorstellbar, dass eine sich nach Tatvollendung auswirkende Hilfeleistung das strafgesetzlich missbilligte Verhalten des Haupttäters fördert und für das Geschehen mitursächlich ist.[405]

---

[398] So *Hau*, Beendigung, S. 26 f, S. 50 ff.

[399] Die Bildung von Gewohnheitsrecht setzt eine langdauernde, gleichmäßige Übung (longa consuetudo) und die Anerkennung dieser Übung als verbindliche Rechtsnorm durch die beteiligten Rechtsgenossen (opinio iuris) voraus, vgl. BVerfGE 22, 121; 28, 29; BGHZ 37, 222; 44, 348, 352; *Larenz*, Methodenlehre, S. 341, 415 f. Bei dem Institut der Beendigung fehlt es aber sowohl an einer gleichmäßigen Übung als auch an einer opinio iuris, wie die zahlreichen Meinungsdivergenzen zeigen. Vgl. hierzu auch *Lesch*, aaO, S. 62 f.

[400] Ebenso *Jescheck*, Welzel-FS, S. 683, 684; *Lesch*, Sukzessive Beihilfe, S. 62; *Przybyla*, S. 136 f m.w.N.

[401] Vgl. auch *Bitzilekis*, aaO, S. 735.

[402] Vgl. Baumann/*Weber*, AT, § 9 Rn. 100; *Jescheck/Weigend*, AT, S. 136; *Maurach/Zipf*, AT/1, § 10 Rn. 21; BK-*Rüping*, Art. 103 II GG Rn. 50; LK-*Hirsch*, Vor § 32 Rn. 38; *Schmidt-Aßmann* in Maunz-Dürig, Komm. z. GG, Art. 103 II GG Rn. 231; Sch/Sch-*Eser*, § 2 Rn. 3.

[403] Ebenso *Niedermair*, Gute Sitten, S. 30.

[404] Vgl. auch *Przybyla*, Beihilfe und Begünstigung, S. 135 Fn. 605. *Krey*, Studien, S. 239, weist darauf hin, dass der Allgemeine Teil ein „vor die Klammer gezogener" Bestandteil des Besonderen Teils und damit strafbegründender Natur ist.

[405] Dazu näher unten Zweiter Teil, Erster Abschnitt, A., III. Ähnlich auch *Lesch*, Sukzessive Beihilfe, S. 65: „Es bleibt aber ein ungelöstes Rätsel, wie eine *bereits abgeschlossene* Tatbe-

Zu Recht hatte zunächst auch das Reichsgericht in einer Entscheidung aus dem Jahre 1891[406] mit folgender Begründung die Möglichkeit einer Teilnahme nach der Vollendung abgelehnt: „Als Gehilfe ist nach § 49 St.G.B.'s (a.F.) zu bestrafen, wer dem Thäter zur Begehung des Verbrechens oder Vergehens durch Rat oder That Hilfe geleistet hat. Aus dieser gesetzlichen Begriffsbestimmung in Verbindung mit der Erwägung, daß die Worte „Begehung des Verbrechens oder Vergehens“ nur im Geiste des Strafgesetzbuches aufgefaßt werden können, mithin auch nur die nach der gesetzlichen Definition des einzelnen in Frage kommenden Deliktes zur Erfüllung seines gesetzlichen Thatbestandes erforderlichen Momente umfassen, folgt mit Notwendigkeit, daß die helfende Thätigkeit des aus § 49 St.G.B.'s (a.F.) Beschuldigten stattgefunden haben muß, bevor diejenigen Handlungen und Umstände sich verwirklicht hatten und abgeschlossen vorlagen, welche in ihrer Gesamtheit nach der gesetzlichen Begriffsbestimmung des in Rede stehenden Deliktes die juristische Vollendung des letzteren darstellen, daß dagegen eine solche den Zwecken des Thäters förderliche Thätigkeit des Dritten, welche in eine spätere Zeit fällt, nicht als Beihilfe aufgefaßt werden darf, sondern möglicherweise nur als Begünstigung sich bezeichnen läßt ...“. Auch *Gallas* hat bereits im Jahre 1937 darauf hingewiesen, dass Beihilfe Teilnahme an einem gesetzlich typisierten Verhalten, nicht aber „beliebige Beteiligung an der Verletzung des geschützten Interesses“ sei.[407]

Der Anwendungsbereich der Anschlussdelikte ist dagegen nach ihrem klaren Wortlaut ab Vollendung der Vortat problemlos eröffnet. Der Gesetzgeber hat durch die §§ 257, 258 und 259 die Hilfeleistung nach der Tat ausschnittsweise und unter einschränkenden Voraussetzungen unter Strafe gestellt. Die Existenz der Anschlussdelikte zeigt, dass der Gesetzgeber das Strafbedürfnis für bestimmte Nachtatverhaltensweisen erkannt und diesem Strafbedürfnis durch Schaffung der selbständigen Straftatbestände Begünstigung, Strafvereitelung und Hehlerei mit jeweils eigenständigem Schutzgut[408] besonders Rechnung getragen hat.[409] Auch dies spricht für eine klare zeitliche Trennung von Beihilfe zur Vortat und Anschlusstaten.[410]

---

standsverwirklichung noch mitverursacht oder gefördert werden können soll.“

406 RGSt 22, 2, 3 f: Die Entscheidung beschäftigte sich mit der Frage, ob derjenige, der nach vollendeter Wegnahme eines Sparkassenbuchs durch den Haupttäter für diesen einen Geldbetrag bei der Sparkasse abhebt und ihm überbringt, als Gehilfe oder als Begünstiger zu bestrafen ist.

407 *Gallas*, ZAkDR 1937, S. 438 f.

408 Zum Schutzgut von Begünstigung, Strafvereitelung und Hehlerei vgl. oben Zweiter Teil, Erster Abschnitt, A., I., B., I., und C., I.

409 *Kühl*, JuS 1982, S. 189, 190; *Lesch*, Sukzessive Beihilfe, S. 63.

410 Ebenso *Bitzilekis*, ZStW 99 (1987), S. 723, 736.

Des weiteren stützt die von der ganz h.M. für die Abgrenzung zwischen Beihilfe und Hehlerei vertretene Auffassung die hier vorgeschlagene Abgrenzung. Anders ausgedrückt: Es ist nicht nachvollziehbar, warum die Abgrenzung zwischen Begünstigung und Strafvereitelung und Beihilfe zur Vortat anders vorgenommen werden sollte als die entsprechende Problematik bei der Hehlerei. Neben der gleichlaufenden historischen Entwicklung von Begünstigung, Strafvereitelung und Hehlerei[411] sind auch die tatsächlichen Konstellationen vergleichbar.

Fall 4 - Schubkarrenfall:

V hat aus einem Altwarenlager 6 t Schrott entwendet, indem er den Schrott mit einer Schubkarre in ein etwa 500 m entferntes vorläufiges Versteck außerhalb des Schrottlagers gefahren hat. Da V kein geeignetes Fahrzeug für den Weitertransport der Beute hat, bittet er seinen Freund F, der einen LKW besitzt, um Hilfe. Dieser holt den Schrott am nächsten Tag mit seinem LKW von dem vorläufigen Versteck ab und bringt ihn für V
a) in ein sicheres Versteck,
b) zum Altmetallhändler H.
Strafbarkeit von F?

Für Variante a)[412] von *Fall 4* ist es höchst umstritten, ob sich F wegen Begünstigung nach § 257 I oder wegen Beihilfe zum Diebstahl nach §§ 242 I, 27 strafbar gemacht hat.[413]
Für Variante b) hingegen besteht Einigkeit, dass sich F nach § 259 I wegen Hehlerei in Form der Absatzhilfe strafbar gemacht hat.[414] Die Auffassung, dass F gemäß §§ 242 I , 27 wegen Beihilfe zum Diebstahl zu bestrafen ist, wird für diesen Fall nicht vertreten.
Betrachtet man dieses Beispiel, erscheint es willkürlich, die beiden Varianten nicht gleich zu behandeln. Der Umstand, wohin F den Schrott bringt, kann nicht dafür entscheidend sein, ob F wegen Beihilfe zur Vortat oder wegen einer Anschlusstat strafbar ist. Die tatsächliche Konstellation ist in Variante a) und b) vergleichbar und muss deshalb auch rechtlich gleich behandelt werden.

So kann für eine große Gruppe der Problemfälle anhand des Zeitpunktes der Vollendung eine klare Grenze zwischen der Beihilfe zur Vortat einerseits und den Anschlussdelikten andererseits gezogen werden.

---

[411] Vgl. oben Erster Teil.
[412] Variante a) entspricht *Fall 2*.
[413] Vgl. die Ausführungen zu *Fall 2*.
[414] Vgl. BGH NStZ 1990, S. 539.

Eine Beschränkung der Möglichkeit der Beihilfe auf den Zeitpunkt des Abschlusses des tatbestandsmäßigen Verhaltens des Haupttäters[415] erscheint hingegen nicht geboten. Bei den Delikten, die zusätzlich zur Tathandlung noch den Eintritt eines von der Tathandlung gedanklich abgrenzbaren Erfolges in der Außenwelt voraussetzen, gehört der Eintritt dieses Erfolges zur Vollendung des formellen Tatbestandes. Bis zur vollständigen Verwirklichung des gesetzlichen Tatbestandes aber ist nach oben Dargestelltem Beihilfe möglich. Beihilfe muss nicht notwendig zur tatbestandsmäßigen Handlung des Haupttäters geleistet werden, es genügt, wenn die Beihilfehandlung die Haupttat vor Eintritt des tatbestandsmäßigen Erfolges fördert.[416]

III. Berücksichtigung der geschichtlichen Entwicklung bei der Frage der Abgrenzung von Beihilfe zur Vortat und Anschlusstaten

Im folgenden soll die unter I. aufgestellte These durch Einbeziehung der im Ersten Teil aufgezeigten geschichtlichen Entwicklung der Anschlussdelikte gestützt werden.

Begünstigung, Strafvereitelung und Hehlerei wurden, wie dargelegt, ursprünglich nicht als eigenständige Deliktstypen, sondern als Formen der Teilnahme am Verbrechen angesehen. Die Postglossatoren unterteilten die Beihilfe in auxilium ante delictum, auxilium in delicto und auxilium post delictum. Sowohl die Erscheinungsformen der heutigen Begünstigung als auch die der Strafvereitelung und der Hehlerei wurden unterschiedslos unter das auxilium post delictum eingeordnet. Diese Einteilung blieb bis in die Neuzeit erhalten, obwohl der Unterschied, der zwischen der vorhergehenden und der nachfolgenden Teilnahme bestand, schon früh erkannt wurde.[417] Diesem Unterschied wurde aber nur für die Frage der Strafhöhe Bedeutung zugemessen, nicht für die Zuordnung zur Teilnahme.

Erst durch die neuzeitliche Naturrechtslehre[418] und insbesondere die Imputationslehre *Pufendorfs* erhielt die Beurteilung der Anschlussdelikte Begünstigung, Strafvereitelung und Hehlerei eine neue Grundlage. *Pufendorf* kümmerte sich nicht um die hergebrachten Unterscheidungen von Beihilfe vor, bei und nach

---

[415] So insbesondere *Rudolphi*, Jescheck-FS, S. 559 ff, 569.

[416] Ebenso *Kühl*, JuS 1982, S. 189 m.w.N.

[417] So sprachen schon die Postglossatoren von auxilium causam dans und auxilium peracto delicto praestitium, vgl. oben Erster Teil, Erster Abschnitt, C.

[418] Zur neuzeitlichen Naturrechtslehre vgl. *Welzel*, Naturrecht und Materiale Gerechtigkeit, S. 108 ff.

der Tat, sondern entwickelte einen allgemeinen und übergreifenden Gesichtspunkt, mit dessen Hilfe er die Fragen der Teilnahmelehre behandelte. Die Teilnahme war für *Pufendorf* ein Problem der Zurechnung: Grundsätzlich werden dem Menschen nur seine eigenen Handlungen zugerechnet. Ausnahmsweise kann einem Menschen aber auch eine fremde Tat imputiert werden.[419] Voraussetzung hierfür ist jedoch, dass die Person wirksam etwas zur Tat beigetragen hat: „*alias ratio non fert, ut effectus actionis moralis de persona in personam transeant, nisi ad eandem quis influxerit, aliquid agendo vel omittendo*“[420]. Damit kann ein Verbrechen demjenigen, der dessen Ausführung vor seiner Begehung gelobt hat, nicht aber demjenigen, der es erst nach seiner Begehung lobt, zugerechnet werden: denn „*laude sua ad pravum facinus nihil concurrit*“[421]. Das entscheidende Kriterium für die Beteiligung an einem Verbrechen war für *Pufendorf* somit die kausale Mitwirkung an dem Verbrechen.[422] Damit war die Grundforderung formuliert, den Teilnahmebegriff auf solche Handlungen zu beschränken, die einen kausalen Beitrag zur fremden Tat leisten.[423] Dies musste zur Ausgliederung der zeitlich nach der Tat liegenden Handlungen aus der Teilnahme und damit zu einer begrifflichen und gedanklichen Neuordnung der Sachverhaltsgruppen Begünstigung, Strafvereitelung und Hehlerei führen. Denn ein zeitlich nach der Tat liegendes Verhalten kann keinen Einfluss auf die Durchführung der Tat haben. „Neben diese systematische Konsequenz aus der Gründung der Teilnahme auf den Kausalgedanken tritt als eine weitere wichtige Folge die restlose Ausscheidung aller der Formen der Deliktsbeteiligung, die sich bloß als eine Teilhabe am schon vollzogenen Verbrechen darstellen.“[424]

Allerdings wurde der Kausalgedanke zunächst weder konsequent angewandt, noch wurde die kausale Betrachtungsweise sofort herrschend.[425] Ganz allmählich setzte sich aber das Erfordernis der Kausalität für den Teilnahmebegriff durch[426] und die Vorstellung von einem auxilium post delictum wurde zuneh-

[419] *Pufendorf*, De officio, Lib. I Cap. I § 18.
[420] *Pufendorf*, De jure naturae, Lib. I Cap. V § 14 a.A.
[421] *Pufendorf*, De jure naturae, Lib. I Cap. V § 14 Mitte.
[422] Vgl. auch *Boldt*, Strafrechtswissenschaft, S. 300.
[423] Vor *Pufendorf* hatte bereits *Grotius* für das Gebiet von Schadensersatz und Strafe die ursächliche Mitwirkung als gemeinsames Merkmal aller Beteiligung an einem Unrecht aufgestellt, vgl. *Grotius*, De iure belli ac pacis, L. II C. 17 § 10: „hi omnes tenentur, si vera causa fuerint damni, id est, momentum attulerint aut ad totum damnum aut ad partem damni“. Diesem blieb jedoch eine Wirkung auf das positive Strafrecht versagt, vgl. *Boldt*, aaO, S. 302.
[424] *Boldt*, Strafrechtswissenschaft, S. 306.
[425] Siehe oben Erster Teil, Erster und Zweiter Abschnitt.
[426] Im 19. Jahrhundert stellte bereits eine nennenswerte Anzahl der Autoren auf das Kriterium der Kausalität für die Abgrenzung zwischen Teilnahme und selbständigem Delikt ab, so bei-

mend abgelehnt. Das auxilium post delictum wurde aus der Teilnahme ausgeschieden und aus dem alten auxilium post delictum entwickelten sich die Anschlussdelikte Begünstigung, Strafvereitelung und Hehlerei als selbständige Tatbestände. Grund für die Herauslösung der Begünstigung, Strafvereitelung und Hehlerei aus dem Begriff der Teilnahme im Laufe der geschichtlichen Entwicklung war somit die Verschiedenheit in der Ursächlichkeit für den Verbrechenserfolg.[427] Die fehlende Kausalität für die Haupttat führte zur systematischen Verselbständigung von Begünstigung, Strafvereitelung und Hehlerei aus der Teilnahme. Die Kausalität stellte auch das Kriterium dar, nach welchem man die Unterscheidung vollzog. „Damit die Begünstigung lediglich als solche und als selbständige erscheine, wird vorausgesetzt, dass die Tat des Begünstigers in keinem Kausalzusammenhang mit dem Delikt des Begünstigten stehe, indem sie in solchem Falle als eine Mitwirkung zur Verübung des Delikts selbst erscheinen und darum als Teilnahme an diesem zu strafen sein würde.“[428]

Auch nach der Ausgestaltung von Begünstigung, Strafvereitelung und Hehlerei als selbständige Delikte im Reichsstrafgesetzbuch wurde immer wieder auf das Kausalitätsargument hingewiesen und betont, dass die fehlende Mitwirkung bei der Herbeiführung des gesetzlichen Verbrechenstatbestandes die Begünstigung, Strafvereitelung und Hehlerei unabhängig von der positivrechtlichen Einordnung ihrer dogmatischen Natur nach zu selbständigen Delikten mache.[429]

Mit der Anerkennung der Selbständigkeit der Anschlusstaten ging die Frage nach den von diesen Delikten geschützten Rechtsgütern einher. Die eigenständigen Schutzrichtungen von Begünstigung, Strafvereitelung und Hehlerei[430] spielten für ihre Ausgestaltung als selbständige Delikte eine wichtige Rolle und sind damit auch für die Abgrenzung zur Beihilfe von Bedeutung.[431] Den historischen Grund für die Ausgliederung der Anschlusstaten aus der Teilnahme stell-

---

spielsweise *Henke*, *Martin*, *Stübel*, *Berner* u.a., näher dazu siehe oben Erster Teil, Dritter Abschnitt, B. III.

[427] So auch *Sefzig*, Begünstigung, S. 102.

[428] *Hälschner*, Strafrecht 3, S. 556.

[429] Vgl. nur *Binding*, BT/2,2, S. 638 und *Liszt*, Lehrbuch (1891), S. 615 f.

[430] Darüber, dass Begünstigung, Strafvereitelung und Hehlerei eigenständige Schutzgüter haben und nicht wie die Beihilfe das jeweils durch die Haupttat verletzte Rechtsgut schützen, herrschte von Anfang an weitgehend Einigkeit. Dagegen war die Frage, um welche Schutzobjekte es sich handelt, höchst umstritten. Zur Schutzfunktion von Begünstigung und Hehlerei vgl. u.a. *Miehe*, Honig-FS, S. 91 ff mit zahlreichen weiteren Nachweisen.

[431] Zur Berücksichtigung des geschützten Rechtsguts für die Frage der Abgrenzung der Anschlusstaten zur Teilnahme vgl. insbesondere *Przybyla*, Beihilfe und Begünstigung, S. 78 ff.

ten aber nicht die Schutzguterwägungen, sondern der formale Gesichtspunkt der Kausalität dar.[432]

Lassen diese Erkenntnisse Rückschlüsse auf die bis heute umstrittene Abgrenzung der Anschlussdelikte zur Beihilfe zur Vortat im Zeitraum zwischen Vollendung und Beendigung der Vortat zu?

Ausgangspunkt der nachfolgenden Überlegungen ist die Feststellung, dass der Grund und das Unterscheidungskriterium für die Herauslösung der Anschlusstaten aus der Teilnahme und ihre Ausgestaltung als selbständige Delikte in ihrem fehlenden Einfluss auf die Vortat, in ihrem fehlenden kausalen Beitrag zur fremden Tat lag. Anders ausgedrückt: Die Teilnahme setzt begriffsnotwendig einen (wie auch immer gearteten) Einfluss der Handlung auf die Haupttat voraus.[433] Fehlt dieser Einfluss, kann die Handlung nicht als Teilnahme angesehen werden. Dann kommt nur eine Bestrafung als eigenständiges Delikt in Betracht. Damit stellt sich die Frage, ob und welche Auswirkungen es auf die Abgrenzung von Beihilfe und Anschlusstaten im Zeitraum zwischen Vollendung und Beendigung der Vortat hat, wenn man als Abgrenzungskriterium auf die Kausalität abstellt.
Nimmt man das Kriterium der Kausalität ernst, erscheint es zweifelhaft, dass Beihilfe noch nach Vollendung der Vortat geleistet werden kann. Nach § 27 wird als Gehilfe bestraft, wer vorsätzlich einem anderen zu dessen vorsätzlich begangener rechtswidriger Tat Hilfe geleistet hat. Eine Hilfe, die erst nach der Tat geleistet wird, kann aber nicht mehr kausal für diese Tat sein. Um für eine Tat ursächlich sein zu können, muss die Hilfeleistung zeitlich vor dieser Tat liegen. Was der Tat nachfolgt, kann diese nicht mehr beeinflussen, das Gesche-

---

432 Hierauf liegt daher auch der Schwerpunkt der nachfolgenden Ausführungen.

433 Dies entspricht auch heute der ganz einhelligen Meinung. Auf den bis heute andauernden Streit zwischen Rechtsprechung und Literatur, ob die Beihilfe zur vollendeten Tat eine Kausalität der Hilfeleistung für den Erfolg voraussetzt (so die herrschende Meinung im Schrifttum, auch wenn die nähere Bestimmung der Kausalität überaus umstritten ist, vgl. hierzu insbesondere LK-*Roxin*, § 27 Rn. 2ff m.w.N.), soll und braucht nicht näher eingegangen zu werden. Dass sich der Tatbeitrag des Gehilfen in irgendeiner Weise in der Haupttat niedergeschlagen haben muss, ist unumstritten; so auch die Leitentscheidung der Rechtsprechung (RGSt 58, 113, 114f): „Daß der Erfolg der Haupttat durch die Gehilfentätigkeit ursächlich mitbewirkt, gefördert oder erleichtert wird, ist ... nicht erforderlich ... Die bloße Absicht des Gehilfen, durch seine Hilfeleistung die Haupttat zu unterstützen und zu fördern, reicht allerdings zur Annahme einer ... strafbaren Beihilfe nicht aus. Es muß hinzukommen, daß die den Verbrechenstatbestand verwirklichende Handlung, bevor sie zum Abschluß gekommen ist, zu irgendeinem Zeitpunkt durch das Tätigwerden des Gehilfen tatsächlich gefördert worden ist.“

hen nicht mehr fördern. Beihilfe zu einem bereits abgeschlossenen Geschehen ist unmöglich.[434]

Die entscheidende Frage ist somit, wie die „Tat" des anderen zu bestimmen ist[435], was genau hierunter zu verstehen ist? Oder anders, präziser gefragt: Gehört zu der „Tat" auch noch die Phase der Beendigung oder ist sie mit der Vollendung abgeschlossen?
Die Antwort auf diese Frage kann ausschließlich der Formulierung des entsprechenden Tatbestandes entnommen werden. Aus dem in Art. 103 II GG, § 1 StGB festgelegten Grundsatz der Gesetzesbindung (nullum crimen, nulla poena sine lege) ergibt sich eine Garantiefunktion des Strafgesetzes im Sinne einer abschließenden Umschreibung der Verbrechensmerkmale.[436] Die Schaffung neuer Tatbestände kann nur durch Gesetz erfolgen, ganz gleich, wie strafwürdig das zu erfassende Verhalten erscheinen mag.[437] Eine Tat kann nur bestraft werden, wenn die Strafbarkeit gesetzlich bestimmt war, bevor die Tat begangen wurde. Die Bedeutung dieses Verfassungsgebotes für die Frage, bis zu welchem Zeitpunkt Beihilfe begangen werden kann und damit für das Abgrenzungsproblem zwischen der Beihilfe zur Vortat und den Anschlusstaten im Zeitraum zwischen Vollendung und Beendigung der Haupttat wird deutlich, wenn man sich vor Augen hält, dass die Anwendung der Beihilfevorschrift im Vergleich zu der Anwendung der entsprechenden Anschlusstat zu einer Ausdehnung der Strafbarkeit führen kann[438]. Gesetzlich bestimmt ist das, was im Gesetz steht. In den einzelnen Straftatbeständen ist der Zeitpunkt der Vollendung umschrieben. Mit Verwirklichung sämtlicher im Gesetz normierten Tatbestandsmerkmale ist das Delikt vollendet[439], nicht aber notwendig beendet. Der Zeitpunkt der Beendigung ist dagegen nicht im Gesetz fixiert, sondern wird von Rechtsprechung und

---

[434] Vgl. auch *Jakobs*, AT, 22. Abschn. Rn. 39.

[435] Genau an dieser Fragestellung haben auch diejenigen, die noch nach Erlass des Reichsstrafgesetzbuches und durchaus auf dem Boden der modernen kausalen Teilnahmelehre stehend ihre Auffassung vom Teilnahmecharakter der Begünstigung aufgehängt: Jeder Verbrecher werde nicht allein dafür bestraft, dass er den strafrechtswidrigen Zustand herbeiführt, sondern auch dafür, dass der durch die Tat begründete rechtsverletzende Zustand besteht und fortdauert ... Auch das bloße Aufrechterhalten der Rechtsverletzung müsse daher strafbar sein. Hierin, in der Aufrechterhaltung des bestehenden strafrechtswidrigen Zustandes bzw. in der Förderung seiner Fortdauer, liege das Wesen der Begünstigung. Stelle diese sich somit als Bestandteil der in strafbarer Weise herbeigeführten Rechtsverletzung dar, so sei sie ihrer Rechtsnatur nach Teilnahme am Verbrechen und nicht ein eigenes, selbständiges Vergehen; vgl. nur *Buri*, Theilnahme, S. 85 ff; GS 29, S. 14, 25.

[436] Ebenso *Lesch*, Sukzessive Beihilfe, S. 60 m.w.N.

[437] Vgl. statt aller *Jakobs*, AT, 4. Abschn. Rn. 10 ff.

[438] Vgl. oben Zweiter Teil, Erster Abschnitt, A., I., 1., B., I., 1. und C., I., 1.

[439] Ganz h.M., vgl. oben Fn. 290 m.N.

Literatur nach materiellen, inhaltlichen Kriterien bestimmt.[440] Bei Beachtung des „nullum crimen sine lege“-Grundsatzes kann unter „Tat“ i.S.v. § 27 aber nur die Verwirklichung der gesetzlich normierten Tatbestandsmerkmale, also nur die Phase bis zur Vollendung verstanden werden, nicht auch die der Vollendung nachfolgende Beendigungsphase.[441]
Wendet man nun unter Zugrundelegung dieser Überlegung die Kausalität als Abgrenzungskriterium zwischen der Beihilfe zur Vortat und den Anschlussdelikten an, gelangt man zu dem Ergebnis, das im Zeitraum zwischen Vollendung und Beendigung der Haupttat keine Beihilfe mehr möglich ist. Wenn die Beihilfe voraussetzt, dass die Hilfeleistungshandlung für die Tat kausal ist und unter Tat nur die Phase bis zur Vollendung verstanden werden kann, kann Beihilfe auch nur bis zu diesem Zeitpunkt geleistet werden. Die Beteiligung an einem der tatbestandsmäßigen Unrechtsverwirklichung nachfolgenden Verhalten genügt den Erfordernissen der Beihilfe nicht.[442] Beihilfe ist nur zu Handlungen möglich, die im formellen Sinne der Beschreibung des Tatbestandes entsprechen.

Fazit: Auch die historische Entwicklung der Anschlussdelikte aus der Teilnahme nach der Tat und das hieraus abgeleitete Abgrenzungskriterium der Kausalität stützt die unter I. aufgestellte These.

IV. Übertragung der Lösung auf die verschiedenen Deliktsgruppen

Im folgenden soll untersucht werden, ob sich die soeben entwickelte Lösung für die Abgrenzung zwischen Beihilfe zur Vortat einerseits und den Anschlussdelikten Begünstigung, Strafvereitelung und Hehlerei andererseits im Zeitraum zwischen Vollendung und Beendigung der Haupttat auf alle Deliktsgruppen übertragen lässt oder ob bei einzelnen Deliktsgruppen Ausnahmen zuzulassen sind.
Im Hinblick auf die hier analysierte Abgrenzungsproblematik sind von den Deliktsgruppen, bei denen die formelle Vollendung und die materielle Beendigung zeitlich auseinanderfallen können, folgende Deliktstypen von Bedeutung: Dauerdelikte, Tatbestände mit einer Vielzahl von Einzelakten und Delikte mit iterativer Handlungsstruktur, Delikte mit vorverlegter Vollendung und die Fälle der

---

[440] Zu den Schwierigkeiten, den Zeitpunkt der Beendigung genau festzulegen vgl. oben Zweiter Teil, Zweiter Abschnitt, A., II.
[441] Hierauf hat bereits insbesondere *Roxin* in LK, § 27 Rn. 35 hingewiesen.
[442] Vgl. *Rudolphi*, Jescheck-FS, S. 559, 569.

fortgesetzten Handlung[443]. In der Auseinandersetzung mit diesen Deliktsformen ist die vorstehend dargelegte Konzeption zu präzisieren.

Den Ausgangspunkt der nachfolgenden Überlegungen bildet also die These, dass Beihilfe nur bis zur Vollendung der Vortat möglich ist, da sich das tatbestandsmäßige Geschehen nach erstmaliger Vollendung nicht weiter fortsetzt. Handlungen, die in die Phase der Deliktsbeendigung fallen, können folglich nicht mehr als tatbestandsmäßiges Handeln gewertet werden. Es ist daher zu überprüfen, ob dies auf alle Delikte zutrifft, bei denen formelle Vollendung und materielle Beendigung auseinanderfallen können.

1. Dauerdelikte

Die Dauerdelikte sind das klassische Beispiel für das Auseinanderfallen von Vollendung und Beendigung.[444] An den Dauerdelikte sind die beiden Abschlussstufen des Verbrechens überhaupt erst ausgeformt worden.[445]
Dauerdelikte sind solche Straftaten, bei denen der Täter den von ihm in deliktischer Weise geschaffenen rechtswidrigen Zustand willentlich aufrechterhält oder die deliktische Tätigkeit ununterbrochen fortsetzt.[446] Das Wesen der Dauerdelikte ist dadurch gekennzeichnet, dass der Tatbestand nicht nur die Herbeiführung des rechtswidrigen Zustandes, sondern auch dessen Fortdauer bis zur Wiederaufhebung umfasst.[447] Bei den Dauerdelikten wird das Delikt in jedem Augenblick vollendet, die Dauerdelikte werden also „bis zur Beendigung in der Vollendung weitergeführt“[448]. Der gesetzliche Tatbestand wird daher nicht nur durch das Herbeiführen des widerrechtlichen Zustandes, sondern auch durch sein Fortdauernlassen verwirklicht. Die Straftat, die sich fortwährend erneuert, ist bereits mit dem Eintritt des widerrechtlichen Zustandes vollendet. Beendet ist sie aber erst mit seiner Aufhebung.[449]
Dieser Befund hat Konsequenzen für die Präzisierung des hier zu entwickelnden Konzepts: Wenn nämlich bei den Dauerdelikten der gesetzliche Tatbestand auch noch nach der erstmaligen Vollendung verwirklicht wird, dann ist damit in dieser Phase auch Beihilfe gemäß § 27 möglich. Die Beihilfehandlungen kön-

---

443 Die Rechtsfigur der fortgesetzten Handlung ist zwar durch die Entscheidung BGHSt GrS 40, 138 de facto bedeutungslos geworden, soll aber dennoch kurz angesprochen werden.
444 *Kühl*, JuS 1982, S. 110, 113.
445 Vgl. *Hälschner*, GA 8 (1860), S. 441 ff; *Kohler*, GA 53 (1906), S. 154 f.
446 Vgl. BGH NStZ 1997, S. 79 m.w.N. = BGHSt 42, S. 215.
447 Vgl. *Kühl*, JuS 1982, S. 110, 113; *Stratenwerth*, AT I, § 12 Rn. 131.
448 *Hau*, Beendigung, S. 92 f.
449 Vgl. statt vieler *Wessels/Beulke*, AT, § 1 II 4 Rn. 32.

nen bis zum Zeitpunkt der Beendigung noch zum tatbestandlichen Unrechtserfolg beitragen.[450] Das sei am Beispiel von *Fall 5* verdeutlicht:

Fall 5 - Küchenfall[451]*:*
F sperrt den Y in die Küche ein, indem er die einzige vorhandene Tür verschließt und den Schlüssel einsteckt. B hilft dem F, diesen Zustand aufrechtzuerhalten, indem sie gegenüber der den Y suchenden Polizei falsche Angaben macht. Seinem Vorsatz gemäß öffnet F die Tür erst nach zwei Tagen der Gefangenschaft von Y wieder.
Strafbarkeit der B?

Durch das Verschließen der Tür verwirklicht F den Tatbestand des § 239. Mit dem Einsperren des Y ist § 239 bereits formell vollendet. Die Verwirklichung des tatbestandlichen Unrechts dauert aber bis zur Freilassung des Y an. Der Tatbestand umfasst das Einsperren des Y bis zu seiner Freilassung und ist erst in dem Moment materiell beendet, in dem F dem Y seine Freiheit wiedergibt. Hier erfüllen alle Handlungen bis zur Beendigung die in § 239 normierten Voraussetzungen. Damit ist auch unter Zugrundelegung der oben aufgestellten Grundsätze bis zu diesem Zeitpunkt Beihilfe möglich. In *Fall 5* ist B somit aufgrund ihrer falschen Angaben gegenüber der Polizei wegen Beihilfe zur Freiheitsberaubung gemäß §§ 239, 27 zu bestrafen sein.

Damit stellen die Dauerdelikte eine bedeutende Ausnahme zu der oben aufgestellten These dar, dass Beihilfe nur bis zur Vollendung der Vortat möglich sei. Bei diesen Delikten kommt Beihilfe auch noch im Zeitraum zwischen Vollendung und Beendigung in Betracht. Der Grund dafür liegt in der oben dargelegten iterativen Deliktsstruktur der Dauerdelikte.

Daneben kommt in *Fall 5* aber auch eine Bestrafung der B wegen Strafvereitelung nach § 258 I in Betracht, wenn die falschen Angaben der B gegenüber der Polizei dazu geführt haben sollten, dass F nicht wegen Freiheitsberaubung bestraft wird (hier Tatfrage). Für die Beantwortung der Frage, wie B im konkreten Fall zu bestrafen ist, wenn ihre Handlung sowohl die Voraussetzungen der Beihilfe zur Vortat als auch die einer Anschlusstat erfüllt, bedarf es somit eines weiteren Abgrenzungskriteriums. Darauf wird noch zurückzukommen sein.

[450] Vgl. auch *Stratenwerth*, AT I, § 12 Rn. 131.
[451] Nach *Rudolphi*, Jescheck-FS, S. 559, 565 f.

2. Tatbestände mit einer Vielzahl von Einzelakten und Delikte mit iterativer Handlungsstruktur

Ähnlich wie die Dauerdelikte sind auch diejenigen Strafvorschriften, bei denen die Handlungsbeschreibung ausdrücklich eine Vielzahl von Einzelakten umfasst, durch eine iterative Struktur gekennzeichnet.[452] Auch bei diesen Delikten wird der Tatbestand durch kontinuierliche, vom gleichen Vorsatz getragene Handlungen bzw. Unterlassungen immer wieder verwirklicht. Als Beispiele können die Landesverräterische Agententätigkeit gemäß § 98, der Sexuelle Missbrauch von Kindern gemäß § 176 und die Beteiligung an einer Schlägerei gemäß § 231 genannt werden. Bei diesen Delikten ist die Straftat mit Vornahme der ersten tatbestandsmäßigen Handlung vollendet, aber erst mit der letzten beendet.[453] Auch bei diesen Delikten ist eine Ausnahme von dem oben aufgestellten Grundsatz zuzulassen. Denn hier erfüllen nicht nur die erste Handlung, sondern auch alle weiteren Handlungen die im Tatbestand normierten Voraussetzungen. Daher ist auch zu diesen Handlungen in der Beendigungsphase noch eine Beihilfe gemäß § 27 möglich.

Das gleiche gilt, wenn ein Delikt durch mehrere Akte, die unter sich eine natürliche Handlungseinheit bilden[454], kontinuierlich wiederholt wird, also bei Delikten mit „iterativer Handlungsstruktur"[455]. Diese Delikte werden kontinuierlich in der Vollendung weitergeführt[456], oder anders ausgedrückt: jeder Einzelakt erfüllt für sich alle Voraussetzungen des Tatbestandes. Da sämtliche Einzelakte aber unmittelbar aufeinanderfolgen und auf einem einheitlichen Willensentschluss basieren, liegt nur „eine" Gesetzesverletzung vor.[457]

Fall 6 - Faustfall:
A verprügelt den B, indem er ihm insgesamt zwanzig Mal mit der Faust in den Magen boxt. Nachdem A bereits fünf Mal auf B eingeschlagen hat, kommt C hinzu und feuert den A kräftig an.
Strafbarkeit von C?

---

[452] Vgl. *Jescheck*, Welzel-FS, S. 683, 687 f.
[453] Vgl. *Jescheck*, Welzel-FS, S. 683, 688.
[454] „Eine natürliche Handlungseinheit ist gegeben, wenn der Handelnde den auf die Erzielung eines Erfolges in der Außenwelt gerichteten, einheitlichen Willen durch eine Mehrheit gleichgearteter Akte betätigt und diese einzelnen Betätigungsakte auf Grund ihres räumlichen und zeitlichen Zusammenhanges objektiv erkennbar derart zusammengehören, dass sie nach der Auffassung des Lebens *eine* Handlung bilden.", vgl. BGHSt 10, 230, 231; BGHSt 43, 315.
[455] Zur Unterscheidung zwischen „Delikts-" und „Handlungsstruktur" im Zusammenhang mit der Beendigung vgl. *Hau*, Beendigung, S. 35 ff m.w.N.
[456] *Kühl*, JuS 1982, S. 110, 113.
[457] *Wessels/Beulke*, AT, § 17 II 2 Rn. 763.

A hat sich durch Verprügeln des B wegen „einer“ Körperverletzung nach § 223 strafbar gemacht. Mit dem ersten Faustschlag ist die Körperverletzung an B vollendet, beendet ist sie erst mit dem zwanzigsten Faustschlag. Damit fällt die Hilfeleistungshandlung des C in die Phase zwischen formeller Vollendung und materieller Beendigung der Vortat. Da jedoch nicht nur der erste Faustschlag, sondern alle zwanzig eine körperliche Misshandlung bzw. Gesundheitsschädigung i.S.v. § 223 I darstellen, kann das Anfeuern des A durch C gemäß oben Dargestelltem als Beihilfe zur Körperverletzung nach §§ 223 I, 27 gewertet werden. In *Fall 6* ist C wegen psychischer Beihilfe zur Körperverletzung gemäß §§ 223 I, 27 strafbar.

Auch bei den Tatbeständen mit einer Vielzahl von Einzelakten und den Delikten mit iterativer Handlungsstruktur ist somit noch im Zeitraum zwischen Vollendung und Beendigung Beihilfe gemäß § 27 möglich. Der Grund hierfür liegt darin, dass bei diesen Delikten mehrere Handlungen zu einer Tat zusammengefasst sind, bei den Tatbeständen mit einer Vielzahl von Einzelakten tatbestandlich durch den Wortlaut der Strafgesetze[458], bei den Delikten mit iterativer Handlungsstruktur durch Gesetzesauslegung[459].

Für die hier zu untersuchende Frage der Abgrenzung von Beihilfe zur Vortat und den Anschlusstaten spielen diese Delikte aber praktisch nur eine untergeordnete Rolle. Bei diesen Delikten sind nur wenige Konstellationen denkbar, bei denen sich das Abgrenzungsproblem tatsächlich stellt. In Betracht kommt etwa der Fall einer Wegnahme in mehreren Einzelakten beim Diebstahl.[460]

Fall 7 - Gemäldefall:
Kunsthändler K entwendet bei einem nächtlichen Einbruch in das Haus des Kunstliebhabers S diverse Gemälde, die er nacheinander zu seinem in der Nähe stehenden Wagen schafft. Nachdem er bereits vier Gemälde zu seinem Wagen gebracht hat, kommt B hinzu.
a) B geht dem K zur Hand, indem er K die restlichen drei Gemälde abnimmt, die ihm dieser durch das Fenster aus dem Haus herausreicht.
b) B begleitet K auf der Fahrt zu seinem Kunsthaus und hilft K dort, die Bilder sicher im Keller zu verstauen.
Strafbarkeit von B?

458 Vgl. *Schmidhäuser*, AT, 5/146 und 14/10.
459 *Schmidhäuser*, AT, 5/147 und 14/11 f.
460 Vgl. *Kühl*, JuS 1982, S. 110, 113; siehe auch *Gössel*, ZStW 85 (1973), S. 591, 645.

In *Fall 7* hat sich K wegen „eines“ Diebstahls zum Nachteil des S gemäß § 242 strafbar gemacht. Zwar erfüllt die Entwendung jedes einzelnen Bildes den Tatbestand des § 242 vollständig. Da alle Einzelakte aber unmittelbar aufeinanderfolgen und auf einem einheitlichen Willensentschluss beruhen, liegt nur „ein“ Diebstahl zum Nachteil des S vor. Mit Verbringen des ersten Gemäldes in den in der Nähe stehenden Wagen war der Diebstahl vollendet, beendet war der Diebstahl aber erst, als alle sieben Bilder sicher im Keller des Kunsthauses verstaut waren. Damit fällt die Hilfeleistungshandlung des B sowohl in Variante a) als auch in Variante b) in den Zeitraum zwischen Vollendung und Beendigung der Vortat. In Variante a) erfüllen aber - im Unterschied zu Variante b)[461] - auch die Handlungen, zu denen B Hilfe leistet, die Tatbestandsmerkmale des § 242. Damit kann die Hilfeleistung des B in der Variante a) dem oben Gesagten entsprechend als Beihilfe zum Diebstahl gemäß §§ 242, 27 gewertet werden. Zugleich kommt aber auch eine Begünstigung nach § 257 in Betracht. Für diesen Fall hilft somit das oben entwickelte zeitliche Abgrenzungskriterium nicht weiter. Hier muss die Abgrenzung von Beihilfe zur Vortat und Anschlusstaten ebenfalls mit Hilfe anderer Kriterien vorgenommen werden.[462]

3. Delikte mit vorverlegtem Vollendungszeitpunkt

Bei einem Teil der Delikte hat der Gesetzgeber aus kriminalpolitischen Erwägungen zur Verstärkung des bezweckten Rechtsgüterschutzes den Zeitpunkt der Vollendung vorverlegt.[463] Bedeutsam für die hier untersuchte Abgrenzungsproblematik sind insbesondere die Absichtsdelikte. Daneben soll auch knapp auf die Gefährdungsdelikte eingegangen werden, während den Unternehmensdelikten im Zusammenhang mit der Abgrenzung der Beihilfe von den Anschlusstaten keine Bedeutung zukommt.

a. Absichtsdelikte

Die Absichtsdelikte sind durch eine überschießende Innentendenz gekennzeichnet, die keine reale Widerspiegelung im objektiven Tatbestand findet. Der Täter muss mit einer über den objektiven Tatbestand hinausgreifenden Absicht handeln, diese aber nicht realisieren.[464] Das Delikt ist vollendet, sobald der Täter die tatbestandlich umschriebene Handlung vorgenommen hat, beendet nach überwiegender Ansicht aber erst dann, wenn sich die verbrecherische Absicht erfüllt hat.[465]

---

[461] Hierzu siehe unten Zweiter Teil, Zweiter Abschnitt, A., IV. 3. a. aa.
[462] Dazu siehe unten Zweiter Teil, Zweiter Abschnitt, A., V.
[463] Vgl. LK-*Vogler*, Vor § 22 Rn. 22; SK-*Rudolphi*, Vor § 22 Rn. 7.
[464] LK-*Vogler*, Vor § 22 Rn. 22.
[465] Vgl. LK-*Vogler*, Vor § 22 Rn. 24.

Die Absichtsdelikte können in unvollkommen zweiaktige Delikte[466] und kupierte Erfolgsdelikte[467] unterteilt werden. Während der zusätzliche Erfolg bei den unvollkommen zweiaktigen Delikten durch eine weitere Handlung herbeigeführt werden soll, soll er bei den kupierten Erfolgsdelikten durch die Tatbestandshandlung selbst ohne weitere Zweithandlung eintreten.[468]
Wegen ihrer praktischen Relevanz sollen von den unvollkommen zweiaktigen Delikten der bereits mehrfach erwähnte Diebstahl, § 242 und von den kupierten Erfolgsdelikten der Betrug, § 263 herausgegriffen werden.

aa. Unvollkommen zweiaktige Delikte

Fall 4 - Schubkarrenfall:
Vortäter V hat aus einem Altwarenlager 6 t Schrott entwendet, indem er die Beute mit einer Schubkarre in ein etwa 500 m entferntes vorläufiges Versteck außerhalb des Schrottlagers gefahren hat. Da V kein geeignetes Fahrzeug hat, bittet er seinen Freund F, der einen LKW besitzt, um Hilfe. Dieser fährt am nächsten Tag mit seinem LKW zu dem vorläufigen Versteck und transportiert die 6 t Schrott für V
a) in ein sicheres Versteck,
b) zum Altmetallhändler H.
Strafbarkeit von F?

Bei den unvollkommen zweiaktigen Delikten hat der Gesetzgeber den zweiten Akt der Straftat in den subjektiven Tatbestand verlagert. Für die Vollendung genügt die Vornahme der ersten Tathandlung in der Absicht, die noch ausstehende zweite Tathandlung später vorzunehmen, wobei die Absicht auf eigenes weiteres Tun gerichtet ist.[469] Beendigung tritt erst ein, wenn sich die Absicht durch Vornahme der weiteren Handlung erfüllt hat.
So ist der Diebstahl vollendet, wenn die Verfügungsgewalt des bisherigen Gewahrsamsinhabers gebrochen und eine neue begründet ist.[470] In *Fall 4* ist der Diebstahl des V mit dem Verbergen des Schrotts in dem vorläufigen Versteck vollendet. Beendigung liegt vor, wenn der Angriff auf das betroffene Rechtsgut seinen unabänderlichen Abschluss gefunden hat. Dies ist in der Regel der Fall, wenn der Täter den Gewahrsam an der Beute gesichert hat[471], in *Fall 4* Variante

[466] Hierzu gehören die §§ 146, 236, 242, 249, 267 und 307 Nr. 2.
[467] Hierzu gehören die §§ 252, 253, 263, 288.
[468] *Roxin*, AT/I, § 10 VI Rn. 84.
[469] Vgl. *Jescheck/Weigend*, AT, § 26 II 5. (S. 266).
[470] BGHSt 16, 271, 272; 23, 254, 255; NJW 1987, S. 2687.
[471] BGHSt 4, 132, 133; 20, 194, 196.

a) also in dem Moment, in dem der neue Gewahrsam an der Beute durch Verbringen des Schrotts in das sichere Versteck gesichert ist, in Variante b) in dem Moment, in dem der Schrott zum Altmetallhändler H verbracht ist.

Eine Einschränkung der Regel, dass Beihilfe nur bis zur Vollendung der Vortat möglich ist, käme nur dann in Betracht, wenn die Absichtsverwirklichung noch als formell tatbestandsmäßiges Verhalten angesehen werden könnte, beim Diebstahl also dann, wenn die Sicherung der Beute noch ein tatbestandsmäßiges Diebstahlsverhalten i.S.v. § 242 I darstellen würde. Dies ist aber abzulehnen. Nach dem eindeutigen Wortlaut des Gesetzes besteht das tatbestandliche Unrecht des Diebstahls allein in der Wegnahme einer fremden beweglichen Sache. Die Beutesicherung als tatsächliche Beendigung des Diebstahls oder als Realisierung der Zueignungsabsicht wird vom Diebstahlstatbestand nicht mehr erfasst. Die zur Verwirklichung der Zueignungsabsicht vorgenommenen Handlungen in der Beendigungsphase erfüllen nicht mehr die in § 242 I normierten gesetzlichen Tatbestandsmerkmale.[472] Daran ändert auch die Tatsache nichts, dass das deliktische Geschehen erst durch dieses Verhalten seinen tatsächlichen Abschluss findet.[473] Die Mitwirkung zur Sicherung der Beute nach Abschluss der Wegnahmehandlung durch den Vortäter kann daher auch nicht mehr als Beihilfe zum Diebstahl angesehen werden. In dieser Phase kommt nur noch eine Strafbarkeit wegen einer Anschlusstat in Betracht. Das heißt für *Fall 4*: F ist nicht strafbar wegen Beihilfe zum Diebstahl des V gemäß §§ 242 I, 27. In Variante a) hat er sich aber gemäß § 257 I wegen Begünstigung strafbar gemacht, in Variante b) gemäß § 259 I wegen Hehlerei. Entsprechend liegt es in *Fall 7* Variante b): Eine Strafbarkeit des B nach §§ 242, 27 wegen Beihilfe zum Diebstahl scheidet aus, B ist aber strafbar nach § 257 I wegen Begünstigung.

---

[472] Anders verhält es sich bei den Zueignungshandlungen im Rahmen von § 246. Im Gegensatz zu § 242 ist die Zueignung bei der Unterschlagung nicht als Gegenstand einer überschießenden Innentendenz, sondern als objektives Tatbestandsmerkmal ausgestaltet. Die Frage nach der Möglichkeit von Beihilfe zur Zueignungshandlung stellt sich bei der Unterschlagung aber dann, wenn sich ein Täter dieselbe Sache wiederholt zueignet. Die Antwort hängt davon ab, ob man eine solche Zweitzueignung mit der „Tatbestandlösung" bereits für nicht mehr tatbestandsmäßig i.S.v. § 246 hält oder ob man mit der „Konkurrenzlösung" die wiederholte Manifestation des Zueignungswillens als tatbestandsmäßige Zueignungshandlung ansieht, die dann allerdings als mitbestrafte Nachtat hinter das Erstzueignungsdelikt zurücktritt (zum Meinungsstand vgl. SK-*Hoyer*, § 246 Rn. 30 f mit zahlreichen weiteren Nachweisen).

[473] Grundsätzlich zur Absichtsverwirklichung ebenso *Lund*, Mehraktige Delikte, S. 163. Allerdings dehnt *Lund* den Begriff der Wegnahme entgegen der h.M. noch auf die Überwindung von Schutzvorkehrungen im Herrschaftsbereich des alten Gewahrsamsinhabers durch den neuen Gewahrsamsinhaber aus, vgl. *Lund*, aaO, S. 168 f.

Gleiches gilt für die anderen unvollkommen zweiaktigen Delikte: Auch hier ist die weitere, zur Absichtsverwirklichung vorgenommene Handlung nicht mehr vom objektiven Tatbestand des jeweiligen Delikts erfasst. Hilfeleistungen zu diesen Handlungen können daher nicht mehr als Beihilfe angesehen werden. Etwas anderes gilt nur dann, wenn die Handlung der Absichtsverwirklichung vom Gesetzgeber zusätzlich in den objektiven Tatbestand aufgenommen wurde und damit auch tatbestandsmäßig ist. Dies trifft etwa auf die Absicht, das nachgemachte Geld in Verkehr zu bringen in § 146 I Nr. 1 zu, da § 146 I Nr. 3 die Handlung des Inverkehrbringens ebenfalls unter Strafe stellt.[474]

bb. Kupierte Erfolgsdelikte

Fall 8 - Paketfall[475]*:*
A hat bei einer Firma ein Paket unter falschem Namen in der Absicht bestellt, damit ohne Bezahlung verschwinden zu können. Um das Paket ausgehändigt zu bekommen, musste er gegenüber dem Postbeamten nochmals seinen falschen Namen angeben; dabei wurde ihm von B Hilfe geleistet.
Strafbarkeit von B?

Fall 9 - Briefkastenfall:
A veranlasst den X, für sie im Briefkasten ihres Wochenendhäuschens einen Briefumschlag mit DM 5000,- zu deponieren, indem sie ihm vorspiegelt, sie hätte der inzwischen verstorbenen Schwester des A vor Jahren DM 5000,- geliehen und nie zurückerhalten. Da sie selber nicht dazukommt, das Geld dort abzuholen, bittet sie ihre Freundin B, der sie die ganze Geschichte erzählt hat, bei dem Häuschen vorbeizufahren und das Geld mitzunehmen. B tut der A diesen Gefal-

---

[474] Vergleichbare Konstellationen sind beispielsweise auch im Zusammenhang mit den Bestechungsdelikten vorstellbar. Fall: Der Ministerialrat X hat sich als Gegenleistung für die Vornahme einer Diensthandlung von dem Waschmaschinenhersteller W eine neue Waschmaschine versprechen lassen. Zwei Wochen später liefert W die Waschmaschine bei X an. Der Neffe des X (N) hilft dem X in Kenntnis der Umstände, die Waschmaschine in den Keller zu tragen. Strafbarkeit des N? Die Vortat des X, eine Vorteilsannahme nach § 331 I, ist mit dem Abschluss der Unrechtsvereinbarung vollendet. Beendet ist sie dagegen erst mit Annahme der Waschmaschine zwei Wochen später (dazu SK-*Rudolphi*, § 331 Rn. 51 f). Da aber nicht nur das Sich-versprechen-lassen des Vorteils, sondern auch die Annahme des Vorteils tatbestandsmäßig i.S.v. § 331 I ist, ist eine Beihilfe auch noch bei der Annahme des Vorteils möglich. N könnte also strafbar sein wegen Beihilfe zur Vorteilsannahme gemäß §§ 331 I, 27. Daneben kommt auch eine Strafbarkeit des N wegen Begünstigung nach § 257 I in Betracht.

[475] Nach RG JW 1934, S. 837; dazu auch *König*, Unterscheidung, S. 28 ff; *Scheufele*, Vollendung, S. 48 f; *Lesch*, Sukzessive Beihilfe, S. 30 f; *Przybyla*, Beihilfe und Begünstigung, S. 24 f.

len, nicht zuletzt deswegen, weil dabei auch für sie DM 500,- rausspringen sollen.
Strafbarkeit von B?

Auch bei den kupierten Erfolgsdelikten handelt der Täter mit einer über den objektiven Tatbestand hinausgehenden Absicht. Im Gegensatz zu den unvollkommen zweiaktigen Delikten soll der zusätzliche Erfolg bei den kupierten Erfolgsdelikten aber durch die Tatbestandshandlung selbst ohne weitere Zweithandlung eintreten.[476] Formell vollendet sind die kupierten Erfolgsdelikte mit Verwirklichung sämtlicher Merkmale des objektiven Tatbestandes, materiell beendet aber erst dann, wenn der weitergehende Erfolg eingetreten ist.
So ist der Betrug bereits mit Eintritt eines Vermögensnachteils auf Seiten des Geschädigten vollendet. Die Erlangung des entsprechenden Vermögensvorteils durch den Täter oder einen Dritten ist für die Vollendung unerheblich.[477] Beendet ist der Betrug dagegen erst mit der Erlangung des Vermögensvorteils.[478] In *Fall 8* nahm das Reichsgericht an, dass der von A begangene Betrug zum Nachteil der Firma mit Aufgabe der Ware zur Post vollendet war. Mit der Absendung der Ware sei für den Absender die Gefahr der Aushändigung der Ware an einen Empfänger begründet worden, von dem keine Bezahlung des Kaufpreises zu erwarten sei. Die damit eingetretene Vermögensgefährdung erreiche ein Maß, dass die Gleichstellung mit einer bereits eingetretenen Minderung der Vermögenslage rechtfertige.[479] Denkbar ist auch, den Betrug bereits zum Zeitpunkt des Vertragsabschlusses als vollendet anzusehen.[480] Schon durch die Leistungszusage gerät die Firma in die Gefahr, eine Leistung zu erbringen, der kein Äquivalent gegenübersteht. Beendet ist der Betrug aber erst mit Erlangung der Ware durch A. Damit fiel die Hilfeleistungshandlung des B in den Zeitraum zwischen Vollendung und Beendigung der Vortat. Dennoch verurteilte das Reichsgericht den Helfenden wegen Beihilfe zum Betrug. Nach der hier vertretenen Auffassung ist dies jedoch nur möglich, wenn die Handlung, zu der B Hilfe geleistet hat, nämlich die Angabe des falschen Namens gegenüber dem Postbeamten, die Tatbestandsmerkmale des § 263 erfüllt. Die falsche Namensangabe gegenüber dem Postbeamten erfüllt alle Tatbestandsmerkmale des Betrugs: A hat den Postbeamten über seine Identität getäuscht, dieser hat sich geirrt, aufgrund seines Irrtums hat er eine Vermögensverfügung vorgenommen, indem er dem A die Ware ausgehändigt hat, dadurch ist der Firma ein Vermögensschaden ent-

---

476 *Roxin*, AT I, § 10 VI Rn. 84.
477 Vgl. statt vieler Sch/Sch-*Cramer*, § 263 Rn. 5 und 178.
478 Sch/Sch-*Cramer*, § 263 Rn. 178 m.w.N.
479 RG JW 1934, S. 837.
480 Vgl. Sch/Sch-*Cramer*, § 263 Rn. 129 ff m.w.N.

standen. Formal betrachtet lag in der falschen Namensangabe damit ein zweiter Betrug[481], wenn auch die Tat für A insgesamt nur eine Betrugstat war[482]. Damit kann die Handlung des B auch nach den hier aufgestellten Kriterien als Beihilfe zum Betrug gewertet werden. Hieraus darf aber nicht der Schluss gezogen werden, dass beim Betrug bzw. bei den kupierten Erfolgsdelikten allgemein Beihilfe grundsätzlich auch im Zeitraum zwischen Vollendung und Beendigung möglich ist. Es ist vielmehr zu unterscheiden: Solange Handlungen noch die Schädigung des Opfers zu Ende führen, wie dies im *Beispiel 8* der Fall ist, ist zu diesen Handlungen noch eine Beihilfe möglich, da diese Handlungen die Tatbestandsvoraussetzungen erfüllen. Geht es dagegen um die Verwirklichung der Absicht, ist hierzu keine Beihilfe möglich, da die Absichtsverwirklichung keinen tatbestandstypischen Erfolg darstellt.[483] So liegt es in *Fall 9*. Mit Einwerfen des Geldes in den Briefkasten der A hat X seinen Einfluss auf die Verwendung des Geldes verloren. Damit war seine Schädigung endgültig. Die Handlung der B half somit nur noch, die Bereicherung der A zu vollziehen, nicht aber, die Schädigung des X zu Ende zu führen. Somit scheidet in *Fall 9* eine Strafbarkeit der B wegen Beihilfe zum Betrug gemäß §§ 263 I, 27 aus. In *Fall 9* kommt nur eine Strafbarkeit der B nach den Anschlusstaten in Betracht.

b. Gefährdungsdelikte[484]

Bei den Gefährdungsdelikten wird die Herbeiführung einer Gefahrenlage für das im Tatbestand geschützte Objekt mit Strafe bedroht.[485] Die Gefährdungsdelikte sind mit Herbeiführung des Gefahrenzustandes vollendet. Die tatbestandsmäßige Handlung führt aber noch nicht den vollen Unrechtssachverhalt herbei. Solange der Gefahrenzustand andauert, dauert auch die Begehung des Delikts an. Erst mit Beseitigung des Gefahrenzustandes bzw. der Verletzung des geschützten Handlungsobjekts ist der Verbrechensablauf abgeschlossen und das Delikt beendet.[486]

---

[481] Vgl. auch *Lesch*, Sukzessive Beihilfe, S. 31.

[482] Für das Ergebnis ist es unerheblich, ob man das dogmatisch mit der Rechtsfigur der sog. mitbestraften Vortat bzw. Nachtat begründet oder ob man den Gesamtvorgang schon begrifflich als Verbrechenseinheit bewertet; vgl. dazu auch LK-*Lackner*, § 263 Rn. 292.

[483] Ähnlich bereits *Kühl*, Beendigung, S. 104; *Stratenwerth*, AT I, § 12 Rn. 133 ff will dagegen danach unterscheiden, wann der später Mitwirkende den Tatentschluss gefasst hat: „War dies vor der formellen Vollendung des Delikts der Fall, so hindert nichts, ihn als Mittäter oder Gehilfen für die Beteiligung am Gesamtdelikt haftbar zu machen. Anders dürfte aber zu entscheiden sein, wenn sich ein Beteiligter erst nach der formellen Vollendung des Delikts entschließt, dem Täter zu helfen. Soweit er damit nicht selbst einen Straftatbestand erfüllt, kommen hier nur Anschlussdelikte, wie etwa Begünstigung (§ 257), in Betracht."

[484] Allgemein zu den Gefährdungsdelikten vgl. *Arzt/Weber*, BT, § 35.

[485] *Wessels/Beulke*, AT, § 1 II 3 Rn.27.

[486] *Jescheck*, Welzel-FS, S. 683, 686.

Das Strafgesetzbuch unterscheidet konkrete und abstrakte Gefährdungsdelikte. Bei den konkreten Gefährdungsdelikten setzt die Erfüllung des Tatbestandes voraus, dass sich das Handlungsobjekt im individuellen Fall tatsächlich in Gefahr befunden hat.[487] Der Eintritt einer konkreten Gefährdung ist Tatbestandsmerkmal. Zur Vollendung des Delikts muss zur Begehung der Grundhandlung ein konkreter Gefährdungserfolg hinzukommen.[488] Bei den abstrakten Gefährdungsdelikten wird hingegen ein bestimmtes Verhalten unter Strafe gestellt, das generell gefährlich ist. Anlass für die Pönalisierung ist die typische Gefährlichkeit einer Handlung, ohne dass die Strafbarkeit im Einzelfall vom wirklichen Eintritt einer Gefahr abhängig gemacht wird.[489] Der Eintritt der Gefahr gehört nicht zum Tatbestand und braucht daher nicht festgestellt zu werden. Als Beispiele für die konkreten Gefährdungsdelikte können die Straßenverkehrsgefährdung nach § 315 c oder die Aussetzung gemäß § 221 genannt werden, für die abstrakten Gefährdungsdelikte die Trunkenheit im Verkehr nach § 316 oder die schwere Brandstiftung nach § 306 a.

Die Frage, ob das Geschehen nach der Vollendung noch dem Tatbestand unterfällt und damit die Frage nach der Möglichkeit von Beihilfe in der Beendigungsphase, kann für die Gefährdungsdelikte nicht einheitlich beantwortet werden. Allerdings sind im Zusammenhang mit den Gefährdungsdelikten kaum Abgrenzungsprobleme zu den Anschlusstaten denkbar, so dass die praktische Relevanz der Abgrenzungsfrage in diesem Zusammenhang relativ gering ist. Als Beispiel kann folgender, wenn auch etwas konstruiert wirkender Fall dienen:

Fall 10 - Schnauzbartfall:
A sitzt in geselliger Runde beim Stammtisch im Wirtshaus „Zum Goldenen Ochsen" und spricht kräftig dem Alkohol zu. Hochgestimmt tritt er gegen Mitternacht (er hat zu diesem Zeitpunkt so viel getrunken, dass er mindestens eine BAK von 1,6 Promille erreicht hat, was er auch weiß) mit dem Pkw von F die Heimfahrt an. Mit ihm fährt sein Freund B, den er unterwegs zu Hause absetzen will. Im Ortskern von K sehen A und B bereits aus der Ferne die ihnen wohlbekannten Dorfpolizisten X und Y, die eine Verkehrskontrolle durchführen. A befürchtet, dass X und Y ihn anhalten werden, wenn sie ihn hinter dem Steuer des Wagens von F erkennen. Denn gegen 22 Uhr hatten X und Y kurz einen Abstecher in den „Goldenen Ochsen" gemacht und A beim Stammtisch gesehen. Noch während A überlegt, ob er anhalten oder weiterfahren soll, zieht B, der

[487] *Roxin*, AT/I, § 10 Rn. 123.
[488] *Hau*, Beendigung, S. 90.
[489] *Roxin*, AT/I, § 10 Rn. 123.

die Gedanken des A erraten hat, einen aufklebbaren Schnauzbart aus der Tasche und gibt ihn A mit den Worten „schnell, kleb ihn Dir ins Gesicht, damit Dich X und Y nicht erkennen, dann halten sie uns bestimmt auch nicht auf".
Ermutigt tut A wie ihm geheißen und fährt mit dem festgeklebten Schnauzbart weiter, an X und Y vorbei, erst den B nach Hause und dann zu sich ohne aufgehalten zu werden. Ohne die Gesichtsmaske hätten X und Y den A sicher aufgehalten, da sie schon lange auf eine günstige Gelegenheit warten, um den A, den sie schon seit geraumer Zeit in Verdacht haben, betrunken Auto zu fahren, anzuhalten.
Strafbarkeit von B?

Die Trunkenheitsfahrt des A nach § 316, die nicht nur ein abstraktes Gefährdungsdelikt, sondern zugleich ein Dauerdelikt darstellt, ist mit Fahrtantritt vollendet, aber erst mit dem Ende der Fahrt beendet.[490] Damit fällt die Handlung des B in Phase zwischen formeller Vollendung und materieller Beendigung. Da sich der Tatbestand der Trunkenheitsfahrt in jedem Augenblick der Fahrt erfüllt, kann die psychische Unterstützung des A durch B nach den oben aufgestellten Grundsätzen als Beihilfe zur Trunkenheitsfahrt gemäß §§ 316, 27 gewertet werden. Daneben kommt, vergleichbar zu *Fall 5*, eine Bestrafung des B wegen Strafvereitelung nach § 258 I in Betracht.

Als weiteres Gefährdungsdelikt, bei dem Abgrenzungsprobleme zwischen Beihilfe zur Vortat und den Anschlusstaten auftreten können, kann der Bankrott nach § 283 I[491] genannt werden.[492]

4. Die Fälle der fortgesetzten Handlung

Ähnlich wie bei den Delikten mit iterativer Handlungsstruktur gingen Rechtsprechung[493] und verbreitete Lehre[494] früher auch dann von nur einer einzigen Straftat aus, wenn mehrere Einzelhandlungen, die zeitlich und räumlich nicht so eng beisammen lagen wie bei der natürlichen Handlungseinheit, sich gegen das gleiche Rechtsgut richteten, in der Begehungsweise gleichartig waren und von einem Gesamtvorsatz (nach einem Teil der Lehre auch Fortsetzungsvorsatz[495])

---

[490] Vgl. nur BGHSt 21, 203 ff.
[491] § 283 I ist nach überwiegender Ansicht - im Gegensatz zu § 283 II - ein abstraktes Gefährdungsdelikt, vgl. nur LK-*Tiedemann*, § 283 Rn. 3 f m.w.N.
[492] Vgl. dazu LK-*Tiedemann*, § 283 Rn. 230 m.w.N.
[493] Vgl. BGHSt 5, 136 ff; 19, 323 ff; 23, 33 ff; 26, 4 ff; 36, 105 ff.
[494] Vgl. nur *Jescheck*, ZStW 67, S. 529, 552 f und *Tröndle*/Fischer, Vor § 52 Rn. 27 ff, beide m.w.N.
[495] Maurach/*Gössel*, AT 2, § 54 III B Rn. 78; Sch/Sch-*Stree*, 25. Auflage, Vor §§ 52 ff Rn. 52.

getragen wurden, der die konkrete Tat in ihren wesentlichen Grundzügen nach Zeit, Ort und Art der Begehung sowie der Person des Verletzten umfassen musste. Auch bei dieser sog. Fortsetzungstat fielen Vollendung und Beendigung auseinander: Mit der vollen Erfüllung des ersten in den Zusammenhang einbezogenen Tatbestandes war die Fortsetzungstat vollendet, beendet war sie mit Vollendung bzw. Beendigung des letzten Tatbestandes.[496]

Wie schon bei den Delikten mit iterativer Handlungsstruktur kann der Zeitpunkt der Vollendung der Vortat auch bei der Fortsetzungstat nicht als Kriterium für die Abgrenzung zwischen der Beihilfe zur Vortat und den Anschlusstaten herangezogen werden. Alle der ersten Tatbestandserfüllung nachfolgenden Tatbestandserfüllungen verwirklichen wiederum alle in den einzelnen Tatbeständen umschriebenen Tatbestandsmerkmale. Damit ist zu diesen Teilakten der Fortsetzungstat jeweils Beihilfe nach § 27 möglich. Spätestens nach Vollendung des ersten Teilaktes der Fortsetzungstat kommen aber auch bereits die Anschlusstaten in Betracht.

Dabei wurden im Zusammenhang mit dem hier analysierten Kontext folgende Grundsätze gebildet: Zielte die Unterstützungshandlung auf vergangene Teilakte oder wurde sie zu einem bereits vollendeten Teilakt geleistet, sollte Beihilfe in Übereinstimmung mit den hier entwickelten Grundsätzen ausscheiden und nur noch die Anschlusstaten in Betracht kommen.[497] War die Hilfeleistungshandlung dagegen auf zukünftige Teilakte gerichtet oder bezog sie sich auf einen gegenwärtig andauernden, noch nicht vollendeten Teilakt, so sollte Beihilfe nach § 27 vorliegen. Wenn der Unterstützer dem Vortäter im Rahmen einer Fortsetzungstat zu den noch nicht vollendeten Teilakten Hilfe leisten wollte und dabei zugleich hinsichtlich der abgeschlossenen Teilakte die Voraussetzungen einer Anschlusstat erfüllte, sollte auch tateinheitliches Zusammentreffen von Beihilfe und Anschlusstat möglich sein.[498]

Durch die Entscheidung BGHSt GrS 40, 138 ist die Rechtsfigur der fortgesetzten Handlung jedoch de facto bedeutungslos geworden.[499] Ein weiteres Eingehen auf sie hat sich daher nunmehr erübrigt.

---

[496] LK-*Vogler*, Vor § 22 Rn. 31.

[497] Sch/Sch-*Stree*, 25. Auflage, Vor §§ 52 ff Rn. 33.

[498] Vgl. nur RGSt 17, 227 ff und LK-*Roxin*, § 27 Rn. 39 m.w.N.

[499] Nach Ansicht des BGH orientiert sich das gesetzliche System des Strafrechts an einzelnen, rechtlich selbständigen Straftaten, die grundsätzlich nur beim Zusammentreffen in einem Handlungsteil, nicht aber allein aufgrund eines vom Täter geschaffenen Sinnzusammenhanges oder anderer kriminologischer Gemeinsamkeiten zu einer rechtlichen Handlungseinheit verbunden seien. Die Verbindung mehrerer Verhaltensweisen, die jede für sich einen Straftatbe-

5. Ergebnis

Die Anwendung der oben aufgestellten Grundsätze auf die verschiedenen Deliktsgruppen hat gezeigt, dass teilweise Ausnahmen von der Regel, dass Beihilfe nur bis zur Vollendung der Vortat möglich sei, zuzulassen sind. Immer dann, wenn die der erstmaligen Vollendung nachfolgenden Handlungen in der Beendigungsphase die in den einzelnen Tatbeständen umschriebenen Tatbestandsmerkmale erfüllen, ist Beihilfe nach den hier aufgestellten Kriterien auch noch im Zeitraum zwischen Vollendung und Beendigung der Vortat möglich.[500] In diesen Fällen kann der Zeitpunkt der Vollendung der Vortat nicht als Kriterium für die Abgrenzung von Beihilfe zur Vortat einerseits und Anschlusstaten andererseits herangezogen werden.

Dieses Ergebnis führt aber nicht dazu, die unter I. aufgestellte These grundsätzlich in Frage zu stellen. Ein Großteil der Fälle, bei denen das Abgrenzungsproblem eine Rolle spielt, kann mit Hilfe des klaren und einfach zu handhabenden Kriteriums der Vollendung der Haupttat zufriedenstellend gelöst werden. Für die Fälle, bei denen aufgrund ihrer spezifischen Struktur Beihilfe noch im Zeitraum zwischen Vollendung und Beendigung der Vortat in Betracht kommt, gilt es vielmehr, unter Berücksichtigung der dem Abgrenzungskriterium „Vollendung der Vortat“ zugrunde liegenden Überlegungen eine weitere Abgrenzungsmöglichkeit zu entwickeln. Dies soll im folgenden versucht werden.

V. Abgrenzung in den Fällen, in denen ausnahmsweise nach Vollendung der Vortat Beihilfe möglich ist

Kommt ausnahmsweise auch noch nach Vollendung der Vortat Beihilfe in Betracht, stellt sich die Frage, wie in diesen Fällen Beihilfe zur Vortat und Anschlusstaten voneinander abzugrenzen sind.

---

stand erfüllen, zu einer fortgesetzten Handlung setze daher voraus, dass dies, was am Straftatbestand zu messen sei, zur sachgerechten Erfassung des verwirklichten Unrechts und der Schuld unumgänglich sei. Daher könne die materielle Rechtfertigung des Fortsetzungszusammenhangs nur eine seltene Ausnahme sein. Bislang hat der BGH keine einzige Ausnahme anerkannt, vgl. nur BGH StV 1994, S. 479; StV 1995, S. 84 f und S. 298 f.

[500] Zu denselben Ergebnissen, lediglich über einen anderen Weg, gelangt man auch dann, wenn man die Möglichkeit der Beihilfe im Zeitraum zwischen Vollendung und Beendigung der Vortat anerkennt, zur Beendigungsphase aber nur ein Geschehen rechnet, das dem Tatbestand unterfällt, das die Merkmale des Tatbestandes erfüllt. So beispielsweise *Lund*, Mehraktige Delikte, S. 163 ff m.w.N.

Fall 11 - Jagdhüttenfall:
F sperrt den Y in einer abgelegenen Jagdhütte ein, indem er die einzige Tür verschließt und den Schlüssel einsteckt. B, die weiß, wo sich Y befindet, macht gegenüber der den Y suchenden Polizei falsche Angaben. Erst fünf Tage später öffnet F die Tür wieder.
a) Die Angaben der B gegenüber der Polizei haben, wie von B vorhergesehen, verhindert, dass Y gefunden wurde.
b) Trotz der Angaben der B wird Y von der Polizei gefunden und aus der Jagdhütte befreit. Die Angaben der B lenken aber den Tatverdacht wie beabsichtigt von F ab und führen dazu, dass F nicht bestraft wird.
c) Aufgrund der Angaben der B wird Y von der Polizei nicht gefunden. Zudem führen die Angaben der B dazu, dass F einer Bestrafung entgeht.
Strafbarkeit der B?

1. Abgrenzung nach Kausalitätsaspekten

Betrachtet man den Gedankengang, der hinter dem Abgrenzungskriterium „Vollendung der Vortat" liegt, so ergibt sich zusammengefasst folgendes:

Beihilfe setzt gemäß § 27 voraus, dass jemand einem anderen *zu dessen Tat* Hilfe leistet. Eine Hilfeleistung *zu einer Tat* kann nur vorliegen, wenn die Hilfeleistung der Tat zeitlich vorangeht. Nur eine zeitlich vor der Tat liegende Handlung kann die Tat fördern, für diese kausal sein. Der Begriff der *Tat* in § 27 erfasst wegen Art. 103 II GG, § 1 StGB nur solche Handlungen, die die in den einzelnen Tatbeständen normierten Tatbestandsvoraussetzungen erfüllen, regelmäßig also nur die zur Vollendung der Tat vorgenommenen Handlungen. Damit ist Beihilfe grundsätzlich nur bis zur Vollendung der Vortat möglich.

Die fehlende Kausalität von zeitlich nach der Tat liegenden Handlungen hat somit zu dem Abgrenzungskriterium „Vollendung der Vortat" geführt. Wie dargelegt ist die zeitliche Abgrenzung von Beihilfe zur Vortat und Anschlusstaten aus dem Zeitelement der Kausalität entwickelt worden, das historisch zur Ausgliederung der Anschlusstaten aus der Beihilfe geführt hat.

Zu prüfen ist daher, ob in den Fällen, in denen der Zeitpunkt der Vollendung der Vortat nicht als Abgrenzungskriterium herangezogen werden kann, auf das Kriterium der Kausalität zurückgegriffen werden kann.

In *Fall 11* führt das Kriterium der Kausalität zu folgenden Ergebnissen:
In Variante a) ist B wegen Beihilfe zur Freiheitsberaubung nach §§ 239, 27 zu bestrafen. Hier haben ihre Angaben gegenüber der Polizei dazu geführt, dass Y nicht von der Polizei gefunden wurde, ihre Angaben waren somit kausal für das

Fortdauern der Freiheitsentziehung. In Variante b) hingegen wurde Y trotz der Angaben der B von der Polizei gefunden. Auf die Freiheitsentziehung hatten ihre Angaben somit keinen Einfluss. Eine Bestrafung der B wegen Beihilfe zur Freiheitsberaubung scheidet aus. Allerdings führten ihre Angaben dazu, dass der Verdacht von F abgelenkt wurde und F einer Bestrafung entkam. In Variante b) ist B also wegen Strafvereitelung nach § 258 zu bestrafen. Problematisch liegt der Fall in Variante c). Hier hat die Handlung der B sowohl die Freiheitsberaubung gefördert, als auch den F der Bestrafung entzogen. Das Kriterium der Kausalität hilft in diesem Fall für die Frage der Abgrenzung nicht weiter, es sei denn, man geht von einem Exklusivitätsverhältnis[501] zwischen Beihilfe zur Vortat und Anschlusstaten aus, dergestalt, dass das Vorliegen von Gehilfenkausalität das Vorliegen einer Anschlusstat ausschließt.

Diese Ansicht wurde und wird auch teilweise vertreten. So wollte bereits *Olshausen*[502] Beihilfe und Begünstigung danach trennen, ob eine Förderung der Vortat stattgefunden hat oder nicht. Im ersten Fall sei Beihilfe, im zweiten Begünstigung gegeben.[503] Besonders deutlich hat *Elvers* die Exklusivität zwischen Beihilfe und Anschlusstaten formuliert: „Die echte Teilnahme ist diejenige, die für das Verbrechen kausal ist und daher diesem zeitlich nur vorangehen kann. Die Begünstigung aber ist diejenige Beistandsleistung, die für die Tat nicht kausal ist."[504] Auch in der Gegenwart wird teilweise danach abgegrenzt, ob die Handlung für die Haupttat kausal war oder nicht. So heißt es etwa bei Samson: „Wirkt sich die Hilfeleistung auf den tatbestandsmäßigen Vollendungserfolg der Vortat aus, dann liegt eindeutig Beihilfe zur Vortat vor, Begünstigung scheidet aus."[505]

Das setzt jedoch voraus, dass aus der Tatsache, dass eine Beihilfehandlung für den Erfolg der Haupttat kausal sein muss, logisch-zwingend folgt, dass die Anschlusstaten nur durch nicht-kausale Handlungen verwirklicht werden können. Das aber kann nicht überzeugen. Es ist kein Grund ersichtlich, warum eine Handlung, die die Haupttat fördert, nicht zugleich die Voraussetzungen einer Anschlusstat erfüllen können soll.[506] Dies zeigt auch *Fall 11* Variante c). Zwar wird es typischerweise so sein, dass die Handlungen, die den Tatbestand der

---

[501] Allgemein zur Exklusivität von Tatbeständen *Geerds*, Konkurrenz, S. 157 ff: Exklusivität der Tatbestände liegt vor, wenn ein Tatbestand einen anderen logisch ausschließt, weil es rein tatsächlich nur ein Entweder - Oder gibt, es also begrifflich unmöglich ist, ein Geschehen unter beide Gesetze zu subsumieren.

[502] *Olshausen*, Kommentar zum Strafgesetzbuch, 11. Auflage, Anm. 5 zu § 257.

[503] Ebenso *Bar*, Gesetz und Schuld II, S. 753.

[504] *Elvers*, ZStW 31, S. 893, 895.

[505] SK-*Samson*, § 257 Rn. 26 m.w.N.

[506] So auch bereits *Sefzig*, Vorgeleistete Begünstigung, S. 109 f; ebenso *Schröder*, Strafvereitelung, S. 87; *Vahrenbrink*, Begünstigung, S. 145 f m.w.N.

Begünstigung, Strafvereitelung oder Hehlerei erfüllen, keinen Einfluss mehr auf die Haupttat haben. Daraus kann aber nicht der Umkehrschluss gezogen werden, dass nur nicht-kausale Handlungen für die Anschlusstaten in Betracht kommen. Gegen ein Exklusivitätsverhältnis[507] von Beihilfe zur Vortat und Anschlusstaten spricht auch, dass die Beihilfe und die Anschlusstaten, wie oben dargestellt, unterschiedliche Rechtsgüter schützen.[508] Die üblichen Fälle der Exklusivität von Tatbeständen betreffen Tatbestände mit der gleichen Schutzrichtung.[509]

Nach alle dem kann der Gesichtspunkt der Kausalität in *Fall 11* Variante c) und damit in den eigentlichen Problemfällen, in denen eine Handlung den Erfolg der Haupttat fördert und zugleich die Voraussetzungen einer Begünstigung, Strafvereitelung oder Hehlerei erfüllt, nicht zu einer Abgrenzung beitragen. Die Beachtung des Kausalitätskriteriums reduziert damit lediglich die Abgrenzungsfragen auf die wirklich problematischen Konstellationen durch Betonung der eigentlich selbstverständlichen Erwägung, dass die Tatbestände der Beihilfe bzw. der Anschlusstaten nur erfüllt sein können, soweit deren Tatbestandsmerkmale vorliegen. Reduziert auf diese Funktion verdient das Kriterium der Kausalität aber durchaus Beachtung, kommt es doch in der Diskussion der Abgrenzungsfrage nicht immer klar genug zum Ausdruck. Dies gilt um so mehr, wenn man bedenkt, dass auch der von der h.M. vertretenen Abgrenzung nach der Willensrichtung des Hilfeleistenden der Vorwurf gemacht werden kann, lediglich die selbstverständliche Erkenntnis, dass die subjektiven Tatbestandsvoraussetzungen erfüllt sein müssen, zu einem Abgrenzungskriterium zu erheben. Eine Abgrenzung nach der Willensrichtung des Helfers ist nur möglich, wenn die subjektiven Voraussetzungen der Beihilfe einerseits und einer Anschlusstat andererseits nicht gleichzeitig vorliegen. Erfüllt der Täter dagegen sowohl die subjektiven Voraussetzungen der Beihilfe als auch einer Anschlusstat, vermag das Kriterium der Willensrichtung über das Verhältnis von Beihilfe und An-

---

[507] Grundsätzlich kritisch zur Exklusivität von Tatbeständen *Puppe*, JR 1984, S. 229 ff.

[508] Ausgehend von der Prämisse, dass Beihilfe und Begünstigung das gleiche Rechtsgut schützen, kommt *Przybyla*, Beihilfe und Begünstigung, S. 141 ff für das Verhältnis von Beihilfe und Begünstigung zum gegenteiligen Ergebnis: „Der Tatbestand der Begünstigung darf zeitlich erst dann zur Anwendung kommen, wenn die Rechtsfigur der Beihilfe nicht mehr angewendet werden kann ... In dem Augenblick, in dem die Beihilfe nicht mehr einschlägig ist, kann und muss nun die Begünstigung „einspringen" und *den freigewordenen Schutz- und Unrechtsbereich erfassen.*" Der Auffassung, dass Beihilfe und Begünstigung den gleichen Schutzbereich haben, kann aber nicht gefolgt werden (vgl. oben Zweiter Teil, Erster Abschnitt, A., I.).

[509] Vgl. auch *Vahrenbrink*, Begünstigung, S. 146; *Schröder*, Strafvereitelung, S. 87.

schlusstat keinen Aufschluss zu geben.[510] Dass dies möglich ist, erkennen aber auch die Vertreter der Willensrichtungstheorie an.[511]

Als Zwischenergebnis ist somit festzuhalten, dass das hinter der zeitlichen Abgrenzung liegende Kriterium der Kausalität in den Fällen, in denen ausnahmsweise auch noch nach Vollendung der Vortat eine Beihilfe möglich ist, nicht zur Abgrenzung von Beihilfe zur Vortat und Anschlusstaten beitragen kann. Die Beachtung des Kausalitätsgesichtspunktes reduziert die Fälle, bei denen es auf diese Abgrenzungsfrage ankommt, lediglich auf die eigentlich problematischen Fälle, bei denen eine Handlung sowohl den Erfolg der Haupttat gefördert hat als auch die Voraussetzungen einer Anschlusstat erfüllt. In diesen Fällen können Beihilfe zur Vortat und Anschlusstaten auf der Tatbestandsebene nicht voneinander abgegrenzt werden. Hier verlagert sich die Abgrenzung auf die Konkurrenzebene.[512]

2. Abgrenzung auf Konkurrenzebene

Werden durch eine Handlung sowohl die Tatbestandsvoraussetzungen der Beihilfe als auch die einer Anschlusstat verwirklicht, kann die Abgrenzung nur noch auf der Konkurrenzebene erfolgen. Dies erscheint auch sachgerecht. So bleibt der Konkurrenzebene das vorbehalten, für das sie geschaffen ist: die Lösung nicht behebbarer Überschneidungen, nicht aber die Bewältigung von Problemen, die bereits auf der Tatbestandsebene gelöst werden können.

Bei der Abgrenzung auf Konkurrenzebene sind drei Möglichkeiten denkbar: Ein Zurücktreten der Anschlusstat hinter der Beihilfe, ein Zurücktreten der Beihilfe hinter der Anschlusstat oder Idealkonkurrenz zwischen Beihilfe und Anschlusstat. Realkonkurrenz nach § 53 scheidet beim Vorliegen einer Handlung im natürlichen Sinne von vornherein aus. Grundsätzlich ist von einem idealkonkurrierenden Verhältnis nach § 52 auszugehen, wenn nicht ein Fall der sog. Gesetzeskonkurrenz vorliegt, der zum Zurücktreten eines Delikts hinter ein anderes führt. Dazu müsste ein Fall der Subsidiarität, der Spezialität oder der Konsumtion vorliegen.
Subsidiarität setzt eine identische Schutzrichtung der Delikte voraus. Ein Subsidiaritätsverhältnis kommt nur dann in Betracht, wenn mehrere Tatbestände dasselbe Rechtsgut in verschiedenen Angriffsstadien oder gegen verschieden

---

[510] Ebenso *Schröder*, Strafvereitelung, S. 87.
[511] Vgl. RGSt 58, 13, 15; BGH VRS 16, 267; LK-*Ruß*, § 258 Rn. 8.
[512] Für das Verhältnis von Strafvereitelung und Beihilfe und das Verhältnis von Begünstigung und Beihilfe ebenso *Vahrenbrink*, Begünstigung, S. 144 ff, 156 ff.

intensive Arten des Angriffs schützen.[513] Die Schutzgutbestimmungen der Beihilfe zur Vortat einerseits und der Anschlusstaten andererseits[514] haben aber gezeigt, dass die Anschlusstaten ein gegenüber der Beihilfe eigenständiges Rechtsgut schützen. Damit scheidet Subsidiarität als mögliche Form der Gesetzeskonkurrenz aus.

Spezialität liegt vor, wenn ein Gesetz dieselben Merkmale wie ein anderes Gesetz enthält und zusätzlich mindestens ein weiteres Merkmal aufweist, das einen weiteren Gesichtspunkt berücksichtigt.[515] Auch Spezialität scheidet somit im Verhältnis der Beihilfe zur Vortat zu den Anschlusstaten von vornherein aus.

Es könnte aber ein Fall der Konsumtion in Form der mitbestraften Begleittat vorliegen. Konsumtion liegt vor, wenn bei Verwirklichung eines (schwereren) Deliktstatbestandes regelmäßig zugleich ein weiterer (leichterer) Tatbestand erfüllt ist und die Gesetzesverletzung durch die Bestrafung des vorrangigen Delikts hinreichend abgegolten ist.[516] Die Beispielsfälle haben jedoch gerade gezeigt, dass weder die Beihilfe eine regelmäßige Begleiterscheinung der Anschlusstaten ist noch umgekehrt, vielmehr je nach Konstellation im Einzelfall teilweise nur die Voraussetzungen einer Anschlusstat, teilweise nur die der Beihilfe und teilweise sowohl die Voraussetzungen der Beihilfe als auch die einer Anschlusstat vorliegen. Ein Fall der Konsumtion liegt damit im Verhältnis zwischen der Beihilfe zur Vortat und den Anschlusstaten ebenfalls nicht vor.[517]

Auch stehen weder § 257 III S. 1 noch § 258 V der Annahme von Idealkonkurrenz gemäß § 52 entgegen. Beide Vorschriften betreffen die Konstellation, dass die Vortatbeteiligung und die Verwirklichung der Anschlusstat auf zwei verschiedenen Handlungen beruht.[518] Sie lassen damit von vornherein keine Rückschlüsse auf den hier untersuchten Fall zu, dass *ein* Täterverhalten sowohl die Voraussetzungen einer Anschlusstat als auch die der Beihilfe zur Vortat erfüllt.

---

513 SK-*Samson/Günther*, Vor § 52 Rn. 92.

514 Vgl. oben Zweiter Teil, Erster Abschnitt, A. I. (Beihilfe und Begünstigung), B. I. (Strafvereitelung) und C. I. (Hehlerei).

515 SK-*Samson/Günther*, Vor § 52 Rn. 82 m.w.N.

516 SK-*Samson/Günther*, Vor § 52 Rn. 98; *Stratenwerth*, AT I, § 18 Rn. 10; LK-*Rissing-van Saan*, Vor §§ 52 ff Rn. 116 ff.

517 A.A., aber nicht überzeugend *Vahrenbrink*, Begünstigung, S. 147 ff, 156 ff, für den Strafvereitelung und Begünstigung als mitbestrafte Begleittat hinter § 27 zurücktreten, wohingegen nach *Schröder*, Strafvereitelung, S. 92 ff die Teilnahme von der vorrangigen Strafvereitelung konsumiert werden soll, soweit die Strafvereitelungshandlung als Nebenfolge den Tatentschluss des anderen stärkt und im übrigen Idealkonkurrenz vorliegen soll.

518 § 257 III beruht auf dem Gedanken der mitbestraften Nachtat, vgl. nur BGH bei Holtz MDR 1981, 451 und LK-*Ruß*, § 257 Rn. 21; § 258 V berücksichtigt die notstandsähnliche Lage, in der sich ein bereits an der Vortat Beteiligter befindet, dazu *Vahrenbrink*, aaO, S. 150 m.w.N.

Daraus ergibt sich folgendes: Werden durch eine Handlung sowohl die Tatbestandsvoraussetzungen der Beihilfe als auch die einer Anschlusstat verwirklicht, stehen Beihilfe und Anschlusstat im Verhältnis der Idealkonkurrenz gemäß § 52.

Diese Lösung harmoniert auch mit den folgenden, vom BGH erst kürzlich im Zusammenhang mit der Strafbarkeit von Bankmitarbeitern wegen Beihilfe zur Steuerhinterziehung gemachten Ausführungen[519]:

Sachverhalt:
Der Angeklagte, ein gelernter Bankkaufmann, war als Mitarbeiter der Sparkasse W in deren Wertpapierabteilung beschäftigt und für die Beratung bei Auslandsanlagen zuständig. Ende 1992 / Anfang 1993 unterstützte er in fünf Fällen Kunden der Sparkasse W auf deren Wunsch beim anonymen Kapitaltransfer nach Luxemburg und in die Schweiz. Diese Kunden waren im Herbst 1992 im zeitlichen Zusammenhang mit dem Erlass des Zinsabschlagsgesetzes, das ab 1. Januar 1993 eine Steuervorauszahlung in Form eines Zinsabschlages auf Kapitalerträge vorsah, an den Angeklagten herangetreten, weil sie ihr angelegtes Kapital anonym ins Ausland transferieren wollten. Da sie ihre Zinserträge wie in der Vergangenheit auch in der Zukunft nicht gegenüber dem Finanzamt erklären wollten, war es ihnen wichtig, ihr Vermögen möglichst so ins Ausland zu verbringen, dass der Finanzverwaltung - auch bei Fahndungsmaßnahmen - kein Rückschluss auf die vorhandenen Anlagen und die daraus erzielten Zinserträge ermöglicht wurde. Der Angeklagte kam diesem Ansinnen in allen Fällen nach. Er griff hierbei auf ein bereits vorhandenes Verschleierungssystem für anonyme Kapitaltransfers der W-LB - des Verbundpartners der nordrhein-westfälischen Sparkassen - zurück und bewerkstelligte die anonyme Übertragung der Kundengelder auf neu einzurichtende Konten bei der W-LB Schweiz und der W-LB Luxemburg. Er füllte sämtliche Unterlagen für die Kunden aus und legte sie ihnen zur Unterschrift vor. Die Beteiligten gingen davon aus, dass das Verschleierungssystem sicher sei und auch die Steuerfahndung die Person des jeweiligen Einzahlers nicht ermitteln könnte. Der Angeklagte war sich dabei bewusst, dass durch die Anonymisierung des Geldtransfers das Entdeckungsrisiko für die Verheimlichung von Kapitalerträgen stark verringert werden sollte. Soweit die Kunden dies nicht bereits ausdrücklich angesprochen hatten, rechnete der Angeklagte jedenfalls aufgrund der mit den jeweiligen Kunden geführten Beratungsgespräche damit, dass sie ihre Zinserträge aus den Auslandsanlagen nicht versteuern wollten und er deshalb bei dem „spurenlosen" Transfer helfen sollte.

Nachdem der BGH zunächst festgestellt hat, dass das Verhalten des Angeklagten strafbare Beihilfe zur Steuerhinterziehung darstellt, geht er auf eine mögliche Strafbarkeit des Angeklagten wegen Begünstigung der Bankkunden gemäß § 257 I ein. Nach Auffassung des BGH stellten die Beihilfehandlungen des An-

[519] BGH wistra 2000, S. 340 ff.

geklagten jeweils zugleich objektiv geeignete Hilfeleistungshandlungen im Sinne einer Begünstigung nach § 257 StGB, § 369 I Nr. 4 AO dar, und zwar im Hinblick auf die von den Bankkunden bereits begangenen Steuerhinterziehungen. Wenn in dem vorliegenden Fall eine Bestrafung des Angeklagten wegen Begünstigung auch letztlich an dem nicht nachzuweisenden Begünstigungsvorsatz scheiterte, hat der BGH doch klargestellt, dass dieselbe Handlung zugleich Beihilfe für zukünftige Steuerhinterziehungen und Begünstigung hinsichtlich bereits begangener Steuerhinterziehungen sein kann.[520] In diesem Fall sollen Beihilfe und Begünstigung im Verhältnis der Tateinheit zueinander stehen.[521]

Der vom BGH entschiedene Fall betrifft zwar nicht die hier untersuchte Frage des gleichzeitigen Vorliegens von Beihilfe und Begünstigung bzw. einer anderen Anschlusstat in Bezug auf dieselbe Haupttat, sondern den Fall, dass eine Handlung hinsichtlich einer Haupttat Beihilfe und hinsichtlich einer anderen Haupttat Anschlusstat ist. In beiden Fällen stellt sich aber die Frage, in welchem Verhältnis Beihilfe und Anschlusstat dann stehen. Insofern stimmt die hier gefundene Lösung mit den Ausführungen des BGH überein.

VI. Zusammenfassung

1. Grundsätzlich kommt Beihilfe nur bei Hilfeleistungshandlungen vor Vollendung der Haupttat in Betracht, nach Vollendung der Haupttat greifen die Anschlusstaten ein.

2. In den Fällen, in denen die der Vollendung nachfolgenden Handlungen in der Beendigungsphase noch die Merkmale des Tatbestandes erfüllen, ist Beihilfe ausnahmsweise auch in der Beendigungsphase möglich. In diesen Fällen ist genau zu prüfen, ob im konkreten Fall die Voraussetzungen der Beihilfe bzw. der Anschlusstaten vorliegen. Liegen sowohl die Voraussetzungen der Beihilfe als auch die einer Anschlusstat vor, so ist wegen beider Delikte in Idealkonkurrenz zu bestrafen.

---

[520] Diese Auffassung steht wiederum in einer Linie mit den früher im Zusammenhang mit der Fortsetzungstat gemachten Ausführungen, wonach im Rahmen einer Fortsetzungstat tateinheitliches Zusammentreffen von Beihilfe und Anschlusstat möglich sein sollte, wenn der Unterstützer dem Vortäter zu den noch nicht vollendeten Teilakten Hilfe leisten wollte und dabei zugleich hinsichtlich der abgeschlossenen Teilakte die Voraussetzungen einer Anschlusstat erfüllte, vgl. oben Zweiter Teil, Zweiter Abschnitt, A., IV., 4.

[521] BGH wistra 2000, S. 340, 343 mit zustimmender Anmerkung von *Jäger*, wistra 2000, S. 344, 346.

VII. Lösung der Beispielsfälle

Unter Zugrundelegung dieser Kriterien ergeben sich folgende Lösungen für die Beispielsfälle:

Fall 2 - Schrottfall:
Vortäter V hat aus einem Altwarenlager 6 t Schrott entwendet, indem er die Beute mit einer Schubkarre in ein etwa 500 m entferntes vorläufiges Versteck außerhalb des Schrottlagers gefahren hat. Da V kein geeignetes Fahrzeug hat, um die 6 t Schrott dort abzuholen, bittet er seinen Freund F, der einen LKW besitzt, um Hilfe. Dieser fährt am nächsten Tag mit seinem LKW zu dem vorläufigen Versteck und transportiert die 6 t Schrott für V in ein sicheres Versteck. Strafbarkeit von F?

Die Tathandlung des F fällt in die Phase zwischen der formellen Vollendung und der materiellen Beendigung des Diebstahls des V. Da die Absichtsverwirklichung bei den unvollkommen zweiaktigen Delikten nicht mehr tatbestandsmäßig ist, die Beutesicherung keine Wegnahme i.S.d. § 242 I darstellt, bleibt es bei dem Grundsatz, dass Beihilfe in der Beendigungsphase nicht mehr in Betracht kommt. F ist aber strafbar wegen Begünstigung nach § 257 I.

Fall 3 - Juwelenfall:
V hat beim Juwelier J Schmuck im Wert von 1 Million Mark gestohlen. F holt V mit der Beute in der Nähe des Tatorts ab und fährt ihn zum Flughafen, von wo aus sich V samt Schmuck nach Argentinien absetzt.
Hat sich F dadurch, dass er V in der Nähe des Tatorts abgeholt und ihn zum Flughafen gefahren hat, wegen Beihilfe zum Diebstahl gemäß §§ 242 I, 27 oder wegen Strafvereitelung nach § 258 I strafbar gemacht?

Hinsichtlich einer Strafbarkeit des F wegen Beihilfe zum Diebstahl gilt das zu *Fall 2* Gesagte entsprechend: Die Sicherung des Schmucks nach Verlassen des Juweliergeschäftes erfüllt nicht mehr die Tatbestandsmerkmale des § 242 I. Daher scheidet eine Strafbarkeit des F wegen Beihilfe zum Diebstahl in diesem Stadium aus. F ist aber strafbar gemäß § 258 I wegen Verfolgungsvereitelung, jedenfalls soweit in seiner Person auch die subjektiven Tatbestandsvoraussetzungen des § 258 I erfüllt sind.

Fall 4 - Schubkarrenfall:
V hat aus einem Altwarenlager 6 t Schrott entwendet, indem er den Schrott mit einer Schubkarre in ein etwa 500 m entferntes vorläufiges Versteck außerhalb des Schrottlagers gefahren hat. Da V kein geeignetes Fahrzeug für den Weitertransport der Beute hat, bittet er seinen Freund F, der einen LKW besitzt, um

Hilfe. Dieser holt den Schrott am nächsten Tag mit seinem LKW von dem vorläufigen Versteck ab und bringt ihn für V
a) in ein sicheres Versteck,
b) zum Altmetallhändler H.
Strafbarkeit von F?

Variante a) von *Fall 4* entspricht *Fall 2*. In Variante a) ist F damit strafbar wegen Begünstigung nach § 257 I.
Auch in Variante b) scheidet Beihilfe zum Diebstahl aus oben dargestellten Gründen aus. F ist aber strafbar gemäß § 259 I wegen Hehlerei in Form der Absatzhilfe.

Fall 5 - Küchenfall:
F sperrt den Y in die Küche ein, indem er die einzige Tür verschließt und den Schlüssel einsteckt. B hilft dem F, diesen Zustand aufrechtzuerhalten, indem sie gegenüber der den Y suchenden Polizei falsche Angaben macht. Seinem Vorsatz gemäß öffnet F die Tür erst nach zwei Tagen der Gefangenschaft von Y wieder.
Strafbarkeit der B?

In *Fall 5* erfüllt nicht nur das Verschließen der Tür durch F den Tatbestand des § 239, vielmehr dauert die Verwirklichung des tatbestandlichen Unrechts bis zur Freilassung des Y an. Damit ist Beihilfe ausnahmsweise noch in der Beendigungsphase der Vortat möglich. Daneben kommt auch eine Bestrafung der B wegen Strafvereitelung nach § 258 I in Betracht, wenn die falschen Angaben der B gegenüber der Polizei dazu geführt haben sollten, dass F nicht wegen Freiheitsberaubung bestraft wird. In diesem Fall ist B strafbar wegen Beihilfe zur Freiheitsberaubung gemäß §§ 239, 27 in Tateinheit (§ 52) mit Verfolgungsvereitelung gemäß § 258 I.

Fall 6 - Faustfall:
A verprügelt den B, indem er ihm insgesamt zwanzig Mal mit der Faust in den Magen boxt. Nachdem A bereits fünf Mal auf B eingeschlagen hat, kommt C hinzu und feuert den A kräftig an.
Strafbarkeit von C?

Auch *Fall 6* stellt eine Konstellation dar, in der Beihilfe noch im Zeitraum zwischen Vollendung und Beendigung der Vortat möglich ist. C ist strafbar wegen Beihilfe zur Körperverletzung nach §§ 223 I, 27. Anschlusstaten kommen bei *Fall 6* nicht in Betracht.

Fall 7 - Gemäldefall:
Kunsthändler K entwendet bei einem nächtlichen Einbruch in das Haus des Kunstliebhabers S diverse Gemälde, die er nacheinander zu seinem in der Nähe stehenden Wagen schafft. Nachdem er bereits vier Gemälde zu seinem Wagen gebracht hat, kommt B hinzu.
a) B geht dem K zur Hand, indem er K die restlichen drei Gemälde abnimmt, die ihm dieser durch das Fenster aus dem Haus herausreicht.
b) B begleitet K auf der Fahrt zu seinem Kunsthaus und hilft K dort, die Bilder sicher im Keller zu verstauen.
Strafbarkeit von B?

Der Diebstahl des K ist mit Verbringen des ersten Gemäldes in den in der Nähe stehenden Wagen vollendet. Beendet ist der Diebstahl erst mit Sicherung der Beute im Keller des Kunsthauses. Damit fällt die Hilfeleistungshandlung des B sowohl in Variante a) als auch in Variante b) in den Zeitraum zwischen Vollendung und Beendigung der Vortat. Im Unterschied zu Variante b) erfüllen aber in Variante a) die Handlungen, zu denen B Hilfe leistet, noch die Tatbestandsmerkmale des § 242. Damit kommt in Variante a) neben einer Bestrafung des B wegen Begünstigung nach § 257 auch noch eine Bestrafung nach §§ 242 I, 27 wegen Beihilfe zum Diebstahl in Betracht. Während sich B also in Variante b) nur wegen Begünstigung nach § 257 I strafbar gemacht hat, ist er in Variante a) strafbar wegen Begünstigung nach § 257 I in Tateinheit (§ 52) mit Beihilfe zum Diebstahl nach §§ 242 I, 27.

Fall 8 - Paketfall:
A hat bei einer Firma ein Paket unter falschem Namen in der Absicht bestellt, damit ohne Bezahlung verschwinden zu können. Um das Paket ausgehändigt zu bekommen, musste er gegenüber dem Postbeamten nochmals seinen falschen Namen angeben; dabei wurde ihm von B Hilfe geleistet.
Strafbarkeit von B?

Da die falsche Namensangabe gegenüber dem Postboten die Tatbestandsvoraussetzungen des § 263 I erfüllt, kann B wegen Beihilfe zum Betrug gemäß § 263 I, 27 bestraft werden. Daneben erfüllt die Handlung des B die Voraussetzungen der Begünstigung gemäß § 257 I. Beide Delikte stehen im Verhältnis der Tateinheit nach § 52.

Fall 9 - Briefkastenfall:
A veranlasst den X, für sie im Briefkasten ihres Wochenendhäuschens einen Briefumschlag mit DM 5000,- zu deponieren, indem sie ihm vorspiegelt, sie hätte der inzwischen verstorbenen Schwester des A vor Jahren DM 5000,- geliehen und nie zurückerhalten. Da sie selber nicht dazukommt, das Geld dort abzuho-

len, bittet sie ihre Freundin B, der sie die ganze Geschichte erzählt hat, bei dem Häuschen vorbeizufahren und das Geld mitzunehmen. B tut der A diesen Gefallen, nicht zuletzt deswegen, weil dabei auch für sie DM 500,- rausspringen sollen.
Strafbarkeit von B?

Im Gegensatz zum *Paketfall* scheidet im *Briefkastenfall* eine Bestrafung der B wegen Beihilfe zum Betrug aus. Mit Einwerfen des Geldes in den Briefkasten der A hat X seinen Einfluss auf die Verwendung des Geldes verloren. Damit war seine Schädigung endgültig. Die Handlung der B half somit nur noch, die Bereicherung der A zu vollziehen, nicht aber, die Schädigung des X zu Ende zu führen. Die bloße Absichtsverwirklichung ist jedoch nicht mehr tatbestandsmäßig i.S.v. § 263. Das Verhalten der B erfüllt aber den Tatbestand der Begünstigung nach § 257 I.

Fall 10 - Schnauzbartfall:
A sitzt in geselliger Runde beim Stammtisch im Wirtshaus „Zum Goldenen Ochsen" und spricht kräftig dem Alkohol zu. Hochgestimmt tritt er gegen Mitternacht (er hat zu diesem Zeitpunkt so viel getrunken, dass er mindestens eine BAK von 1,6 Promille erreicht hat, was er auch weiß) mit dem Pkw von F die Heimfahrt an. Mit ihm fährt sein Freund B, den er unterwegs zu Hause absetzen will. Im Ortskern von K sehen A und B bereits aus der Ferne die ihnen wohlbekannten Dorfpolizisten X und Y, die eine Verkehrskontrolle durchführen. A befürchtet, dass X und Y ihn anhalten werden, wenn sie ihn hinter dem Steuer des Wagens von F erkennen. Denn gegen 22 Uhr hatten X und Y kurz einen Abstecher in den „Goldenen Ochsen" gemacht und A beim Stammtisch gesehen. Noch während A überlegt, ob er anhalten oder weiterfahren soll, zieht B, der die Gedanken des A erraten hat, einen aufklebbaren Schnauzbart aus der Tasche und gibt ihn A mit den Worten, „schnell, kleb ihn Dir ins Gesicht, damit Dich X und Y nicht erkennen, dann halten sie uns bestimmt auch nicht auf".
Ermutigt tut A wie ihm geheißen und fährt mit dem festgeklebten Schnauzbart weiter, an X und Y vorbei, erst den B nach Hause und dann zu sich ohne aufgehalten zu werden. Ohne die Gesichtsmaske hätten X und Y den A sicher aufgehalten, da sie schon lange auf eine günstige Gelegenheit warten, um den A, den sie schon seit geraumer Zeit in Verdacht haben, betrunken Auto zu fahren, anzuhalten.
Strafbarkeit von B?

Das Überreichen des Schnauzbarts hat die Zweifel von A zerstreut, ob er die Trunkenheitsfahrt fortsetzen soll. Damit kann das Verhalten des B als Beihilfe zur Trunkenheitsfahrt nach §§ 316, 27 gewertet werden. Daneben diente der Schnauzbart der Verschleierung von A und sollte ihn so vor einer Identifizierung durch X und Y und damit vor einer Bestrafung nach § 316 schützen. Die Voraussetzungen einer Strafvereitelung nach § 258 I sind also ebenfalls erfüllt. Die beiden Straftatbestände stehen zueinander im Verhältnis der Tateinheit nach § 52.

Fall 11 - Jagdhüttenfall:
F sperrt den Y in einer abgelegenen Jagdhütte ein, indem er die einzige Tür verschließt und den Schlüssel einsteckt. B, die weiß, wo sich Y befindet, macht gegenüber der den Y suchenden Polizei falsche Angaben. Erst fünf Tage später öffnet F die Tür wieder.
a) Die Angaben der B gegenüber der Polizei haben, wie von B vorhergesehen, verhindert, dass Y gefunden wurde.
b) Trotz der Angaben der B wird Y von der Polizei gefunden und aus der Jagdhütte befreit. Die Angaben der B lenken aber den Tatverdacht wie beabsichtigt von F ab und führen dazu, dass F nicht bestraft wird.
c) Aufgrund der Angaben der B wird Y von der Polizei nicht gefunden. Zudem führen die Angaben der B dazu, dass F einer Bestrafung entgeht.
Strafbarkeit der B?

In Variante a) ist B strafbar wegen Beihilfe zur Freiheitsberaubung nach §§ 239, 27. In Variante b) hingegen hatten ihre Angaben gegenüber der Polizei keinen Einfluss auf die Freiheitsentziehung, da Y trotz ihrer Angaben von der Polizei gefunden wurde. Allerdings führten ihre Angaben dazu, dass der Verdacht von F abgelenkt wurde und F einer Bestrafung entkam. In Variante b) ist B also wegen Strafvereitelung nach § 258 I zu bestrafen. In Variante c) hat die Handlung der B sowohl die Freiheitsberaubung gefördert, als auch den F der Bestrafung entzogen. Folglich ist B in Variante c) wegen Beihilfe zur Freiheitsberaubung nach §§ 239, 27 in Tateinheit (§52) mit Strafvereitelung nach § 258 I zu bestrafen.

B. Die Abgrenzung von Beihilfe zur Vortat und den Anschlusstaten bei Hilfeleistungshandlungen vor Vollendung der Haupttat

Nach einer in der Literatur im Vordringen befindlichen Auffassung erfassen zumindest die §§ 257, 258 auch Hilfeleistungshandlungen, die bereits vor Vollendung der Haupttat erbracht wurden.[522] Daneben sind auch im Zusammenhang mit der Hehlerei den Fällen der „vorgeleisteten Begünstigung bzw. Strafvereitelung“ vergleichbare Konstellationen vorstellbar. Erkennt man diese Möglichkeit einer sogenannten „vorgeleisteten Anschlusstat“ an, so treten be-

[522] Vgl. oben Zweiter Teil, Erster Abschnitt, A., II., 1. und B., II., 1.

reits vor Vollendung der Haupttat Abgrenzungsprobleme zwischen der Beihilfe zur Vortat und den Anschlussdelikten auf. In diesen Fällen hilft das Abgrenzungskriterium „Vollendung der Vortat" ebenso wenig weiter wie in den Fällen, in denen ausnahmsweise noch nach Vollendung der Vortat Beihilfe möglich ist.

Im folgenden soll daher zunächst untersucht werden, ob die Anschlusstaten tatsächlich durch Handlungen, die vor Vollendung der Haupttat erbracht werden, begangen werden können, und wenn ja, wie dann in diesen Fällen die Abgrenzung zur Beihilfe zur Vortat vorzunehmen ist.

I. Verwirklichung der Anschlusstaten durch Handlungen vor Vollendung der Haupttat

1. Verwirklichung von § 257 und § 258 durch Handlungen vor Vollendung der Haupttat?[523]

Der Grund für das Postulat in der Literatur, auch Handlungen, die vor Vollendung der Haupttat erbracht wurden, als Begünstigung nach § 257 bzw. als Strafvereitelung nach § 258 erfassen zu können, liegt auf der Hand: Wie *Fall 1* gezeigt hat, entsteht eine Strafbarkeitslücke, wenn man die Möglichkeit einer vorgeleisteten Begünstigung ablehnt, die vor Vollendung der Haupttat vorgenommene Hilfeleistung aber nur der Sicherung der Vorteile der Tat dient und die Haupttat nicht fördert. Ähnliche Fallgestaltungen sind im Zusammenhang mit strafvereitelnden Tätigkeiten vor Vollendung der Haupttat denkbar.

Fall 12 - „Staubhemdfall"[524]*:*
T hat dem X aufgelauert, ihn überfallen und misshandelt. Zuvor hatte G, der von dem Vorhaben des T wusste, diesem zur Unkenntlichmachung eine blaues Staubhemd gegeben, welches T vor Begehung der Tat über seine Kleidung gezogen hat.
Strafbarkeit des G?

Das Reichsgericht hat G im vorliegenden Fall wegen Beihilfe zur gefährlichen Körperverletzung bestraft.[525] Dies erscheint jedoch nur dann möglich, wenn die Überlassung des Staubhemdes für den konkreten Entschluss des T und damit auch für die Ausführung der Tat kausal war, so etwa, wenn T die Tatbegehung von der Überlassung des Staubhemdes abhängig gemacht hätte oder die Über-

---

[523] Vgl. hierzu insbesondere *Vahrenbrink*, Begünstigung, S. 89 ff m.w.N.
[524] Nach RGSt 8, 267 ff.
[525] RGSt 8, 267, 268 f.

lassung bei T zumindest letzte Zweifel beseitigt hätte. War dies nicht der Fall, so ist das Verhalten von G nicht als psychische Beihilfe fassbar.[526] Hingegen drängt sich bei vorliegendem Sachverhalt der Gedanke an eine Strafvereitelung nach § 258 auf. Das Staubhemd diente der Verschleierung des T bei der Tat und sollte ihn so vor einer Identifizierung durch X und damit vor einer Strafe schützen. Das hatte auch das Reichsgericht gesehen, aber sofort wieder verworfen, weil die Handlung des G zeitlich vor der Tat des T lag. Daher liegt die Vermutung nahe, dass das Reichsgericht G nur deswegen wegen Beihilfe zur gefährlichen Körperverletzung bestraft hat, weil es keine Möglichkeit sah, ihn wegen Strafvereitelung zu bestrafen, sein Verhalten aber als strafwürdig empfand.[527]

Fall 13 - Barifall:
Um seinem Freund A nach dem Einbruch die Flucht ins Ausland zu ermöglichen, kauft ihm B eine Fahrkarte für den Inter-City nach Bari,
a) nach dem Einbruch des A
b) vor dem Einbruch des A.
Nach dem Einbruch flüchtet A mit dem Zug nach Bari.
Strafbarkeit des B?

Noch deutlicher wird die Problematik in *Fall 13*. In Variante a) hat sich B wegen Strafvereitelung nach § 258 I strafbar gemacht. Lehnt man die Möglichkeit einer vorgeleisteten Strafvereitelung ab, kommt in Variante b) allenfalls eine Strafbarkeit des B wegen Beihilfe in Betracht. Dies setzt jedoch voraus, dass der Kauf der Fahrkarte den A in seinem Entschluss, die Tat zu begehen, bestärkt hat. War ihm die Unterstützung gleichgültig oder sogar unerwünscht bzw. lässt sich die fördernde Wirkung des „Gehilfen-" Beitrages nicht nachweisen, entfällt die Möglichkeit der Bestrafung des B wegen Beihilfe. B wäre straflos. Tatsächlich jedoch erscheint B in Variante a) und b) gleich strafwürdig. Auf den ersten Blick jedenfalls vermag es nicht einzuleuchten, dass die unterschiedlichen Zeitpunkte der Vornahme der Hilfeleistungshandlung, die in extremen Ausnahmefällen nur wenige Minuten auseinanderliegen können, zu derart verschiedenen Ergebnissen führen sollen. Der Hinweis *Roxins*, die meisten Fälle der vorgeleisteten Strafvereitelung seien als psychische Beihilfe fassbar[528], hilft jedenfalls bei diesen Fallgestaltungen nicht weiter.

---

[526] Ebenso *Vahrenbrink*, aaO, S. 14 f, der die Begründung des RG als widersprüchlich kritisiert; vgl. dazu auch *Spendel*, Dreher-FS, S. 167, 175 ff.
[527] Gegen eine Behandlung des vorliegenden Sachverhalts als Beihilfe auch *Class*, Stock-FS, S. 115 ff, 116 f.
[528] LK-*Roxin*, § 27 Rn. 12.

Die Beispielsfälle haben das Bedürfnis, die Fälle der vorgeleisteten Begünstigung bzw. Strafvereitelung von §§ 257, 258 erfassen zu können, gezeigt.[529] Zu klären ist damit, ob dies auch rechtlich möglich ist.[530]

a. Vereinbarkeit mit dem Wortlaut der §§ 257, 258

Der Möglichkeit, einen bestimmten Sachverhalt unter einen Straftatbestand zu subsumieren, sind durch den Wortlaut des Straftatbestandes Grenzen gesetzt. Die Auslegung darf nicht über den „möglichen Wortsinn" als äußerste Grenze der Wortbedeutung hinausgehen.[531] Daher ist untersuchen, ob die Fälle der vorgeleisteten Begünstigung bzw. Strafvereitelung noch vom Wortlaut des § 257 bzw. § 258 erfasst werden.

aa. § 257

Die Formulierung des § 257 „Wer einem anderen, der eine rechtswidrige Tat begangen *hat*, ... Hilfe leistet ..." legt auf den ersten Blick die Annahme nahe, die Begünstigungshandlung müsse sich zeitlich an eine bereits begangene Vortat anschließen.[532] Bei näherer Betrachtung ist diese Interpretation jedoch nicht zwingend. Das Perfekt „begangen hat" kann auch dahin gedeutet werden, dass die Haupttat (spätestens) im Zeitpunkt der Aburteilung wegen Begünstigung vorliegen muss.[533] Das Erfordernis, dass Begünstigter nur sein kann, „wer eine rechtswidrige Tat begangen hat" setzt nicht notwendig voraus, dass die Vortat bei Vornahme der Hilfeleistungshandlung bereits vorgelegen haben muss. Es kann auch als Ausdruck dafür verstanden werden, dass die Deliktsvollendung erst eintreten kann, wenn eine Vortat begangen wird, aus der sicherungsfähige Tatvorteile erwachsen sind.
Der Wortlaut des § 257 steht einer Erfassung der Fälle der vorgeleisteten Begünstigung nicht entgegen.[534]

---

529 So bereits - allerdings für § 257 a.F. de lege ferenda - *Sefzig*, Vorgeleistete Begünstigung, S. 114 f, 121. Gegen das Erfordernis in § 257 a.F., dass der Beistand „n a c h Begehung eines Verbrechens oder Vergehens" geleistet werden muss, auch schon *Elvers*, ZStW 31, S. 893 ff, nach dem dieses Erfordernis auf einem „historischen Abweg" beruht.

530 Ausführlich hierzu *Vahrenbrink*, a.a.O., S. 101 ff mit zahlreichen weiteren Nachweisen. Für die Strafvereitelung vgl. auch *Schröder*, Strafvereitelung, S. 78 ff. Im Rahmen der vorliegenden Arbeit erfolgt eine Beschränkung auf die wesentlichen Gesichtspunkte.

531 Vgl. dazu BGHSt 29, 129, 133; BVerfGE 92, 1, 12; 73, 206, 235: „Der mögliche Wortsinn des Gesetzes markiert die äußerste Grenze zulässiger richterlicher Interpretation."

532 So auch die h.M., vgl.die Nachweise oben Zweiter Teil, Erster Abschnitt, A., II., 1.

533 Ebenso *Vahrenbrink*, aaO, S. 120 f; so auch schon *Sefzig*, Vorgeleistete Begünstigung, S. 116 ff für die Entwürfe E 1913 (§ 371), E 1919 (§ 234), E 1925 (§ 185), E 1927 (§ 200), E 1960 (§ 289) und E 1962 (§ 289), die bereits den heute gültigen Wortlaut fordern.

534 Diese Auffassung vertrat *Binding*, BT/2,2, S. 668 bereits für § 257 a.F.: Die Sicherungsmaßregel kann ... vor, während und nach Begehung des Verbrechens, wodurch die Vorteile

bb. § 258

Dem Wortlaut des § 258 „Wer ... ganz oder zum Teil vereitelt, dass ein anderer dem Strafgesetz gemäß wegen einer rechtswidrigen Tat bestraft ... wird, ist eine zeitliche Grenze, die einer Erfassung der vorgeleisteten Strafvereitelung durch § 258 im Wege stehen würde, nicht ausdrücklich zu entnehmen. Bedenken gegen eine Einbeziehung der vorgeleisteten Strafvereitelung in den Tatbestand des § 258 könnten sich aber daraus ergeben, dass der Gesetzgeber den Rechtszustand durch die Neuformulierung des Strafvereitelungstatbestandes bis auf einige ausdrücklich begründete Änderungen unverändert lassen wollte.[535] § 257 a.F. enthielt auch für die persönliche Begünstigung die Formulierung „nach Begehung eines Verbrechens oder Vergehens“, die als unüberwindbares Hindernis für eine Erfassung der Fälle der vorgeleisteten Strafvereitelung angesehen wurde.[536] Allerdings hängt die Auslegung eines Gesetzes nicht vom Willen des Gesetzgebers bei der Schaffung der Norm ab. Nicht der „Wille des Gesetzgebers“, sondern der objektivierte Wille des Gesetzes, wie er sich im Wortlaut des Gesetzes niedergeschlagen hat, ist für den Richter verbindlich.[537] Der Wortlaut des § 258 erlaubt es aber ohne weiteres, darunter auch die Fälle der vorgeleisteten Strafvereitelung zu begreifen.[538]

Fazit: Die Erfassung der Fälle der vorgeleisteten Begünstigung bzw. Strafvereitelung ist mit dem Wortlaut der §§ 257, 258 vereinbar.

b. Die Schutzgüter der §§ 257, 258

Dem Strafrecht obliegt die Aufgabe, die von der Rechtsgemeinschaft als schutzwürdig anerkannten Rechtsgüter durch Androhung und Verhängung von Sanktionen vor Beeinträchtigungen zu schützen.[539] Daraus folgt, dass alle Straftatbestände mit dem Ziel zu interpretieren sind, diejenigen Verhaltensweisen zu erfassen, welche die als schutzwürdig anerkannten Rechtsgüter beeinträchtigen

---

beschafft werden sollen, getroffen werden. Seine Lehre fand jedoch damals - soweit ersichtlich - keine Nachfolger.

535 Vgl. BT-Drucks. 7/550 S. 249 f.

536 Vgl. nur *Spendel*, Dreher-FS, S. 167, 177. Anders auch früher schon aber *Binding*, BT 2/2, S. 658 f: „ Das zeitliche Verhältnis der Begünstigungshandlung zu dem Delikt, woraus dem Staate der angegriffenen Strafanspruch erwuchs, ist aller Tradition und auch der Fassung des § 257 zuwider vollständig gleichgültig. ... Die Strafvereitelungshandlung kann längst abgeschlossen sein, ehe das Delikt, dessen Strafe vereitelt werden soll, auch nur das Versuchsstadium betritt ...“.

537 Vgl. nur *Wessels/Beulke*, AT, § 2 II 2 Rn. 57 mit zahlreichen weiteren Nachweisen.

538 Vgl. auch BGHSt 10, 157, 159 f, dort zu § 278.

539 Sch/Sch-*Eser*, Vor § 1 Rn. 27; vgl. auch oben Fn. 254.

oder gefährden.[540] Die Frage nach der besonderen Schutzfunktion und dem objektiven Sinn und Zweck des Gesetzes ist für die Auslegung eines Gesetzes von maßgebender Bedeutung.[541] Entscheidend für die Frage, ob die Fälle der vorgeleisteten Begünstigung bzw. Strafvereitelung von den §§ 257, 258 erfasst werden, ist somit, ob diese Verhaltensweisen die Schutzgüter der §§ 257, 258 beeinträchtigen.[542]

aa. § 257

§ 257 schützt nach überwiegender Auffassung zum einen die staatliche Rechtspflege und die Rechtsordnung als solche, zum anderen das Interesse des Vortatgeschädigten an der Wiederherstellung des durch die Vortat gestörten Zustandes.[543] Ausgehend von dieser Schutzbereichsbestimmung ist nun die Frage zu beantworten, ob in den Fällen der vorgeleisteten Begünstigung diese Schutzgüter in gleicher Weise beeinträchtigt werden wie durch die „normalen" Begünstigungen. Eine Gefährdung der staatlichen Rechtspflege ist erst möglich, wenn eine Straftat begangen wurde. Auch kann ein Interesse des Vortatgeschädigten an der Wiederherstellung des durch die Vortat gestörten Zustandes erst dann bestehen, wenn die Vortat begangen wurde und dem Vortäter hieraus ein zu sichernder Vorteil entstanden ist. Dies setzt jedoch nicht zwingend voraus, dass die Vortat bereits vor Vornahme der Begünstigungshandlung begangen worden sein muss. Für die Rechtsgutbeeinträchtigung genügt es, wenn die Vortat irgendwann im weiteren Verlauf begangen wird. Voraussetzung ist lediglich, dass sie überhaupt begangen wird. Dies ist aber bereits dadurch sichergestellt, dass § 257 immer das objektive Vorliegen einer Vortat verlangt.[544] In welchem Zeitpunkt die Hilfeleistungshandlung vorgenommen wird, macht dagegen für den Erfolg keinen Unterschied. Qualitativ bleibt er der gleiche, ob die Hilfeleistungshandlung vor oder nach Begehung der Vortat vorgenommen wird. Der Schutzbereich von § 257 ist damit in den Fällen der vorgeleisteten Begünstigung in gleicher Weise tangiert wie im „Normalfall" der Begünstigung.

bb. § 258

§ 258 schützt nach allgemeiner Meinung die Durchsetzung des staatlichen Strafanspruchs und des staatlichen Anspruchs auf Verhängung von Maßnahmen i.S.v. § 11 I Nr. 8.[545] Die Strafrechtspflege kann nur beeinträchtigt werden,

---

[540] So auch *Vahrenbrink*, Begünstigung, S. 101.
[541] Vgl. BGHSt 17, 21, 23; BVerfGE 1, 299, 312; 11, 126, 129 f; *Wessels/Beulke*, AT, § 2 II 2 Rn. 57.
[542] Ausführlich hierzu *Vahrenbrink*, Begünstigung, S. 101 ff.
[543] Vgl. oben Fn. 287 m.w.N.
[544] Vgl. nur LK-*Ruß*, § 257 Rn. 3.
[545] Vgl. oben Zweiter Teil, Erster Abschnitt, B., I.

wenn eine Vortat tatsächlich vorliegt, der Vortäter muss eine Strafe verwirkt haben oder es muss eine Maßnahme gegen ihn verhängt werden können.[546] Dies sagt aber noch nichts über das zeitliche Verhältnis von Vortat und Strafvereitelungshandlung aus. Voraussetzung für § 258 ist lediglich, dass eine Vortat begangen wird, wann diese begangen wird, spielt für die Beeinträchtigung der Strafrechtspflege keine Rolle. So macht es beispielsweise qualitativ keinen Unterschied, ob der Hilfeleistende einem anderen die Zugfahrkarte für die Flucht ins Ausland vor oder nach dessen Tat kauft (vgl. *Fall 13*). Beide Verhaltensweisen sind gleich gefährlich und tangieren den staatlichen Strafanspruch in gleicher Weise.[547] Berücksichtigt man dies, so erscheint eine Einbeziehung der Fälle der vorgeleisteten Strafvereitelung in den Tatbestand des § 258 nicht nur möglich, sondern im Hinblick auf das Gerechtigkeitsprinzip sogar geboten.[548] Nur so können sachlich nicht gerechtfertigte Ungleichbehandlungen vermieden und Strafbarkeitslücken geschlossen werden.

Ergebnis: Die vorgeleisteten Begünstigungshandlungen und Strafvereitelungshandlungen beeinträchtigen die Schutzgüter der §§ 257, 258 in gleicher Weise wie die nach Vollendung der Vortat geleisteten Hilfeleistungshandlungen. Der Schutzzweck von § 257 bzw. § 258 steht damit einer Subsumtion der vorgeleisteten Begünstigung bzw. Strafvereitelung unter diese Normen nicht im Wege. Im Gegenteil, er fordert sie geradezu.

c. Ergebnis

Damit bleibt festzuhalten, dass Begünstigung und Strafvereitelung auch durch Handlungen begangen werden können, die vor Vollendung der Haupttat erbracht wurden. Die §§ 257, 258 erfassen auch die Fälle der vorgeleisteten Begünstigung bzw. Strafvereitelung.

2. § 259 und Handlungen vor Vollendung der Haupttat

Die Möglichkeit einer „vorgeleisteten Hehlerei" ist bislang - soweit ersichtlich - nicht erörtert worden. Aber auch im Zusammenhang mit § 259 sind den Fällen der vorgeleisteten Begünstigung bzw. Strafvereitelung vergleichbare Konstellationen denkbar.

Fall 14 - Cousinfall[549]*:*

A, der meistens in Geldschwierigkeiten steckt, erzählt seinem Kumpel B, dass er

---

[546] LK-*Ruß*, § 258 Rn. 1, 6.

[547] Ebenso *Schröder*, Strafvereitelung, S. 81 f.

[548] Auf das Gerechtigkeitsprinzip hat sich auch bereits *Sefzig*, Vorgeleistete Begünstigung, S. 98 f berufen.

zur Aufbesserung seiner finanziellen Lage mal wieder ein Auto stehlen will. Dabei fällt B ein, dass sein Cousin C gerade ein Auto sucht. Noch bevor A zur Tat schreitet, ruft B nach Absprache mit A seinen Cousin an und fragt ihn, ob er Interesse an dem Auto des „A" hätte. Nach dem Diebstahl kauft C dem A den Wagen ab.
Strafbarkeit des B?
Variante: B ruft C erst an, nachdem A den Wagen bereits gestohlen hat.

In der Variante ist B strafbar nach § 259 I wegen Hehlerei in Form der Absatzhilfe.[550] Schwieriger ist die Frage nach der Strafbarkeit von B im Grundfall zu beantworten. Verlangt man, dass der Vortäter die Sache erst durch die Vortat erlangt haben muss, bevor eine Hehlerei an ihr begangen werden kann[551], scheidet im Grundfall eine Bestrafung des B nach § 259 aus. In Betracht kommt allenfalls eine Strafbarkeit des B wegen psychischer Beihilfe zum Diebstahl. Voraussetzung hierfür ist aber, dass die Vermittlung des Käufers den A in seinem Entschluss, den Wagen zu stehlen, bestärkt hat. War dies nicht der Fall, kann B auch nicht wegen Beihilfe zum Diebstahl bestraft werden. B bliebe straflos. Ähnlich wie bei den Fällen der vorgeleisteten Begünstigung bzw. Strafvereitelung erscheint diese Differenzierung aber zumindest auf den ersten Blick willkürlich. Im folgenden soll daher untersucht werden, ob es möglich ist, die Fälle der „vorgeleisteten Hehlerei" unter § 259 zu subsumieren und so die rein tatsächlich schwer hinnehmbare Strafbarkeitslücke zu schließen.

a. Vereinbarkeit mit dem Wortlaut des § 259

Ähnlich wie der Wortlaut des § 257 legt auch die Formulierung des § 259 „Wer eine Sache, die ein anderer gestohlen oder sonst ... erlangt *hat*, ankauft ..." die Vermutung nahe, die Hehlereihandlung könne erst vorgenommen werden, nachdem der Vortäter die Sache in seine tatsächliche Sachherrschaft gebracht hat, also regelmäßig erst nach Vollendung der Vortat. In den Handlungsmodalitäten des „sich oder einem Dritten verschaffen", die das Erlangen einer eigenen tatsächlichen Herrschaft und Verfügungsgewalt über die Sache durch den Hehler im einverständlichen Zusammenwirken mit dem Vortäter voraussetzen[552], kann die Hehlereihandlung schon rein tatsächlich nicht vor Erlangung der tatsächlichen Sachherrschaft durch den Vortäter vorgenommen werden. Anders

---

549 Vgl. oben Fn. 381.

550 Vgl. RG GA 49, 274 (Ermitteln eines Käufers); RGSt 40, 199, 200; 54, 124 (Führen bzw. Anknüpfen von Verkaufsverhandlungen).

551 So die ganz h.M., vgl. nur LK-*Ruß*, § 259 Rn. 1.

552 BGHSt 27, 45, 46; BGH NJW 1985, S. 443, 444; LK-*Ruß*, § 259 Rn. 18; Lackner/*Kühl*, § 259 Rn. 9 ff.

liegt es dagegen, wie *Beispielsfall 14* gezeigt hat, bei den Handlungsmodalitäten des Absetzens und der Absatzhilfe. Diese Modalitäten setzen nicht voraus, dass der Hehler selbst Gewahrsam an der Sache erlangt[553] und sind gegeben, wenn der Täter bei der wirtschaftlichen Verwertung der vom Vortäter erlangten Sache in dessen Interesse und mit dessen Einverständnis tätig wird.[554] Diese Tätigkeiten kann der „Hehler" theoretisch bereits zu einem Zeitpunkt entfalten, zu dem der Vortäter die Sache noch nicht erlangt hat. Lediglich die Vollendung der Hehlerei kann erst eintreten, wenn die Vortat, mittels derer das Hehlgut erlangt wird, begangen wurde. Die Formulierung in § 259 kann auch so verstanden werden, dass die Deliktsvollendung erst eintreten kann, nachdem der Vortäter die Sache in seine tatsächliche Sachherrschaft gebracht hat, die Hehlereihandlung aber durchaus vor diesem Zeitpunkt liegen kann.
Wenn auch die Fälle der „vorgeleisteten Hehlerei" eher selten sein werden, steht doch der Wortlaut einer Erfassung dieser Fälle durch § 259 nicht zwingend entgegen.

b. Vereinbarkeit mit dem Schutzgut des § 259

Die Hehlerei ist ein Vermögensdelikt.[555] § 259 wendet sich gegen die Aufrechterhaltung der durch die Vortat geschaffenen rechtswidrigen Vermögenslage, die durch das Weiterschieben der durch die Vortat erlangten Sache im Einverständnis mit dem Vortäter erreicht wird.[556] Eine rechtswidrige Vermögenslage kann erst aufrechterhalten werden, nachdem sie durch eine andere Tat geschaffen wurde. Allerdings sagt dies noch nichts zwingend über das zeitliche Verhältnis der Hehlereihandlung zur Vortat aus. Auch wenn der Perpetuierungserfolg erst nach Schaffung der rechtswidrigen Vermögenslage eintreten kann, kann die Perpetuierungshandlung bereits vor diesem Zeitpunkt liegen. Entscheidend ist lediglich, dass die rechtswidrige Vermögenslage überhaupt geschaffen wird und dann perpetuiert wird. In welchem Zeitpunkt die Perpetuierungshandlung vorgenommen wird, spielt dagegen keine Rolle. Auch wenn sie regelmäßig erst nach Schaffung der rechtswidrigen Vermögenslage durch den Vortäter einsetzen wird, macht es qualitativ keinen Unterschied, wenn sie bereits vorher vorgenommen wurde. Das Schutzgut des § 259 ist in beiden Fällen gleichermaßen berührt.

---

553 RG GA Bd. 67, 438.

554 BGHSt 9, 137, 138; 10, 1 f; 23, 36, 38; 26, 358, 362.

555 Vgl. nur Lackner/*Kühl*, § 259 Rn. 1 m.w.N. Siehe auch oben Zweiter Teil, Erster Abschnitt, C., I.

556 So die ganz herrschende Perpetuierungstheorie, vgl. BTDrucks. 7/550 S. 252; BGHSt GS 7, 134, 137; LK-*Ruß*, § 259 Rn. 1 mit zahlreichen weiteren Nachweisen.

II. Die Abgrenzung zur Beihilfe zur Haupttat

Erkennt man die Möglichkeit einer vorgeleisteten Begünstigung, Strafvereitelung bzw. Hehlerei an, stellt sich die Frage, wie in diesen Fällen die Abgrenzung zur Beihilfe zur Haupttat vorzunehmen ist. Für die Beantwortung dieser Frage kann auf die oben entwickelte Abgrenzung im Zeitraum zwischen Vollendung und Beendigung der Haupttat zurückgegriffen werden, wenn ausnahmsweise auch noch nach Vollendung der Vortat Beihilfe möglich ist. D.h.: Erfüllt eine vor Vollendung der Haupttat geleistete Handlung sowohl die Voraussetzungen der Beihilfe als auch die einer Anschlusstat, scheidet eine Abgrenzung auf Tatbestandsebene aus. Beihilfe und Anschlusstat stehen dann im Verhältnis der Tateinheit, § 52.

Für die Lösung der Beispielsfälle bedeutet dies im einzelnen:

Fall 1 - Gartenhäuschenfall:
A, der ein Auto stehlen will, erzählt B davon und schildert ihm, wie er den Wagen nach begangener Tat verbergen will. B hält den Plan des A für bedenklich und bietet A sein abgelegenes Gartenhäuschen für diesen Zweck an. Obwohl A das Gartenhäuschen des B nicht für ein geeignetes Versteck hält, lässt er sich von A den Schlüssel für das Häuschen geben. Nach dem Diebstahl stellt A den Wagen dort unentdeckt unter.
Strafbarkeit von B?

Eine Bestrafung des B wegen (psychischer) Beihilfe zum Diebstahl des A in Form der Tatentschlussstärkung kommt in vorliegendem Fall nicht in Betracht, da A die „Unterstützungshandlung" des B gleichgültig oder sogar unerwünscht war. B ist aber strafbar wegen (vorgeleisteter) Begünstigung nach § 257 I.

Fall 12 - „Staubhemdfall":
T hat dem X aufgelauert, ihn überfallen und misshandelt. Zuvor hatte G, der von dem Vorhaben des T wusste, diesem zur Unkenntlichmachung eine blaues Staubhemd gegeben, welches T vor Begehung der Tat über seine Kleidung gezogen hat.
Strafbarkeit des G?

Das Reichsgericht[557] hat G im vorliegenden Fall wegen Beihilfe zur gefährlichen Körperverletzung bestraft. Voraussetzung hierfür ist jedoch, dass die Überlassung des Staubhemdes für den konkreten Entschluss des T und damit auch

[557] Vgl. RGSt 8, 267, 268 f.

für die Ausführung der Tat kausal war, etwa in der Form, dass T die Tatbegehung von der Überlassung des Staubhemdes abhängig gemacht hat oder die Überlassung bei T zumindest letzte Zweifel beseitigt hat. Dies erscheint bei vorliegendem Sachverhalt aber äußerst fraglich. Hingegen drängt sich der Gedanke an eine Strafvereitelung nach § 258 I auf. Das Staubhemd diente der Verschleierung des T bei der Tat und sollte ihn so vor einer Identifizierung durch X und damit vor einer Strafe schützen. Somit ist G in *Fall 12* wegen (vorgeleisteter) Strafvereitelung gemäß § 258 I zu bestrafen.

Fall 13 - Barifall:
Um seinem Freund A nach dem Einbruch die Flucht ins Ausland zu ermöglichen, kauft ihm B eine Fahrkarte für den Inter-City nach Bari,
a) nach dem Einbruch des A,
b) vor dem Einbruch des A.
Nach dem Einbruch flüchtet A mit dem Zug nach Bari.
Strafbarkeit des B?

Erkennt man entsprechend der hier vertretenen Auffassung die Möglichkeit einer vorgeleisteten Strafvereitelung an, ist B sowohl in Variante a) als auch in Variante b) strafbar wegen Strafvereitlung nach § 258 I.

Fall 14 - Cousinfall:
A, der meistens in Geldschwierigkeiten steckt, erzählt seinem Kumpel B, dass er zur Aufbesserung seiner finanziellen Lage mal wieder ein Auto stehlen will. Dabei fällt B ein, dass sein Cousin C gerade ein Auto sucht. Noch bevor A zur Tat schreitet, ruft B nach Absprache mit A seinen Cousin an und fragt ihn, ob er Interesse an dem Auto des „A" hätte. Nach dem Diebstahl kauft C dem A den Wagen ab.
Strafbarkeit des B?
Variante: B ruft C erst an, nachdem A den Wagen bereits gestohlen hat.

Nach dem hier entwickelten Konzept ist B im Grundfall und in der Variante gleichermaßen strafbar wegen Hehlerei in Form der Absatzhilfe gemäß § 259 I.

Schlussbetrachtung

Die Ergebnisse der Untersuchung lassen sich in folgende Thesen zusammenfassen:

I.1. Die Straftatbestände Begünstigung, Strafvereitelung und Hehlerei wurden über Jahrhunderte hinweg als eine Unterart der Teilnahme, als Teilnahme nach der Tat angesehen. Erst im Reichsstrafgesetzbuch von 1871 sind die Anschlusstaten endgültig aus der Teilnahme ausgegliedert und als eigenständige Delikte ausgestaltet worden.

I.2. Den historischen Grund für die Ausgliederung der Anschlusstaten aus der Beihilfe bildete die Erkenntnis, dass eine zeitlich nach der Tat liegende Handlung für diese nicht kausal sein kann.

I.3. Mit der Anerkennung der Selbständigkeit von Begünstigung, Strafvereitelung und Hehlerei begann die Diskussion um die von diesen Delikten geschützten Rechtsgüter.

II.1. Wenn auch die Abgrenzung zwischen den Anschlusstaten einerseits und der Beihilfe zur Vortat andererseits im Grundsatz klar ist, kann sie doch im Einzelfall, wenn ein Täterverhalten in Bezug auf dieselbe Haupttat sowohl die Tatbestandsvoraussetzungen einer Anschlusstat als auch die einer Beihilfe zur Vortat erfüllt, zu erheblichen Schwierigkeiten führen. Probleme treten in zwei Konstellationen auf: Der erste Problemkomplex betrifft die Fälle, in denen die Hilfe im Zeitraum zwischen Vollendung und Beendigung der Vortat geleistet wird. Den zweiten Problemkomplex bilden die Fälle der „vorgeleisteten Begünstigung, Strafvereitelung und Hehlerei".

II.2. Unter besonderer Berücksichtigung der geschichtlichen Entwicklung ist die Abgrenzung zwischen der Beihilfe zur Vortat und den Anschlusstaten in folgender Weise vorzunehmen:

a. Im Deliktsstadium bis zum Zeitpunkt der Vollendung der Haupttat können sowohl Beihilfe zur Vortat als auch die Anschlusstaten vorliegen. Erfüllt eine Handlung vor Vollendung der Haupttat sowohl die Tatbestandsvoraussetzungen der Beihilfe zur Vortat als auch die einer Anschlusstat, stehen beide Tatbestände im Verhältnis der Tateinheit gemäß § 52.

b. Im Deliktsstadium zwischen Vollendung und Beendigung kommen grundsätzlich nur die Anschlusstaten in Betracht, Beihilfe scheidet aus. Etwas anderes gilt nur dann, wenn ausnahmsweise auch die der erstmaligen Vollendung nachfolgenden Handlungen in der Beendigungsphase die in den einzelnen Tatbeständen umschriebenen Tatbestandsmerkmale erfüllen. Dann ist Beihilfe noch in der Beendigungsphase möglich. Erfüllt in diesem Fall eine Tathandlung sowohl die Tatbestandsvoraussetzungen der Beihilfe als auch die einer Anschlusstat, liegen beide Delikte in Tateinheit vor.

c. Im Deliktsstadium nach Beendigung der Haupttat kommen ausschließlich die Anschlusstaten in Betracht.

Literaturverzeichnis

Abegg, Lehrbuch
Abegg, Julius Friedrich Heinrich, Lehrbuch der Strafrechts-Wissenschaft, Neustadt a.d. Orla 1836

Angelus, De Maleficiis
Angelus de Gambilionibus, Aretinus, De maleficiis tractatus, Ausgabe von 1530

Anmerkungen 1, Anmerkungen 3
Anmerkungen zum Strafgesetzbuche für das Königreich Baiern, 1. Band, München 1813; 3. Band, München 1814

Arzt/Weber, BT
Arzt, Gunther / Weber, Ulrich, Strafrecht Besonderer Teil, Lehrbuch, Bielefeld 2000

Arzt/Weber, BT/4
Arzt, Gunther / Weber, Ulrich, Strafrecht Besonderer Teil LH 4, 2. Auflage, Bielefeld 1989

Allfeld, Lehrbuch des Deutschen Strafrechts, AT
Allfeld, Philipp, Lehrbuch des Deutschen Strafrechts, Allgemeiner Teil, begründet von Hugo Meyer, 9. Auflage, Leipzig 1934

Bar, Gesetz und Schuld II
Bar, Ludwig von, Gesetz und Schuld im Strafrecht, Fragen des geltenden deutschen Strafrechts und seiner Reform, Band II: Die Schuld nach dem Strafgesetze, Berlin 1907

Bartolus, Glosse zu D. 47
Bartolus de Saxoferrato, Commentaria in tres libros Codicis cum notis Petri Pauli Parisii, Lugundum 1547

Battenberg, HRG, Bd. 5
Battenberg, J. Friedrich, in Handwörterbuch zur Deutschen Rechtsgeschichte (Hrsg.: A. Erler und E. Kaufmann), Band 5, Berlin 1998, Art. „Wormser Reformation“, Sp. 1536 - 1538

Bauer, Abhandlungen 1
Bauer, Anton, Abhandlungen aus dem Strafrechte und Strafprocesse, Erster Band, Göttingen 1840

Baumann, JuS 1963
Baumann, Jürgen, Täterschaft und Teilnahme, in JuS 1963, S. 51 ff

Baumann/Bearbeiter, AT
Baumann, Jürgen / Weber, Ulrich / Mitsch, Wolfgang, Strafrecht Allgemeiner Teil, Lehrbuch, 10. Auflage, Bielefeld 1995

Behme, Pufendorf: Naturrecht und Staat
Behme, Thomas, Samuel von Pufendorf: Naturrecht und Staat, Eine Analyse und Interpretation seiner Theorie, ihrer Grundlagen und Probleme, Göttingen 1995

Beling, Lehre vom Verbrechen
Beling, Ernst, Die Lehre vom Verbrechen, Neudruck der Ausgabe Tübingen 1906, Aalen 1964

Beling, VDB VII
Beling, Ernst, in Vergleichende Darstellung des Deutschen und Ausländischen Strafrechts, Vorarbeiten zur deutschen Strafrechtsreform, Besonderer Teil, VII. Band, Berlin 1907

Berlich, Conclusiones practicabiles, Teil 5
Berlich, Matthias, Conclusiones practicabiles secundum D. Augusti constitutiones Saxonicas, Ausgabe von 1693

Berner, Lehrbuch 1857
Berner, Albert Friedrich, Lehrbuch des Deutschen Strafrechtes, Leipzig 1857

Berner, Strafgesetzgebung
Berner, Albert Friedrich, Die Strafgesetzgebung in Deutschland vom Jahre 1751 bis zur Gegenwart, Leipzig 1867

Berner, Theilnahme
Berner, Albert Friedrich, Die Lehre von der Theilnahme am Verbrechen und die neueren Controversen über Dolus und Culpa, Berlin 1847

Beseler, Kommentar über das Strafgesetzbuch für die Preußischen Staaten
Beseler, Georg, Kommentar über das Strafgesetzbuch für die Preußischen Staaten und das Einführungsgesetz vom 14. April 1851, Nach amtlichen Quellen, Leipzig 1851

Binding, BT/2,2
Binding, Karl, Lehrbuch des gemeinen deutschen Strafrechts, Besonderer Teil, Band 2 Abteilung 2, Neudruck der 1. Auflage Leipzig 1905, Aalen 1969

Binding, Normen
Binding, Karl, Die Normen und ihre Übertretung, Eine Untersuchung über die rechtmässige Handlung und die Arten des Delikts, 4 Bände, Bd. 1 4. Auflage Leipzig 1922, Bd. 2 Hälfte 1 2. Auflage Leipzig 1914, Bd. 2 Hälfte 2 2. Auflage Leipzig 1916, Bd. 3 Leipzig 1918, Bd. 4 Leipzig 1919, Neudruck Aalen 1991

Binding, Entwurf
Binding, Karl, Entwurf eines Strafgesetzbuches für den Norddeutschen Bund, Leipzig 1869

Birnbaum, AdC 1834
Birnbaum, Johann Michael Franz, Ueber das Erfordernis einer Rechtsverletzung zum Begriff des Verbrechens, mit besonderer Rücksicht auf den Begriff der Ehrenkränkung, in Archiv des Criminalrechts, Neue Folge, Halle Jahrgang 1834, S. 149 ff

Bitzilekis, ZStW 99 (1987)
Bitzilekis, Nikolaos, Über die strafrechtliche Bedeutung der Abgrenzung von Vollendung und Beendigung der Straftat, in ZStW 99 (1987), S. 723 ff

Blanchard, Criminal-Gesetzbuch Frankreichs
Blanchard, Wilhelm, Criminal-Gesetzbuch Frankreichs, 2. Auflage, Cöln 1812

Blei, AT
Blei, Hermann, Strafrecht I Allgemeiner Teil, 18. Auflage, München 1983

Blei, Strafrecht II
Blei, Hermann, Strafrecht II Besonderer Teil, 12. Auflage, München 1983

Blumblacher, Commentarius
Blumblacher, Christoph Andreas, Commentarius in Kayser Carl des Fünfften und des Heil. Röm. Reichs Peinliche Hals-Gerichts-Ordnung, 6. Auflage, Salzburg 1727

Bockelmann/Volk, AT
Bockelmann, Paul / Volk, Klaus, Strafrecht Allgemeiner Teil, 4. Auflage, München 1987

Böhmer, Meditationes in Carolinam
Böhmer, Johann Samuel Friedrich von, Meditationes in Constitutionem Criminalem Carolinam, Halle Magdeburg 1770

Boldt, Strafrechtswissenschaft
Boldt, Gottfried, Johann Samuel Friedrich von Böhmer und die gemeinrechtliche Strafrechtswissenschaft, Berlin und Leipzig 1936

Bottke, JA 1980
Bottke, Wilfried, Strafrecht - AT und BT: Strafbare Beihilfe zum unerlaubten Entfernen vom Unfallort nach materieller Beendigung der Haupttat, in JA 1980, S. 378 f

Buri, Die Causalität
Buri, Maximilian von, Die Causalität und ihre strafrechtlichen Beziehungen, Stuttgart 1885

Buri, GS 29
Buri, Maximilian von, Begünstigung und Hehlerei, in GS 29 (1877), S. 15 ff

Buri, Theilnahme
Buri, Maximilian von, Zur Lehre von der Theilnahme an dem Verbrechen und von der Begünstigung, Gießen 1860

Buri, Über Causalität
Buri, Maximilian von, Über Causalität und deren Verantwortung, Leipzig 1873

Buschmann, Textbuch
Buschmann, Arno, Textbuch zur Strafrechtsgeschichte der Neuzeit, Die klassischen Gesetze, München 1998

Bydlinski, Methodenlehre
Bydlinski, Franz, Juristische Methodenlehre und Rechtsbegriff, 2. Auflage, Wien - New York 1991

Carpzov, Practica nova
Carpzov, Benedikt, Practica Nova Imperialis Saxonica Rerum Criminalium, Wittenberg 1665

Clarus, Receptarum Sententiarum
Clarus, Julius, Liber Quintus Receptarum Sententiarum integer, Frankfurt a. M. 1604

Clasen, Commentarius
Clasen, Daniel, Commentarius in Constitutiones Criminales Caroli V. Imperatoris ... cura et studio Johannis Andreae Winner, Frankfurt und Leipzig 1693

Class, Stock-FS
Class, Wilhelm, Die Kausalität der Beihilfe, in Studien zur Strafrechtswissenschaft Festschrift für Ulrich Stock (Hrsg.: G. Spendel), S. 115 ff, Würzburg 1966

Damhouder, Praxis rerum criminalium
Damhouder, Jodocus, Praxis rerum criminalium, Antwerpen Ausgabe von 1693

Dersch, Begünstigung
Dersch, Gisela, Begünstigung, Hehlerei und unterlassene Verbrechensanzeige in der gemeinrechtlichen Strafrechtsdoktrin bis zum Erlaß des Reichsstrafgesetzbuches, Göttingen 1980

Dilcher, AcP 184 (1984)
Dilcher, Gerhard, Vom Beitrag der Rechtsgeschichte zu einer zeitgemäßen Zivilrechtswissenschaft, in AcP 184 (1984), S. 247 ff

Dollmann/Risch, Das Strafgesetzbuch für das Königreich Bayern
Dollmann, Carl Friedrich von / Risch, Carl, Das Strafgesetzbuch für das Königreich Bayern vom 10. November 1861, Erste Abtheilung, (Art. 1 – 100), Erlangen 1868

Drees, Auswirkungen
Drees, Norbert, Die Auswirkungen der Reform des EGStGB vom 2.3.1974 auf den objektiven Tatbestand der Strafvereitelung, Bochum 1990

Dümmler, Begünstigung
Dümmler, Hans Wilhelm, Die Begünstigung in historisch-dogmatischer Darstellung und ihre Regelung in den Strafrechtsentwürfen 1925/1927, Erlangen 1928

Ebert, ZRG Germ. Abt. 110, 1993
Ebert, Udo, Die Strafvereitelung, Zu ihrer strafrechtsgeschichtlichen Entwicklung und ihrer gegenwärtigen Konzeption, in Zeitschrift der Savigny-Stiftung für Rechtsgeschichte, Germ. Abt., 1993, S. 1 ff

Eisenhart, Dissertatio
Eisenhart, Joannes Fridericus, Dissertatio de vera criminis socii notione, Helmstadt 1750

Elvers, ZStW 31 (1911)
Elvers, A., Begünstigung, Ist die Begünstigung begriffswesentlich nur nach Begehung der Tat möglich?, in ZStW 31 (1911), S. 893 ff

Eser, Strafrecht IV
Eser, Albin, Strafrecht IV Schwerpunkt Vermögensdelikte, 4. Auflage, München 1983

Feuerbach, Lehrbuch
Feuerbach, Paul Johann Anselm von, Lehrbuch des gemeinen in Deutschland gültigen peinlichen Rechts, 11. Auflage, Gießen 1832

Frank, Das Strafgesetzbuch für das Deutsche Reich
Frank, Reinhard, Das Strafgesetzbuch für das Deutsche Reich, 18. Auflage, Tübingen 1831

Franzen/Gast/Joecks/Bearbeiter
Franzen, Klaus / Gast-De Haan, Brigitte / Joecks, Wolfgang / Voß, Reimer, Steuerstrafrecht mit Steuerordnungswidrigkeiten und Verfahrensrecht, 5. Auflage, München 2001

Frateantonio, Art. „Bacchanal(ia)“
Frateantonio, Christa, in Der neue Pauly: Enzyklopädie der Antike (Hrsg.: H. Canzik und H. Schneider), Band 2, Stuttgart - Weimar 1997, Art. „Bacchanal(ia)“, Sp. 389 - 390

Funcke, GA 2 (1854)
Funcke, Ueber Begünstigung und Hehlerei, § 37 und § 237 des Strafgesetzbuches, in GA 2 (1854), S. 611 ff

Furtner, MDR 1965
Furtner, Georg, Verhältnis von Beihilfe und Begünstigung, in MDR 1965, S. 431 ff

Gaius, Inst.
Gai institutiones (Hrsg.: M. David), 2. Auflage, Leiden 1948

Gallas, ZAkDR 1937
Gallas, Wilhelm, Anmerkung zum Urteil des RG vom 22.4.1937 (2 D 10/37), in ZAkDR 1937, S. 438 f

Gandino, abgedruckt bei Angelus Aretinus
Gandino, Albertus de, Tractatus de maleficiis, abgedruckt bei Angelus Aretinus, Ausgabe von 1530

Geerds, GA 1988
Geerds, Friedrich, Begünstigung und Hehlerei Zur kriminologischen Problematik der §§ 257, 259, 260 StGB und zu daraus zu ziehenden strafrechtlichen Konsequenzen, in GA 1988, S. 243 ff

Geib, Lehrbuch
Geib, Gustav, Lehrbuch des Deutschen Strafrechts, Zweiter Band, System: Allgemeine Lehren, Leipzig 1862

Geppert, Jura 1980
Geppert, Klaus, Begünstigung (§ 257 StGB), in Jura 1980, S. 269 ff

Geppert, Jura 1994
Geppert, Klaus, Zum Verhältnis von Täterschaft/Teilnahme an der Vortat und sich anschließender Hehlerei (§ 259 StGB), in Jura 1994, S. 100 ff

Geyer, HH 2
Geyer, A., Theilnahme Mehrerer an einem Verbrechen und Begünstigung, in Handbuch des deutschen Strafrechts (Hrsg.: Holtzendorff), Zweiter Band, Berlin 1871, S. 417 ff

Ghan, Begünstigung
Ghan, Georges, Die Begünstigung, Eine strafrechtliche Studie, Heidelberg 1910

Giaro, Art. „Iulius I. Paulus"
Giaro, Tomasz, in Der neue Pauly: Enzyklopädie der Antike (Hrsg.: H. Canzik und H. Schneider), Band 6, Stuttgart - Weimar 1999, Art. „Iulius I. Paulus", Sp. 50 - 51

Glaser, Abhandlungen
Glaser, Julius, Abhandlungen aus dem Oesterreichischen Strafrecht, Neudruck der Ausgabe 1858, Aalen 1978

Göhler, NJW 1974
Göhler, Erich, Das Einführungsgesetz zum Strafgesetzbuch, in NJW 1974, S. 825 ff

Gössel, ZStW 85 (1973)
Gössel, Karl Heinz, Über die Vollendung des Diebstahls, in ZStW 85 (1973), S. 591 ff

Gretener, Begünstigung und Hehlerei
Gretener, Xaver, Begünstigung und Hehlerei in historisch-dogmatischer Darstellung, München 1879

Grolman, Grundsätze
Grolmann, Karl Ludwig Wilhelm von, Grundsätze der Criminalrechtswissenschaft, 3. Auflage, Gießen 1818

Grotius, De iure belli ac pacis
Grotius, Hugo, De iure belli ac pacis libri tres, Editio nova, Amstelaedami 1667

Günther, Strafvereitelung
Günther, Uwe, Das Unrecht der Strafvereitelung (§ 258 StGB), Berlin 1998

Hälschner, Beiträge zum Entwurf
Hälschner, Hugo, Beiträge zur Beurteilung des Entwurfs eines Strafgesetzbuches für den norddeutschen Bund, Bonn 1870

Hälschner, Das gem. deutsche Strafrecht, Bd. II
Hälschner, Hugo, Das gemeine deutsche Strafrecht, Zweiter Band, Der besondere Theil des Systems, Bonn 1887

Hälschner, GA 8 (1860)
Hälschner, Hugo, Die Beurtheilung fortgesetzter und fortdauernder Verbrechen bei einem während ihrer Verübung erfolgten Wechsel in der Gesetzgebung, in GA 8 (1860), S. 441 ff

Hälschner, Strafrecht 3
Hälschner, Hugo, Das preußische Strafrecht, Teil 3 System des preußischen Strafrechts, Besonderer Teil, 1. (einziger) Abschnitt, Die Verbrechen gegen das Recht der Privatperson, Neudruck der Ausgabe Bonn 1868, Aalen 1975

Hälschner, System 3
Hälschner, Hugo, System des preussischen Strafrechts, Teil 3, Neudruck der Ausgabe Bonn 1868, Aalen 1975

Haft, Strafrecht
Haft, Fritjof, Strafrecht, Fallrepetitorium zum Allgemeinen und Besonderen Teil, 4. Auflage, München 2000

Hartung, NJW 1949
Hartung, Fritz, Begünstigung und Hehlerei, Abhängigkeit von der Vortat, in NJW 1949, S. 441 ff

Hau, Beendigung
Hau, Helmut, Die Beendigung der Straftat und ihre rechtlichen Wirkungen, Berlin 1974

Heffter, Lehrbuch
Heffter, August Wilhelm, Lehrbuch des gemeinen deutschen Strafrechtes mit Rücksicht auf ältere und neuere Landesrechte, 6. Auflage, Braunschweig 1857

Heimberger, Teilnahme am Verbrechen
Heimberger, Joseph, Die Teilnahme am Verbrechen in Gesetzgebung und Litteratur von Schwarzenberg bis Feuerbach, Freiburg i. B. und Leipzig 1896

Henke, Handbuch
Henke, Eduard, Handbuch des Criminalrechts und der Criminalpolitik, Erster Theil, Berlin und Stettin 1823

Hergt, GS 76
Hergt, Raimund, Zur Theorie der Begünstigung, in GS 76 (1910), S. 298 ff

Herzberg, JuS 1975
Herzberg, Rolf Dietrich, Grundfälle zur Lehre von Täterschaft und Teilnahme, Zweiter Teil, Geltungsgrenzen des Tatherrschaftskriteriums, in JuS 1975, S. 35 ff

Hippel, Strafrecht 1
Hippel, Robert von, Deutsches Strafrecht, Band 1, Allgemeine Grundlagen, Neudruck der Ausgabe Berlin 1925, Aalen 1971

His, Mittelalter
His, Rudolf, Das Strafrecht des deutschen Mittelalters, Teil I, Neudruck der Ausgabe Leipzig 1920, Aalen 1964

Höpfner, ZStW 27 (1907)
Höpfner, Wilhelm, Bemerkungen zu Belings Lehre von der Teilnahme, in ZStW 27 (1907), S. 465 ff

Hruschka, JR 1980
Hruschka, Joachim, Hehlerei und sachliche Begünstigung, Probleme zweier unfertiger Deliktskategorien, in JR 1980, S. 221 ff

Hruschka, NJW 1971
Hruschka, Joachim, „Wahlfeststellung“ zwischen Diebstahl und sachlicher Begünstigung?, in NJW 1971, S. 1392 ff

Hülle, HRG, Bd. 5
Hülle,Werner, in Handwörterbuch zur Deutschen Rechtsgeschichte (Hrsg.: A. Erler und E. Kaufmann), Band 5, Berlin 1998, Art. „Theresiana“, Sp. 173 - 175

Isenbeck, NJW 1965
Isenbeck, Helmut, Beendigung der Tat bei Raub und Diebstahl, in NJW 1965, S. 2326 ff

Jäger, wistra 2000
Jäger, Markus, Anmerkung zu BGH, Urt. v. 1.8.2000 - 5 StR 624/99 (wistra 2000, S. 340 ff), in wistra 2000, S. 344 ff

Jakobs, AT
Jakobs, Günther, Strafrecht Allgemeiner Teil, Die Grundlagen und die Zurechnungslehre, 2. Auflage, Berlin New York 1991

Jarcke, Handbuch I
Jarcke, Carl Ernst, Handbuch des gemeinen deutschen Strafrechts, mit Rücksicht auf die Bestimmungen der preußischen, österreichischen, baierischen und französischen Strafgesetzgebung, Erster Band, Berlin 1827

Jescheck, Welzel-FS
Jescheck, Hans-Heinrich, Wesen und rechtliche Bedeutung der Beendigung der Straftat, in Festschrift für Hans Welzel (Hrsg.: G. Stratenwerth u.a.), S. 683 ff, Berlin 1974

Jescheck, ZStW 67 (1955)
Jescheck, Hans-Heinrich, Die Konkurrenz, in ZStW 67 (1955), S. 529 ff

Jescheck/Weigend, AT
Jescheck, Hans-Heinrich / Weigend, Thomas, Lehrbuch des Strafrechts Allgemeiner Teil, 5. Auflage, Berlin 1996

Kantorowicz, Tat
Kantorowicz, Hermann,Tat und Schuld, Zürich und Leipzig 1933

Klein, Grundsätze
Klein, Ernst Ferdinand, Grundsätze des gemeinen deutschen und preussischen peinlichen Rechts, Halle 1796

Kleinheyer/Schröder, Juristen
Kleinheyer, Gerd / Schröder, Jan (Hrsg.), Deutsche und Europäische Juristen aus neun Jahrhunderten Eine biographische Einführung in die Geschichte der Rechtswissenschaft, 4. Auflage, Heidelberg 1996

Kleinschrod, Entwicklung
Kleinschrod, Gallus Aloys, Systematische Entwicklung der Grundbegriffe und Grundwahrheiten des peinlichen Rechts nach der Natur der Sache und der positiven Gesetzgebung, Erster Teil, 3. Auflage, Erlangen 1805

Kobler, HRG, Bd. 1
Kobler, Michael, in Handwörterbuch zur Deutschen Rechtsgeschichte (Hrsg.: A. Erler und E. Kaufmann), Band 1, Berlin 1971, Art. „Bayerische Kodifikationen des Naturrechtszeitalters“, Sp. 337 - 339

Koch, Anfangsgründe
Koch, Johann Christoph, Anfangsgründe des peinlichen Rechts, Jena und Leipzig 1790

Koch, Institutiones
Koch, Johann Christoph, Institutiones iuris criminalis, 3. Ausgabe, Jena 1770

Köhler, Grenzlinien
Köhler, August, Die Grenzlinien zwischen Idealkonkurrenz und Gesetzeskonkurrenz, München 1900

Köhler, GS 61
Köhler, August, Begünstigung und Hehlerei, in GS 61 (1902), S. 44 ff

Kohler, GA 53 (1906)
Kohler, Josef, Begriff der fortgesetzten Missetat, in GA 53 (1906), S. 153 ff

König, Unterscheidung
König, Herbert, Die Unterscheidung von juristischer Vollendung und faktischer Beendigung und ihre Bedeutung für Teilnahme und Begünstigung, Köln 1938

Köstlin, Revision
Köstlin, Christian Reinhold, Neue Revision der Grundbegriffe des Kriminalrechts, Neudruck der Ausgabe Tübingen 1845, Aalen 1970

Köstlin, System
Köstlin, Christian Reinhold, System des deutschen Strafrechts, Erste Abtheilung, Allgemeiner Theil, Tübingen 1855

Kreß, Commentatio
Kreß, Johann Paul, Commentatio succincta in Constitutionem Criminalem Caroli V. Imperatoris, Hannover 1731

Krey, BT 1
Krey, Volker, Strafrecht Besonderer Teil, Band 1 Besonderer Teil ohne Vermögensdelikte, 11. Auflage, Stuttgart etc. 1998

Krey, Studien
Krey, Volker, Studien zum Gesetzesvorbehalt im Strafrecht, Berlin 1977

Kühl, Beendigung
Kühl, Kristian, Die Beendigung des vorsätzlichen Begehungsdelikts, Berlin 1974

Kühl, JuS 1982
Kühl, Kristian, Grundfälle zu Vorbereitung, Versuch, Vollendung und Beendigung, 4. Teil Die Vollendung, 5. Teil Die Beendigung, in JuS 1982, S. 110 ff, 189 ff

Küper, JuS 1986
Küper, Wilfried, „Sukzessive" Tatbeteiligung vor und nach Raubvollendung – BGH, NJW 1985, 814, in JuS 1986, S. 862 ff

Küper, Stree/Wessels-FS
Küper, Wilfried, Über das „zeitliche Verhältnis" der Hehlerei zur Vortat, in Festschrift für Walter Stree und Johannes Wessels (Hrsg.: Wilfried Küper und Jürgen Welp), S. 467 ff, Heidelberg 1993

Lackner/Kühl, StGB
Lackner, Karl / Kühl, Kristian, StGB Strafgesetzbuch mit Erläuterungen, 23. Auflage, München 1999

Langenbeck, Theilnahme
Langenbeck, Wilh., Die Lehre von der Theilnahme am Verbrechen, Jena 1868

Larenz, Methodenlehre
Larenz, Karl, Methodenlehre der Rechtswissenschaft, 6. Auflage, Berlin 1991

Laubenthal, Jura 1985
Laubenthal, Klaus, Zur Abgrenzung zwischen Begünstigung und Beihilfe zur Vortat, in Jura 1985, S. 630 ff

Laufs, Rechtsentwicklungen
Laufs, Adolf, Rechtsentwicklungen in Deutschland, 5. Auflage, Berlin - New York 1996

Leip, Geldwäsche
Leip, Carsten, Der Straftatbestand der Geldwäsche, Zur Auslegung des § 261 StGB, Berlin 1995

Lenckner, JuS 1962
Lenckner, Theodor, Das Zusammentreffen von strafbarer und strafloser Begünstigung - BGHSt 11, 343 und BGH NJW 1961, 1827, Entscheidungsrezension, in JuS 1962, S. 302 ff

Lesch, Sukzessive Beihilfe
Lesch, Heiko Hartmut, Das Problem der sukzessiven Beihilfe, Frankfurt am Main 1992

Lieberwirth, HRG, Bd. 1
Lieberwirth, Rolf, in Handwörterbuch zur Deutschen Rechtsgeschichte (Hrsg.: A. Erler und E. Kaufmann), Band 1, Berlin 1971, Art. „Carolina", Sp. 592 - 595

Lilienthal, Grundriss
Lilienthal, K. von, Grundriss zur Vorlesung über deutsches Strafrecht, 3. Auflage, Marburg 1908

Liszt, Lehrbuch (1891)
Liszt, Franz von, Lehrbuch des Deutschen Strafrechts, 4. Auflage, Berlin 1891

Liszt, Lehrbuch (1919)
Liszt, Franz von, Lehrbuch des Deutschen Strafrechts, 21. u. 22. Auflage, Berlin und Leipzig 1919

Livius, Hist. Rom.
Livius, Titus, Römische Geschichte (Hrsg.: Hans Jürgen Hillen), Buch XXXIX - XLI, München 1983

LK-Bearbeiter
Leipziger Kommentar zum Strafgesetzbuch, Großkommentar, Hrsg.: Jähnke, Burkhard / Laufhütte, Heinrich Wilhelm / Odersky, Walter, 10. Auflage, Berlin etc. 1988, 11. Auflage, Berlin etc. 1993, 1994, 1995

Lohmeyer, Wesen der Begünstigung
Lohmeyer, Hans, Das Wesen der Begünstigung, Eine strafrechtliche Studie, Breslau 1904

Luden, Abhandlungen
Luden, Heinrich, Abhandlungen aus dem gemeinen teutschen Strafrechte, 2. Band, Über den Thatbestand des Verbrechens nach gemeinem teutschen Rechte, Göttingen 1840

Luden, Handbuch
Luden, Heinrich, Handbuch des teutschen gemeinen und particularen Strafrechtes, Band 1, Heft 3, Jenae 1847

Lund, Mehraktige Delikte
Lund, Torsten, Mehraktige Delikte, München 1993

Marezoll, Criminalrecht
Marezoll, Theodor, Das gemeine deutsche Criminalrecht als Grundlage der neueren deutschen Strafgesetzgebungen, Leipzig 1841

Marsiliis, Commentaria
Marsiliis, Hippolytus de, Commentaria super Titulis ff. ad legem Cornel. de sicariis et ad legem Pompeiam de parricidiis et ad legem Cornel. de falsis, in Consilia et Singularia, 1537

Martin, Lehrbuch
Martin, D. Christoph, Lehrbuch des Teutschen gemeinen Criminal-Rechts, mit besonderer Rücksicht auf das neue Strafgesetzbuch für das Königreich Baiern, Heidelberg 1825

Maurach/Bearbeiter, AT 2
Maurach, Reinhart / Gössel, Karl Heinz / Zipf, Heinz, Strafrecht Allgemeiner Teil, Teilband 2, 7. Auflage, Heidelberg 1989

Maurach/Schroeder/Maiwald, BT/2
Maurach, Reinhart / Schroeder, Friedrich-Christian / Maiwald, Manfred, Strafrecht Besonderer Teil Teilband 2, 8. Auflage, Heidelberg 1999

Maurach/Zipf, AT/1
Maurach, Reinhart / Zipf, Heinz, Strafrecht Allgemeiner Teil, Teilband 1, 8. Auflage, Heidelberg 1992

Mayer, Studienbuch
Mayer, Helmut, Strafrecht Allgemeiner Teil, Tübingen 1967

Mayer-Maly, JZ 1971
Mayer-Maly, Theo, Die Wiederkehr von Rechtsfiguren, in JZ 1971, S. 1 ff

Meister jun., Principia
Meister, Georg Jac. Frid., Principia iuris criminalis Germanici communis, 5. Auflage, Göttingen 1811

Meister sen., Principia
Meister, Christian Friedrich Georg, Principia iuris criminalis Germaniae communis, Göttingen 1755

Meyer-Allfeld, Lehrbuch (1907)
Meyer, Hugo / Allfeld, Philipp, Lehrbuch des Deutschen Strafrechts, 6. Auflage, Leipzig 1907

Miehe, Honig-FS
Miehe, Olaf, Die Schutzfunktion der Strafdrohungen gegen Begünstigung und Hehlerei, in Festschrift für Richard M. Honig, S. 91 ff, Göttingen 1970

Mittermaier, Feuerbach-Lehrbuch
Paul Johann Anselm von Feuerbach, Lehrbuch des gemeinen in Deutschland gültigen peinlichen Rechts, Mit vielen Anmerkungen und Zusatzparagraphen und mit einer vergleichenden Darstellung der Fortbildung des Strafrechts durch die neuen Gesetzgebungen, herausgegeben von Carl Joseph Anton Mittermaier, Neudruck der 14. Auflage Giessen 1847, Aalen 1973

Möhrenschlager, wistra 1992, S. 281 ff und 326 ff
Möhrenschlager, Manfred, Das OrgKG - eine Übersicht nach amtlichen Materialien, in wistra 1992, Teil 1 S. 281 ff, Teil 2 S. 326 ff

Motive von 1851
Motive zum Entwurf des Strafgesetzbuches für die Preußischen Staaten, Berlin 1851

Motive zum Entwurf II
Entwurf II eines Strafgesetzbuches für den Norddeutschen Bund mit Motiven, 31. Dezember 1869

Neuner, Rechtsfindung
Neuner, Jörg, Die Rechtsfindung contra legem, München 1992

Niedermair, Gute Sitten
Niedermair, Harald, Körperverletzung mit Einwilligung und die Guten Sitten, Zum Funktionsverlust einer Generalklausel, München 1999

Olshausen, Kommentar zum Strafgesetzbuch für das Deutsche Reich
Olshausen, Justus von, Kommentar zum Strafgesetzbuch für das Deutsche Reich, Zweiter Band, 10. Auflage, Berlin 1916, 11. Auflage, Berlin 1927

Oppenhoff, Strafgesetzbuch für das Deutsche Reich
Oppenhoff, Friedrich Christian, Das Strafgesetzbuch für das Deutsche Reich, 3. Ausgabe, Berlin 1873

Oppenhoff, Strafgesetzbuch für die Preußischen Staaten
Oppenhoff, Friedrich Christian, Das Strafgesetzbuch für die Preußischen Staaten und das Gesetz über die Einführung desselben, 2. Auflage, Berlin 1858

Otto, JZ 1993
Otto, Harro, Die neuere Rechtsprechung zu den Vermögensdelikten – Teil 2, in JZ 1993, S. 652 ff

Park, Tatbeteiligung
Park, Sang-Ki, Die nachträgliche Tatbeteiligung, Göttingen 1986

Platner, AdC 1843
Platner, Eduard, Ueber das crimen receptatorum, in Archiv des Criminalrechts, Neue Folge, Halle Jahrgang 1843, S. 170 ff

Plehn, Strafvereitelung
Plehn, Strafvereitelung, Hehlerei und Ausbeutung fremder Vermögensstraftat im System des Strafrechts, Göttingen 1942

Paulus, Sent.
Sententiarum Receptarum Libri Quinque qui vulgo Iulio Paulo adhuc tribuuntur, in Fontes Iuris Romani Antejustiniani (Hrsg.: Johannes Baviera), Band 2: Auctores, Florenz 1968, S. 317 - 417

Plümer, Strafvereitelung und Beihilfe zur Vortat
Plümer, Ulrich, Das Verhältnis zwischen Strafvereitelung und Beihilfe zur Vortat, Bonn 1979

Przybyla, Beihilfe und Begünstigung
Przybyla, Sonja, Das Verhältnis von Beihilfe und Begünstigung, Köln 1999

Pufendorf, De jure naturae
Pufendorf, Samuel A. von, De jure naturae et gentium libri octo, Londini Scan 1672

Pufendorf, De officio
Pufendorf, Samuel A. von, De officio hominis et civis juxta legem Naturalem Libri duo, Cantabrigae 1682

Quistorp, Grundsätze
Quistorp, Johann Christian Edler von, Grundsätze des deutschen Peinlichen Rechts, Erster Teil, 5. Auflage, Rostock und Leipzig 1794

Rauchdorn, Halsgerichtsordnung
Rauchdorn, Heinrich, Practica und Process Peinlicher Halsgerichts Ordnung aus keyserlichen, geistlichen, weltlichen und sächsischen Rechten, Ausgabe v. 1592

Rautzenberg, Hehlerei
Rautzenberg, Erich, Hehlerei und Begünstigung, ihre Akzessorietät und ihr Verhältnis zur Teilnahme an der Vortat de lege late und de lege ferenda, Köln 1962

Rein, Criminalrecht der Römer
Rein, Wilhelm, Das Criminalrecht der Römer von Romolus bis auf Justinianus, Leipzig 1844, Neudruck 1962

Rengier, BT I
Rengier, Rudolf, Strafrecht Besonderer Teil I, Vermögensdelikte, 4. Auflage, München 2000

Rieß, NJ 1992
Rieß, Neue Gesetze zur Bekämpfung der Organisierten Kriminalität, in NJ 1992, S. 491 ff

Roesen, NJW 1950
Roesen, Urteilsanmerkung zu OLG Düsseldorf, Urteil v. 4.5.1950 - Ss 92/50, in NJW 1950, S. 715 f

Rose, Sachliche Begünstigung
Rose, Hans-Joachim, Die Rechtsnatur der sachlichen Begünstigung, Ihr Verhältnis zur Teilnahme, zur persönlichen Begünstigung und zur Hehlerei unter Berücksichtigung des Entwurfs eines Strafgesetzbuches 1962, Berlin 1964

Roßhirt, Entwickelung
Roßhirt, Conrad (Eugen) Franz, Entwickelung der Grundsätze des Strafrechts nach den Quellen des gemeinen deutschen Rechts, Heidelberg und Leipzig 1828

Roßhirt, Lehrbuch
Roßhirt, Conrad (Eugen) Franz, Lehrbuch des Criminalrechts nach den Quellen des gemeinen deutschen Rechts und mit besonderer Rücksicht auf die Darstellung des römischen Criminalrechts, Heidelberg 1821

Roth, JA 1988
Roth, Gerald, Grundfragen der Hehlereitatbestände (Teil I), in JA 1988, S. 193 ff

Roxin, AT/I
Roxin, Claus, Strafrecht Allgemeiner Teil, Band I, Grundlagen Aufbau der Verbrechenslehre, 3. Auflage, München 1997

Roxin, Stree/Wessels-FS
Roxin, Claus, Zum Strafgrund der Teilnahme, in Festschrift für Walter Stree und Johannes Wessels (Hrsg.: Wilfried Küper und Jürgen Welp), S. 365 ff, Heidelberg 1993

Roxin/Schünemann/Haffke, Strafrechtliche Klausurenlehre
Roxin, Claus / Schünemann, Bernd / Haffke, Bernhard, Strafrechtliche Klausurenlehre mit Fallrepetitorium, 4. Auflage, Köln etc. 1982

Rudolphi, Jescheck-FS
Rudolphi, Hans-Joachim, Die zeitlichen Grenzen der sukzessiven Beihilfe, in Festschrift für Hans-Heinrich Jescheck (Hrsg.: Theo Vogler u.a.), Erster Halbband, S. 559 ff, Berlin 1985

Rudolphi, ZStW 78 (1966)
Rudolphi, Hans-Joachim, Ist die Teilnahme an einer Notstandstat i.S. der §§ 52, 53 Abs. 3 und 54 StGB strafbar?, in ZStW 78 (1966), S. 67 ff

Rüping, Strafrechtsgeschichte
Rüping, Hinrich, Grundriß der Strafrechtsgeschichte, 3. Auflage, München 1998

BK-Rüping
Rüping, Hinrich, in Dolzer (Hrsg.), Bonner Kommentar zum Grundgesetz, Art. 103 II GG, Mai 1990

Sander, AdC 1838, AdC 1839
Sander, Erörterung der Lehre von der Begünstigung von Verbrechen unter Berücksichtigung des würtembergischen und badischen Strafgesetz-Entwurfs, in Archiv des Criminalrechts, Neue Folge, Halle Jahrgang 1838, S. 431 ff, Jahrgang 1839, S. 248 ff und S. 396 ff

Schaffstein, Allgemeine Lehren
Schaffstein, Friedrich, Die allgemeinen Lehren vom Verbrechen in ihrer Entwicklung durch die Wissenschaft des gemeinen Strafrechts, Beiträge zur Strafrechtsentwicklung von der Carolina bis Carpzov, Neudruck der Ausgaben 1930 – 1932, Aalen 1973

Schaffstein, Honig-FS
Schaffstein, Friedrich, Die Risikoerhöhung als objektives Zurechnungsprinzip im Strafrecht, insbesondere bei der Beihilfe, in Festschrift für Richard M. Honig, S. 169 ff, Göttingen 1970

Scheufele, Vollendung
Scheufele, Hans-Jürgen, Formelle Vollendung und tatsächliche Beendigung von Straftaten, Tübingen 1971

Schmid, Codex Juris Bavarici
Schmid, Werner (Hrsg.), Codex Juris Bavarici Criminalis De Anno MDCCLI, Anmerkungen über den Codicem Juris Bavarici Criminalis, Frankfurt am Main 1988

Schmidhäuser, AT
Schmidhäuser, Eberhard, Strafrecht Allgemeiner Teil, Studienbuch, 2. Auflage 1984

Schmidt, Einführung
Schmidt, Eberhard, Einführung in die Geschichte der deutschen Strafrechtspflege, 3. Auflage, Göttingen 1965

Schmidt-Aßmann in: Maunz-Dürig
Schmidt-Aßmann, in Maunz, Theodor / Dürig, Günter / Herzog, Roman, Grundgesetz Kommentar, Art. 103 II GG, Stand: 30. Lieferung Dezember 1992

Schreiber, Akzessorietät
Schreiber, Helmut, Die Akzessorietät bei der Begünstigung und Hehlerei de lege lata und de lege ferenda, Heidelberg 1948

Schreiber, Gesetz und Richter
Schreiber, Hans-Ludwig, Gesetz und Richter, Zur geschichtlichen Entwicklung des Satzes nullum crimen, nulla poena sine lege, Frankfurt a.M. 1976

Schröder, Strafvereitelung
Schröder, Arno, Vortat und Tatobjekt der Strafvereitelung § 258 StGB, Stuttgart etc. 1999

Schroth, BT
Schroth, Ulrich, Strafrecht Besonderer Teil, 3. Auflage, Stuttgart etc. 2000

Sch/Sch-Bearbeiter
Schönke, Adolf / Schröder, Horst, Strafgesetzbuch, Kommentar, 25. Auflage, München 1997, 26. Auflage, München 2001

Schubert u.a. (Hrsg.), Verhandlungen der Ersten und Zweiten Kammer
Schubert, Werner / Regge, Jürgen / Schmid, Werner / Schröder, Rainer, Verhandlungen der Ersten und Zweiten Kammer über die Entwürfe des Strafgesetzbuchs für die Preußischen Staaten und des Gesetzes über die Einführung desselben, vom 10. Dezember 1850, Berlin 1851

Schubert/Regge (Hrsg.), Gesetzrevision (1825 – 1848), I. Abteilung Straf- und Strafprozeßrecht, Band 1 – 6
Regge, Jürgen / Schubert, Werner, Quellen zur preußischen Gesetzgebung des 19. Jahrhunderts, Gesetzrevision (1825 – 1848), I. Abteilung Straf- und Strafprozeßrecht, Band 1 – 6, Vaduz 1981 - 1996

Schünemann, nulla poena
Schünemann, Bernd, Nulla poena sine lege?, Rechtstheoretische und verfassungsrechtliche Implikationen der Rechtsgewinnung im Strafrecht, Berlin - New York 1978

Schütze, Lehrbuch
Schütze, Theodor Reinhold, Lehrbuch des Deutschen Strafrechts auf Grund des Reichsstrafgesetzbuches, Leipzig 1871

Schütze, Nothwendige Theilnahme
Schütze, Theodor Reinhold, Die nothwendige Theilnahme am Verbrechen, Zugleich ein Beitrag zur Läuterung der gesammten Lehre von der Verbrechermehrheit, Leipzig 1869

Schumann, Selbstverantwortung
Schumann, Heribert, Strafrechtliches Handlungsunrecht und das Prinzip der Selbstverantwortung der Anderen, Tübingen 1986

Schweisthal, Das bayerische Strafgesetzbuch von 1861
Schweisthal, Patrick, Das bayerische Strafgesetzbuch von 1861, Die letzte bayerische Strafgesetzgebung im Schatten Preußens?, München 1991

Seel, Begünstigung und Strafvereitelung
Seel, Stefan, Begünstigung und Strafvereitelung durch Vortäter und Vortatteilnehmer, Berlin 1999

Seelmann, JuS 1983
Seelmann, Kurt, Grundfälle zu den Straftaten gegen das Vermögen als Ganzes, in JuS 1983, S. 32 ff

Sefzig, Vorgeleistete Begünstigung
Sefzig, Wulf-Rüdiger, Die Vorgeleistete Begünstigung, Zur Abgrenzung von Beihilfe und Begünstigung de lege lata et ferenda, Frankfurt am Main 1970

Sellert, HRG, Bd. 4
Sellert, Wolfgang, in Handwörterbuch zur Deutschen Rechtsgeschichte (Hrsg.: A. Erler und E. Kaufmann), Band 4, Berlin 1990, Art. „Salvatorische Klausel", Sp. 1280 - 1282

SK-Bearbeiter
Systematischer Kommentar zum Strafgesetzbuch, Band 1, Allgemeiner Teil, 7. Auflage Stand: März 2000, Neuwied etc., Band 2, Besonderer Teil, 6. Auflage Stand: April 2000, Neuwied etc.

Spendel, Dreher-FS
Spendel, Günter, Beihilfe und Kausalität, in Festschrift für Eduard Dreher (Hrsg.: H.-H. Jescheck und H. Lüttger), S. 167 ff, Berlin - New York 1977

Steltzer, Lehrbuch
Steltzer, Christian Julius Ludwig, Lehrbuch des teutschen Criminalrechts, Halle 1793

Stenglein, Sammlung der deutschen Strafgesetzbücher
Stenglein, Melchior, Sammlung der deutschen Strafgesetzbücher, Band 1 - 3, München 1858

Stintzing-Landsberg, Rechtswissenschaft, Abt. 1 und 2
Stintzing, Roderich von / Landsberg, Ernst, Geschichte der deutschen Rechtswissenschaft, Abteilung 1 und 2, 2. Neudruck der Ausgabe München 1880 - 1884, Aalen 1978

Stobbe, Rechtsquellen 2
Stobbe, Otto, Geschichte der deutschen Rechtsquellen, Band 2, Neudruck der Ausgabe Braunschweig 1864, Aalen 1965

Stratenwerth, AT I
Stratenwerth, Günter, Strafrecht Allgemeiner Teil I, Die Straftat, 4. Auflage, Köln etc. 2000

Stree, JuS 1976, S. 137 ff
Stree, Walter, Begünstigung, Strafvereitelung und Hehlerei, Betrachtungen zu der Neuregelung, in JuS 1976, S. 137 ff

Stübel, Thatbestand
Stübel, Christoph Carl, Ueber den Thatbestand der Verbrechen, die Urheber derselben ..., Wittenberg 1805

Stübel, Theilnahme
Stübel, Christoph Carl, Ueber die Theilnahme mehrerer Personen an einem Verbrechen, Ein Beitrag zur Criminalgesetzgebung und zur Berichtigung der in den Criminalgerichten geltenden Grundsätze, Dresden 1828

Sturm, JZ 1975
Sturm, Richard, Änderungen des Besonderen Teils des Strafgesetzbuches durch das Einführungsgesetz zum Strafgesetzbuch, in JZ 1975, S. 6 ff

Sturm, Niederschriften, Bd. 6
Sturm, Richard, in Niederschriften über die Sitzungen der Großen Strafrechtskommission, 6. Band, Besonderer Teil, 61. Sitzung, Bonn 1958, S. 105 f

Temme, Lehrbuch des Preußischen Strafrechts
Temme, Jodocus D. H., Lehrbuch des Preußischen Strafrechts, Berlin 1853

Tröndle/Fischer, StGB
Tröndle, Herbert / Fischer, Thomas, Strafgesetzbuch und Nebengesetze, 50. Auflage, München 2001

Vahrenbrink, Begünstigung
Vahrenbrink, Uwe, Die vorgeleistete Begünstigung (§§ 257, 258 StGB) Zugleich ein Beitrag zur Kausalität der Beihilfe, Frankfurt a.M. 1997

Villnow, Raub
Villnow, Carl, Raub und Erpressung, Begünstigung und Hehlerei nach dem heutigen gemeinen Recht, Breslau 1875

Vogler, Dreher-FS
Vogler, Theo, Die Begünstigungshandlung, Zum Begriff „Hilfe leisten" im § 257 StGB, in Festschrift für Eduard Dreher (Hrsg.: H.-H. Jescheck und H. Lüttger), S. 405 ff, Berlin - New York 1977

Volk, JuS 1991
Volk, Klaus, Napoleon und das deutsche Strafrecht, in: JuS 1991, S. 281 ff

Wächter, Lehrbuch
Wächter, Carl Georg von, Lehrbuch des Römisch-Teutschen Strafrechts, Erster Teil, Stuttgart 1825

Waldthausen, GA 29 (1881)
Waldthausen, Ueber Begünstigung, in GA 1881 (Bd. 29), S. 375 ff

Weis, Das Strafgesetzbuch für das Königreich Bayern
Weis, Ludwig, Das Strafgesetzbuch für das Königreich Bayern sammt dem Gesetze vom 10. November 1861 zur Einführung des Strafgesetzbuchs und des Polizeistrafgesetzbuchs, Erster Band, Nördlingen 1863

Welzel, Lb
Welzel, Hans, Das Deutsche Strafrecht, Eine systematische Darstellung, 11. Auflage, Berlin 1969

Welzel, Naturrecht und Materiale Gerechtigkeit
Welzel, Hans, Naturrecht und Materiale Gerechtigkeit, Nachdruck der 4. Auflage, Göttingen 1980

Welzel, Naturrechtslehre
Welzel, Hans, Die Naturrechtslehre Samuel Pufendorfs, Ein Beitrag zur Ideengeschichte des 17. und 18. Jahrhunderts, Berlin 1958

Wessels/Beulke, AT
Wessels, Johannes / Beulke, Werner, Strafrecht Allgemeiner Teil, Die Straftat und ihr Aufbau, 30. Auflage, Heidelberg 2000

Wessels/Hillenkamp, BT/2
Wessels, Johannes / Hillenkamp, Thomas, Strafrecht Besonderer Teil/2, Straftaten gegen Vermögenswerte, 23. Auflage, Heidelberg 2000

Wilda, Strafrecht der Germanen
Wilda, Wilhelm Eduard, Das Strafrecht der Germanen, Halle 1842

Willoweit, Verfassungsgeschichte
Willoweit, Dietmar, Deutsche Verfassungsgeschichte, 4. Auflage, München 2001

Zachariä, AdC 1850, AdC 1851
Zachariä, H. U., Zur Lehre von der Theilnahme am Verbrechen, in Archiv des Criminalrechts, Neue Folge, Halle Jahrgang 1850 S. 265 ff, Jahrgang 1851 S. 209 ff

Criminalia

Herausgegeben von Klaus Volk

Band 1 Ulrich Schroth: Vorsatz als Aneignung der unrechtskonstituierenden Merkmale. 1994.

Band 2 Torsten Poeck: Wartepflicht und Wartedauer des § 142 Abs. 1 Nr. 2 StGB. Ein Vorschlag zur Bestimmung der Wartelänge anhand rechtsprechungsanalytischer und empirischer Überlegungen. 1994.

Band 3 Tobias Schmid: Die Vergabe von Wirtschaftssubventionen und strafrechtliche Verantwortlichkeit gem. § 264 StGB (Subventionsbetrug). 1994.

Band 4 Erwin Lohner: Der Tatverdacht im Ermittlungsverfahren. Begriff, rechtliche Ausgestaltung, praktische Handhabung und Kontrolle am Beispiel der polizeilichen Verdachtsfeststellung. 1994.

Band 5 Gunther Lehleiter: Der rechtswidrige verbindliche Befehl. Strafrechtsdogmatische Untersuchung, demonstriert am Beispiel des militärischen Befehls. 1995.

Band 6 Dirk Steiner: Das Fairneßprinzip im Strafprozeß. 1995.

Band 7 Isabell Schwegler: Der Subsumtionsirrtum. 1995.

Band 8 Klaus Andreas Fischer: Die strafrechtliche Beurteilung von Werken der Kunst. 1995.

Band 9 Johannes Fredrikus Nijboer: Beweisprobleme und Strafrechtssysteme / Proof and Criminal Justice Systems. Rechtsvergleichende Aufsätze / Comparative Essays. 1995. 2. Auflage 1997.

Band 10 Winfried Hassemer / Karin Matussek: Das Opfer als Verfolger. Ermittlungen des Verletzten im Strafverfahren. 1996.

Band 11 Bettina Grunst: Steuerhinterziehung durch Unterlassen. 1996.

Band 12 Hans-Jörg Schwab: Täterschaft und Teilnahme bei Unterlassungen. 1996.

Band 13 Christos Mylonopoulos: Komparative und Dispositionsbegriffe im Strafrecht. 1998.

Band 14 Christina Erfurth: Verdeckte Ermittlungen. Problemlösung durch das OrgKG? 1997.

Band 15 Stephan Weber: Überstellung in den Heimatstaat. Ein internationales Konzept wider den Strafvollzug in der Fremde. Zugleich ein Beitrag zum Recht der internationalen Vollstreckungshilfe in Strafsachen. 1997.

Band 16 Bert Götting: Gesetzliche Strafrahmen und Strafzumessungspraxis. Eine empirische Untersuchung anhand der Strafverfolgungsstatistik für die Jahre 1987 bis 1991. 1997.

Band 17 Lars Otte: Der durch Menschen ausgelöste Defensivnotstand. 1998.

Band 18 Gregor Rieger: Die mutmaßliche Einwilligung in den Behandlungsabbruch. 1998.

Band 19 Yu-hsiung Lin: Richtervorbehalt und Rechtsschutz gegen strafprozessuale Grundrechtseingriffe. 1998.

Band 20 Sandra Pellkofer: Sockelverteidigung und Strafvereitelung. 1999.

Band 21 Christine Ferschl: Das Problem des unmittelbaren Zusammenhangs beim erfolgsqualifizierten Delikt. 1999.

Band 22 Peter König: Strafbarer Organhandel. 1999.

Band 23 Stefan Stauder: Die allgemeinen defenses des New York Penal Law. Eine rechtsvergleichende Untersuchung. 1999.

Band 24 Malte Merz: „Bewußte Selbstschädigung" und die Betrugsstrafbarkeit nach § 263 StGB. Zugleich ein Beitrag zur Zweckverfehlungslehre. 1999.

Band 25 Marc Tully: Poena sine Culpa? *Strict-Liability*-Sanktionen und Europäisches Gemeinschaftsrecht. 2000.

Band 26 Susanne Götting: Beweisverwertungsverbote in Fällen gesetzlich nicht geregelter Ermittlungstätigkeit. Durch V-Leute, Scheinaufkäufer und Privatleute. 2001.

Band 27 Christiane Hölscher: Der Rechtsschutz und die Mitteilungspflichten bei heimlichen strafprozessualen Zwangsmaßnahmen. 2001.

Band 28 Tobias Windhorst: Der Rechtsbegriff der „schweren Gesundheitsschädigung". Zugleich ein Beitrag zum 6. StrRG. 2001.

Band 29 Andrea Schmucker: Die "Dogmatik" einer strafrechtlichen Produktverantwortung. Das fahrlässige Unterlassen als Institut der Produktkriminalität. 2001.

Band 30 Stephan Beukelmann: Prävention von Computerkriminalität. Sicherheit in der Informationstechnologie. 2001.

Band 31 Markus B. Alder: Die Strafzumessungsrichtlinie der USA in ihrem Kontext mit Plea Bargaining. 2001.

Band 32 Tobias Brandis: Beweisverbote als Belastungsverbote aus Sicht des Beschuldigten? 2001.

Band 33 Britta Wolff: Begünstigung, Strafvereitelung und Hehlerei. Geschichtliche Entwicklung und Abgrenzung zur Beihilfe. 2002.

FSC
www.fsc.org
MIX
Papier | Fördert
gute Waldnutzung
FSC® C083411

Kolibri 360 GmbH
Ferdinand-Jühlke-Straße 7
99095 Erfurt, Deutschland
produktsicherheit@kolibri360.de

Druck:
CPI Druckdienstleistungen GmbH
im Auftrag der
Kolibri 360 GmbH
Ferdinand-Jühlke-Str. 7
99095 Erfurt